監修 西岡壱誠

著者 東大カルペ・ディエム

はじめに

「みなさんは、勉強は好きですか？」

おそらくお子さんにこのような問いかけをすると、多くの子が、「あんまり好きじゃない」と思っていたり、「将来のため、受験のためにやっている」と答えるのではないでしょうか。

そんなお子さんでも、**ゲームのように楽しく勉強できて、楽しいのに中学受験で覚えなければならない1200個以上の重要語句を理解できるのが、本書「謎解きミステリー　東大クロスワード」です。**

中学受験では、国語・算数・理科・社会・英語の基礎力はもちろん、＋ α の力も求められます。

たとえば、国語では「読解力」が求められる問題が多く、この読解力を身につけるために必要なのが「語彙力」です。語彙力がなければ、文章に出てくる言葉を理解できません。まずは知っている言葉、つまりボキャブラリーを増やすことが重要です。**本書では、ことわざや四字熟語など、語彙力アップのためのクロスワードをたくさん用意しています。**

クロスワードで鍛えられるのは単なる語彙力にとどまりません。**ある知識について、一般的にはそれをどのように表現するのか。どのようにして問われているかを確認することによって、自身の表現の幅を広げることができます。**単語を書くだけでは記述力にはならないと思われるかもしれませんが、難しい文章を答えられるようになるには、基礎段階として単語で答えられるようになる必要があります。聞かれたことを自分の言葉で答える経験が、いつかの文章記述につながります。さらに、クロスワードの特徴として、答えがわからない問題でも、別の問題を答えていけば、徐々に答えが明らかになっていきます。これは、**不明な問題に立ち向かう際の心構えや、少ないヒントから答えを予測する想像力、推理力（論理的思考力）を鍛えてくれます。**

「えー、でも東大生たちの本ってことは、難しいんじゃないの？」と思う人もいるかもしれませんが、そんなことはありません！

　私たち東大カルペ・ディエムは、勉強がそんなに好きじゃなかった人・偏差値が低いところから東大に合格した人が集まった集団なので、みなさんが楽しめるような仕掛けをたくさん用意しています。

　ストーリーと一緒に楽しく挑戦できるクロスワードや、東大生の勉強を楽しむためのコラムなど、盛りだくさんです。

　ぜひ、本書を通して、楽しみながら頭を良くしてもらえればと思います！

東大カルペ・ディエム

この本の特徴

中学受験に必要な重要語句1200個以上を楽しみながら覚えられる!

この本には中学受験に必要な重要語句がクロスワードと解説を含め、1200個以上入っています。クロスワードに挑戦しながら楽しく重要語句にふれることができます。

中学受験で必要な「読解力」「表現力」「記述力」が身につく!

「読解力」を身につけるためにはまず「語彙力」を増やす必要があります。特に、本書の国語では、ことわざ・四字熟語・カタカナ語・類義語・対義語など、語彙力を増やすための問題が網羅されています。また、「記述力」「表現力」を身につけるには、まず自分の中からさまざまな言葉を探し出す必要があります。本書では全120問のクロスワードに出会い、中にはわからない問題に出会うかもしれません。しかし、それらに答えられるようになると「表現」の幅を一段と広げることができるようになるでしょう。

東大生の「論理的思考」や「ひらめき力」が身につく!

知識をどう活用するかは、論理的思考を積み重ねるうえで必要不可欠です。さらに、知識の運用方法を学んでいけば、すでにある知識の新たなる一面を発見できるかもしれません。実は、「ひらめき」は論理的思考の延長線上にあります。積み重ねた論理的思考が一気にスパークする瞬間のことを、私たちは「ひらめき」と呼ぶのです。ですから、ひらめき力を身につけるために、論理的思考力を磨きましょう。論理的思考力を磨きたいのであれば、ひとつの知識をさまざまな角度からみられるようにしましょう。少しずつ答えを埋めていけるクロスワードは、知識の確認としても、エンターテイメントとしても一流のパズルです。解答ページでは、各単元で「注目すべきポイント」が記載されています。どんなことに注意すべきか確認しましょう。

謎解きミステリーで「知的好奇心」が身につく！

勉強を進めていくうえで、一番大事なことは知的好奇心です。どんな動機であれ、勉強を進めていく力は「この先が知りたい」がための探究心。優秀だといわれる人は、みんな身につけている力です。この本では、謎解きミステリーの形式をとりながらクロスワードを進めていきます。その中には、きっと「この話はどんなオチなんだろう」と気になってしまうものもあるはず。そうして、クロスワードを解き進める動機ができれば、お子さんは「勉強しなさい」と言われずとも勝手に勉強を進めていくようになります。

中学受験重要5教科を網羅！

国語・算数・理科・社会・英語の中学受験に重要な５教科を完全網羅！　理科や社会は単元別のクロスワードになっているので、ひとつずつ丁寧に理解しながら取り組むことができます。

東大生の勉強への取り組み方も紹介！

各章のおわりに東大生のコラムも掲載。「勉強を好きになるには？」というテーマで、各教科の重要性や東大生がどうやって勉強していたかを書いているので、ぜひ読んで参考にしてみてください。

この本の使い方

ステップ1

クロスワードを解く

タイトル

この本には科目ごとのクロスワードがたくさんあります。各章24問あって、全部で120問のクロスワードが楽しめます。

ヒント

縦のヒント、横のヒントを元に、クロスワードを埋めていきましょう！　縦のヒントはひらがな、横のヒントはカタカナに対応しています。

Question 1

国語

縦のヒントと横のヒントの（　　）内の漢字を読んで、クロスワードを埋めてみよう！

あ　彼女は馬に○○○○（騎乗）して、美しい景色を楽しみました。

い　○○○○（効率）の良い勉強法を試す。

う　彼の成績は○○○○○○（著しい）成長を遂げました。

え　部下に○○（指示）して、現場に向かわせた。

横のヒント

ア　火事が起きたら、○○○○（直ちに）避難しましょう。

イ　○○○（類似）した商品を探す。

ウ　彼は○○○○（気位）が高く、いつも自分を重要だと思っています。

エ　この便利な道具はキャンプで○○○○○（重宝）します。

オ　目は、その人の心を○○○（映す）鏡だと言うね。

16

子ども時代の勉強法

東大生にインタビュー。小学生の時に実際にやっていた勉強法などについて聞きました。自分に合うと思ったら取り入れていきましょう。

ステップ2

答え合わせをする

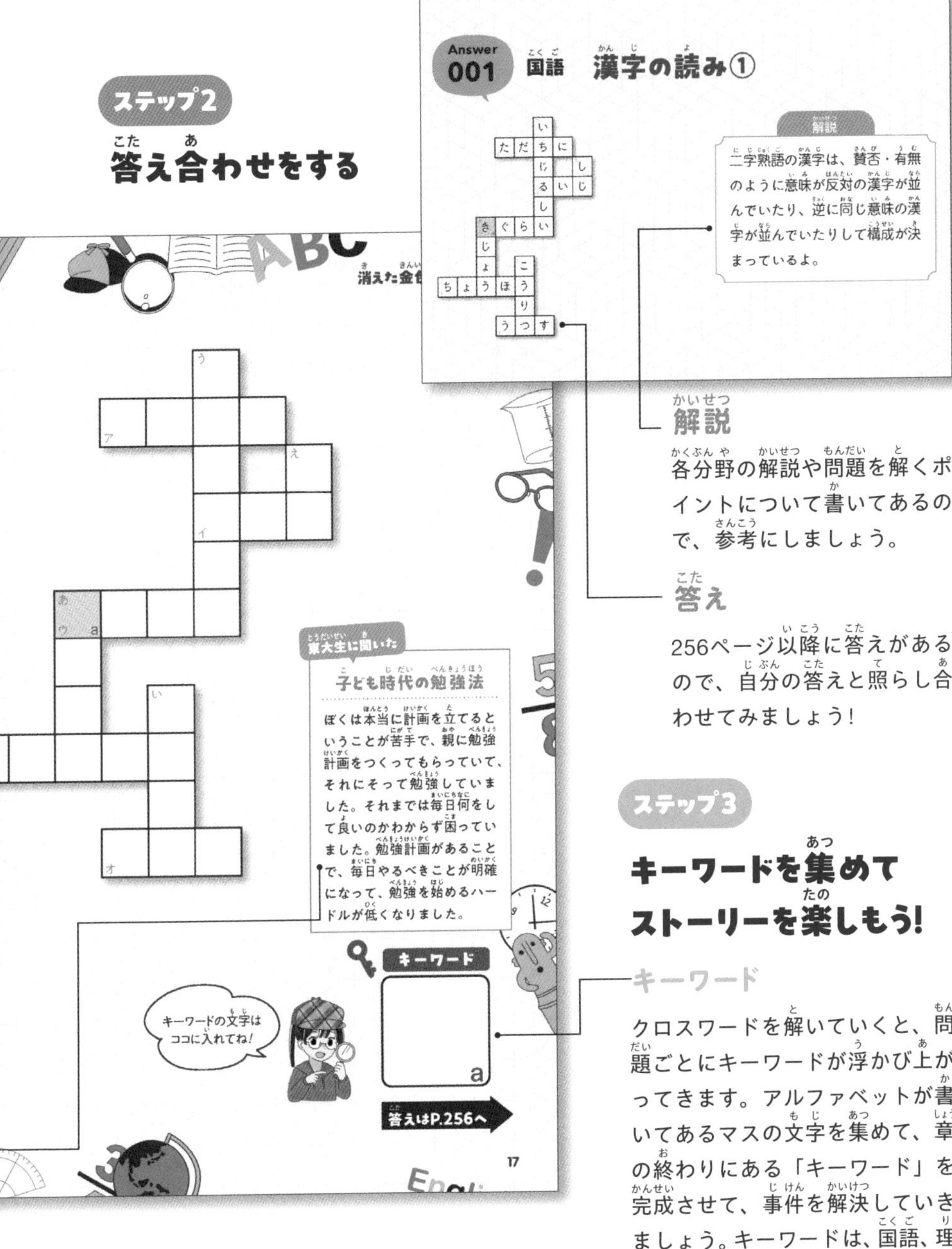

Answer 001
国語　漢字の読み①
解説
二字熟語の漢字は、賛否・有無のように意味が反対の漢字が並んでいたり、逆に同じ意味の漢字が並んでいたりして構成が決まっているよ。
東大生に聞いた
子ども時代の勉強法
ぼくは本当に計画を立てるということが苦手で、親に勉強計画をつくってもらっていて、それにそって勉強していました。それまでは毎日何をして良いのかわからず困っていました。勉強計画があることで、毎日やるべきことが明確になって、勉強を始めるハードルが低くなりました。
キーワード
キーワードの文字はココに入れてね！
答えはP.256へ
17

解説

各分野の解説や問題を解くポイントについて書いてあるので、参考にしましょう。

答え

256ページ以降に答えがあるので、自分の答えと照らし合わせてみましょう！

数字→文字 対応表

1	2	3	4	5	6	7	8	9
い	に	さ	し／よ	ご	ろ	な	は	く

ステップ3

キーワードを集めてストーリーを楽しもう！

キーワード

クロスワードを解いていくと、問題ごとにキーワードが浮かび上がってきます。アルファベットが書いてあるマスの文字を集めて、章の終わりにある「キーワード」を完成させて、事件を解決していきましょう。キーワードは、国語、理科、社会、英語は出てきた文字を、算数は、「数字→文字対応表」を確認しながら、数字を文字に置き換えて、入れていきましょう。

目次　謎解きミステリー　東大クロスワード

事件簿1　消えた金色の招き猫

事件簿2 甘い証拠の謎

事件簿3 捕まえてみろ!

事件簿4 行方不明の秘密

事件簿5 怪盗Qからの挑戦状!

キャラクター紹介

正体不明

名前：**怪盗Q**

学年：不明

特徴：どうやら明日香の近くにいて、事件を起こす厄介者らしいが……。

主人公

名前：**明日香**

学年：小学6年生

性格：何事にも興味津々で、事件や謎を見つけてはどんどん首をつっこむ好奇心旺盛な女の子。集中しすぎて、周りのことが気にならなくなるのが玉にキズ。

好きなこと：読書（最近の流行りは「幽霊船の謎」）

助手

名前：**海斗**

学年：小学6年生

性格：明日香に憧れて、いつも一緒にいる謎解きが大好きな少年。実は明日香のことが気になっていて……？

好きなこと：パズル

物語

明日香は事件や推理が大好きな小学6年生の女の子。助手の海斗といっしょに、町で起こる事件や謎に首をつっこんでは、日々、それを解き明かすことに情熱を燃やしている。最近、なぜか明日香の周りでは、町の人を困らせる事件が多発している……。「今日も町で事件の香りが…！さぁ、ぜーーんぶまとめて解決しにいくわよ!!」

事件簿（じけんぼ）1

消（き）えた金色（きんいろ）の招（まね）き猫（ねこ）

挑戦状

問題を解いて
金色の招き猫を探してみろ！

Q

商店街で１番の老舗「和菓子屋 鈴木」。昔から町のみんなに親しまれてきた鈴木屋のお饅頭は、一見素朴だが、一口食べると、滑らかな舌触りとほのかなあんこの甘味が口いっぱいに広がり、ほっぺが落ちるほどおいしいのだ。明日香も小さい頃からよく食べていた。

和菓子がおいしいのはもちろんなのだが、鈴木屋は「金色に輝く招き猫」でも有名だった。店頭に置かれた「金色の招き猫」はなでると金運が上がると商店街の有名スポットにもなっており、週末には多くの人が訪れた。

そんな「金色に輝く招き猫」がある日突然なくなってしまったのだ！

「大変！ あんなに賑わっていた鈴木屋に閑古鳥が鳴いてるわ！」

「ふふふ、計画通り。明日香ちゃんが来たぞ。」

「ああ…やっぱりあの招き猫が無いと…うちは…」

「おばあちゃん！ 大丈夫よ！ この名探偵が解決してあげるから！」

「あんた誰だい…？ まあ、もう藁にもすがる思いだね…よろしく頼むよ…」

あたりを見回すと、そこには犯人からのメッセージらしきものが…
「問題を解いて金色の招き猫を探してみろ！」

「ふむふむ…。この問題を解けば金色の招き猫を見つけられるのね！ やってやるわよ！」

Question
1

国語

漢字の読み①

縦のヒントと横のヒントの（　　　）内の漢字を読んで、クロスワードを埋めてみよう！

縦のヒント

あ 彼女は馬に○○○○（騎乗）して、美しい景色を楽しみました。

い ○○○○（効率）の良い勉強法を試す。

う 彼の成績は○○○○○○（著しい）成長を遂げました。

え 部下に○○（指示）して、現場に向かわせた。

横のヒント

ア 火事が起きたら、○○○○（直ちに）避難しましょう。

イ ○○○（類似）した商品を探す。

ウ 彼は○○○○（気位）が高く、いつも自分を重要だと思っています。

エ この便利な道具はキャンプで○○○○○（重宝）します。

オ 目は、その人の心を○○○（映す）鏡だと言うね。

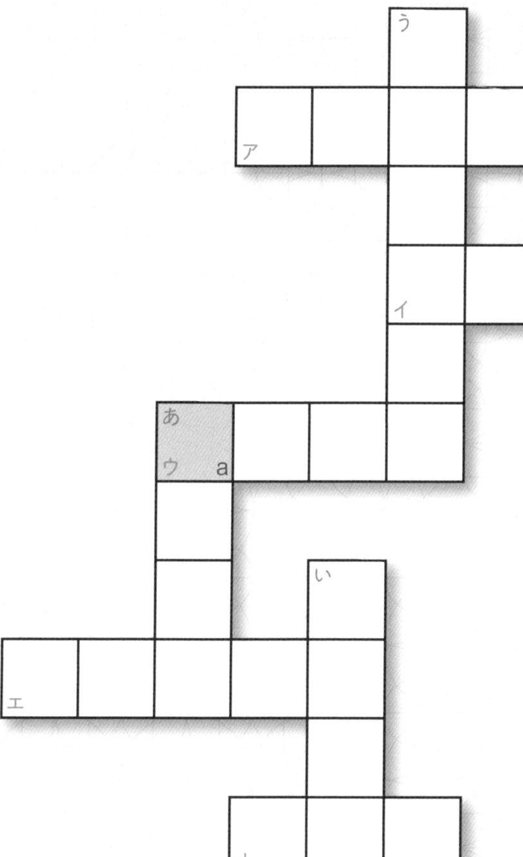

東大生に聞いた

子ども時代の勉強法

ぼくは本当に計画を立てるということが苦手で、親に勉強計画をつくってもらっていて、それにそって勉強していました。それまでは毎日何をして良いのかわからず困っていました。勉強計画があることで、毎日やるべきことが明確になって、勉強を始めるハードルが低くなりました。

キーワード

a

答えはP.256へ

Question 2

国語

漢字の読み②

縦のヒントと横のヒントの（　　　）内の漢字を読んで、クロスワードを埋めてみよう!

あ みんなが気持ちよく使えるように、ルールを○○○○（設ける）必要があるね。

い 日が暮れたので、○○○（家路）を急ごう。

う すごい、あのチームは○○○（破竹）の勢いで勝ち進んでいる。

え テスト前は勉強に○○○○（専念）しないといけないね。

お 困った時には必ず助けてくれる人がいる。渡る○○○（世間）に鬼はなしとはよく言ったものだ。

横のヒント

ア 公衆の○○○○（面前）でそんなふるまいをしてはいけないよ。

イ 彼らは笑いを取るために、バカバカしい○○○○（茶番）を演じました。

ウ 精巧な○○○（細工）が施された工芸品だね。

エ 山々では○○○（紅葉）がきれいに赤らんでいる。

オ あなたは本当に○○○○（気高い）心の持ち主だね。

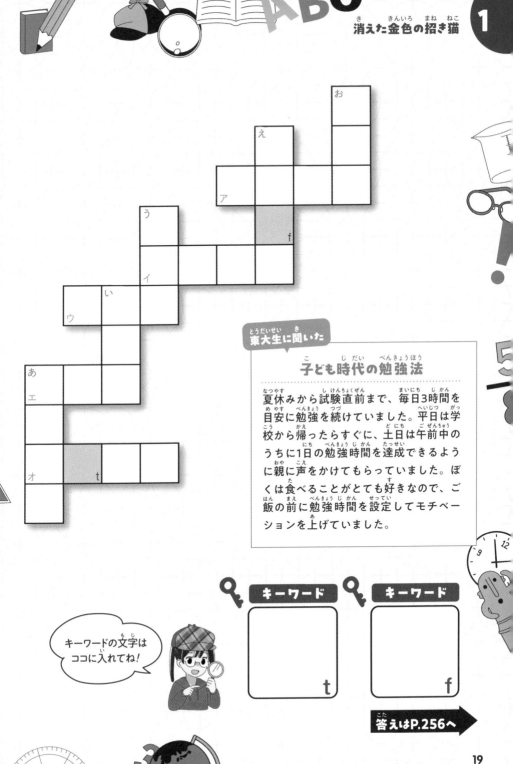

東大生に聞いた

子ども時代の勉強法

夏休みから試験直前まで、毎日3時間を目安に勉強を続けていました。平日は学校から帰ったらすぐに、土日は午前中のうちに1日の勉強時間を達成できるように親に声をかけてもらっていました。ぼくは食べることがとても好きなので、ご飯の前に勉強時間を設定してモチベーションを上げていました。

キーワードの文字はココに入れてね!

キーワード

キーワード

答えはP.256へ

Question 3

理科

昆虫の作り

縦のヒントと横のヒントを読んで、クロスワードを埋めてみよう！

縦のヒント

あ チョウやカブトムシなどは幼虫と成虫の間に◯◯◯となり、からだを大きく作り変えます。

い 昆虫は◯◯◯◯◯を使って周りの様子を知ったり、においを感じることができるよ。

う モンシロチョウの卵から出たばかりの幼虫は何色をしているかな？

え 幼虫が脱皮を繰り返してそのまま成虫となる昆虫を◯◯◯◯◯◯◯◯◯の昆虫と言います。

お セミは、幼虫の姿で地上に出てきて◯◯することで成虫になるね。

か 昆虫の成体の体は、◯◯◯・胸・腹、でできているね。

横のヒント

ア 不完全変態をすることで有名。尾の部分にハサミが付いている虫だよ。

イ 卵がかえることを◯◯すると言います。

ウ チョウやカブトムシなどのように、幼虫と成虫とで全く形が違う昆虫を◯◯◯◯◯◯◯◯の昆虫と言います。

エ 昆虫は、腹にある◯◯◯で空気の入れ替えをしているんだよ。

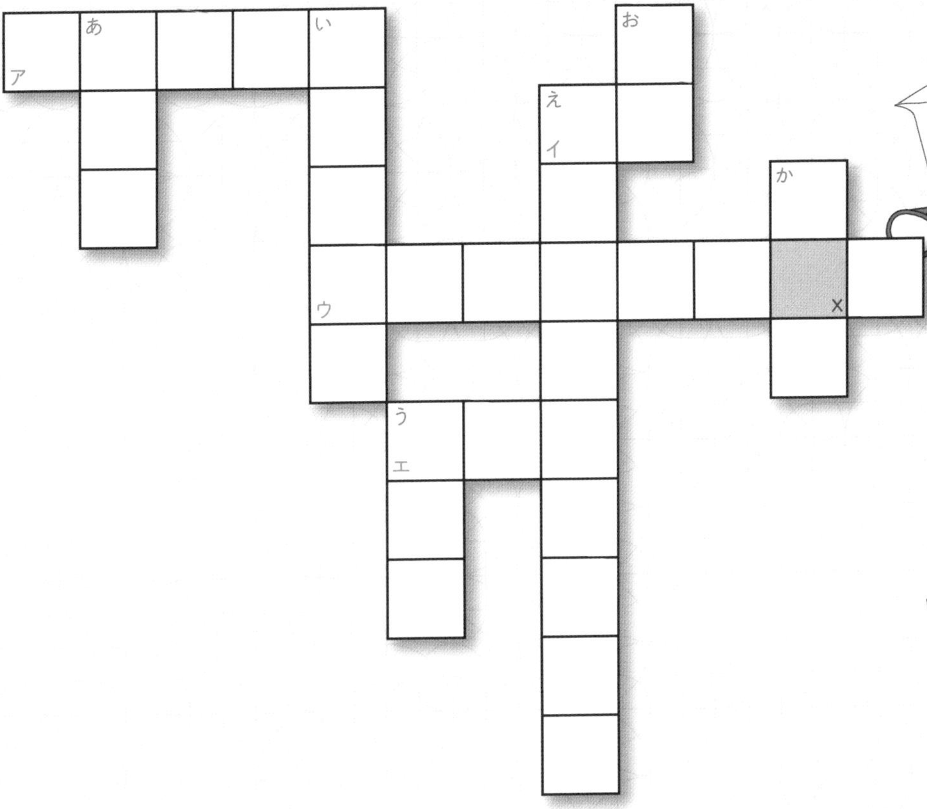

ん〜〜。金色の招き猫は
どこに隠されたんだろうね？

答えはP.257へ

Question 4

社会

日本の地球での位置

縦のヒントと横のヒントを読んで、クロスワードを埋めてみよう！

縦のヒント

あ 日本の最西端に位置する島は何かな？

い 日本の標準時○○○○は、東経135度線であって、兵庫県明石市を通っているね。

う 赤道は○○0度線のこと。赤道より北に位置する場所を北緯で表し、南に位置する場所を南緯で表すよ。

え その国が水産物や鉱山資源に関して排他的権利を持つことができる領域のこと。沿岸から200海里までと定められているよ。

お 日本とほぼ同じ経度に位置する、世界で6番目に大きい面積を持つ国は何かな？

か 東京や大阪などが含まれる、日本列島の大部分をなす島を何と言うかな？

横のヒント

ア 択捉島・国後島・色丹島・歯舞群島からなる、北海道北東に位置する島々を、○○○○領土と言うね。

イ 日本の最南端に位置し、島を守るための護岸工事が行われている島は何かな？

ウ 西太平洋の縁海として位置づけられている、日本列島と韓国、北朝鮮、ロシアに囲まれた海を何と言うかな？

エ 三大洋の一つ。日本から見て東側に位置し、アメリカから見て西に位置する海を何と言うかな？

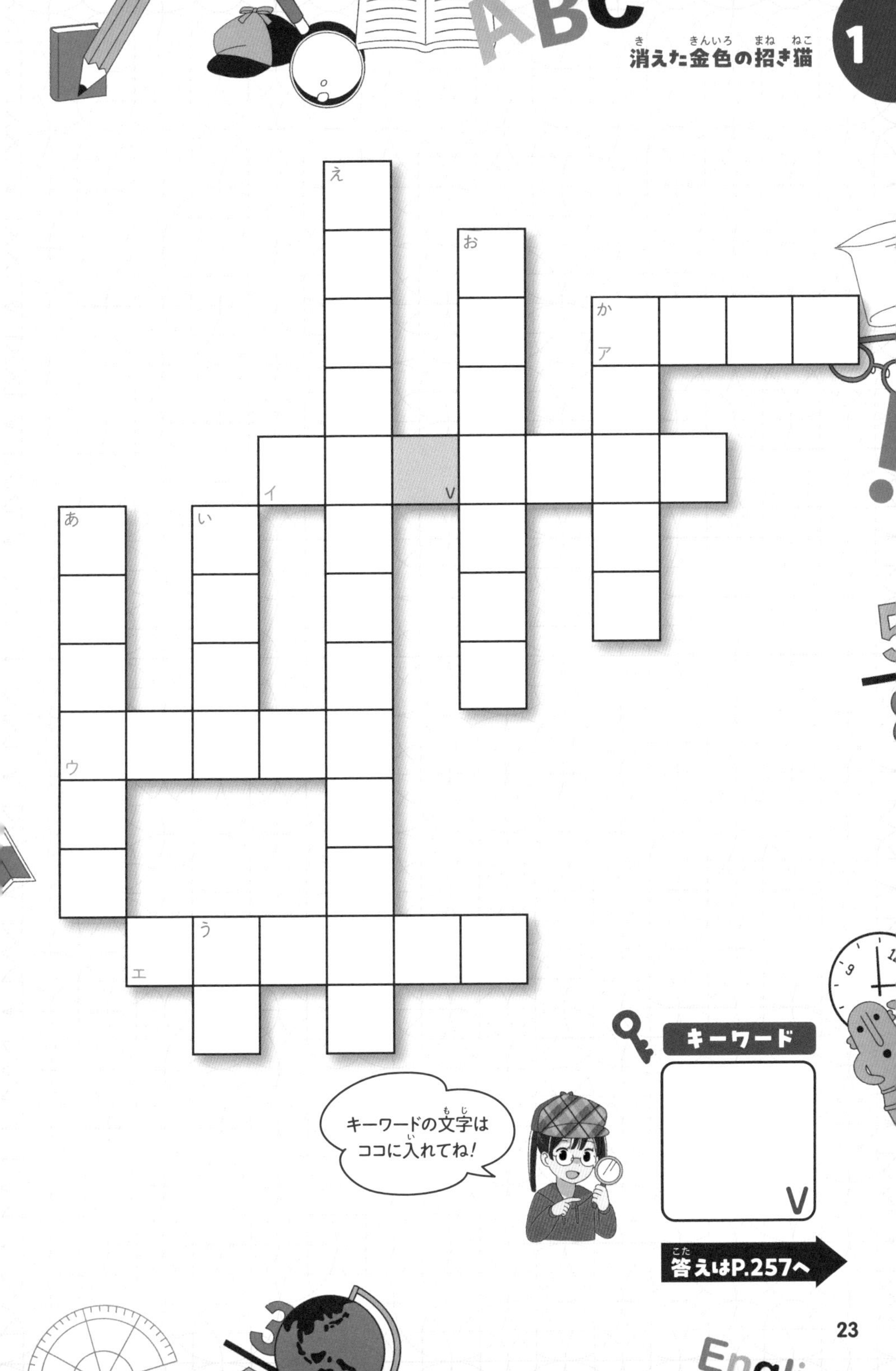
え
お
か
ア
イ
V
あ
い
ウ
う
エ
キーワード
V
キーワードの文字はココに入れてね!

答えはP.257へ

Question
5
国語

漢字の読み③

縦のヒントと横のヒントの（　　　）内の漢字を読んで、クロスワードを埋めてみよう！

縦のヒント

あ 雨天につき運動会は〇〇〇（日延べ）します

い 彼は本当に〇〇〇〇（博識）な人だなぁ。

う 社長の地位を〇〇〇（辞する）ことにしました。

え ライバルとついに戦えると聞いて、思わず〇〇〇〇〇〇（武者震い）する。

お 白熱電球は、当時としては〇〇〇〇〇（画期的）な発明でした。

横のヒント

ア 時間が限られているので、やるべきことを〇〇〇〇（取捨）選択する必要がある。

イ これであの子もようやく〇〇〇〇〇（成仏）できるだろう。

ウ 彼はあのチームを〇〇〇〇（率いる）優秀なリーダーだ。

エ 山の〇〇〇〇（頂き）からふもとの街を見下ろす。

オ 来月の大会に向けて、大いに〇〇〇（奮起）して練習する。

東大生に聞いた

子ども時代の勉強法

読書週間。幼稚園の頃から本は大好きでした。当時は『たんじょうびのふしぎなてがみ』(偕成社)が大好きで親が誕生日に絵本の内容に似せた手紙を作ってくれました。こうした、本の世界が楽しめる工夫をしてくれたことは、本を好きになったきっかけの一つだと思います。

答えはP.258へ

Question
6

理科

植物の作り①

縦のヒントと横のヒントを読んで、クロスワードを埋めてみよう！

縦のヒント

あ 光合成に必要な気体は何かな？

い 植物の体を支え、根から吸収された水や光合成で作られた養分などの通り道となる植物の部位は何かな？

う 光合成をすると、植物は〇〇と酸素を作り出すね！

え 子葉が1枚の被子植物を何類と言うかな？

お 種子から発芽して１年以内に生長し、種子を残して枯れる植物のことを〇〇〇〇〇〇植物と言います。

横のヒント

ア 光合成に必要なエネルギーは何から供給しているかな？

イ 道管の束と、師管の束をまとめて何と言うかな？

ウ 植物が光合成で作り出す炭水化物を何と言う？

エ 子葉が２枚の被子植物を何と言うかな？

オ 植物が緑色をしている要因となる細胞の器官だよ。これを使って光合成をするんだ。

東大生に聞いた

子ども時代の勉強法

小学校に上がってからも本は好きで、週に1回くらいは親に連れられて図書館に来ていました。
『×ゲーム』(幻冬舎文庫) という小説は、小学生が読むには刺激的な描写の多い作品でしたが親には特に諫められることもなく自由に読ませてもらえたのは、ありがたかったです。

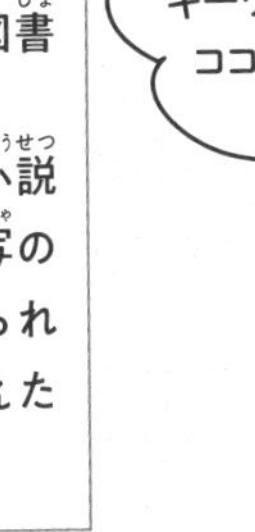

キーワードの文字はココに入れてね!
キーワード
j

答えはP.258へ

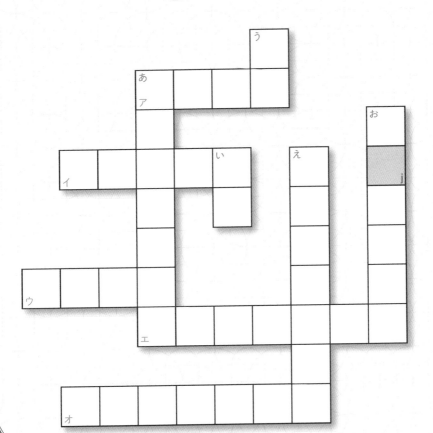

Question 7

英語

あてはまるセリフは？①

マンガのセリフが消えてしまったよ。この人は何て言っているのかな？ 選択肢から選ぼう。

I have to go home soon, my daughter is waiting.

I'm glad to see you.

選択肢

1 I'm house.　2 I'm homie.　3 I'm home.　4 I'm hum.

答え

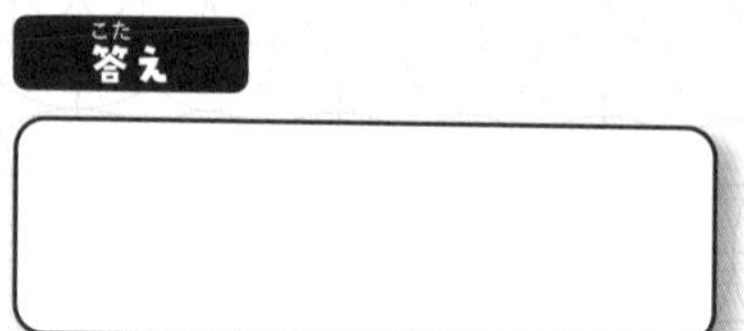

答えはP.259へ

ピタゴラスからの挑戦状①

数字カード、記号カードをそれぞれクロスワードの空いているマスに入れて、等式が正しくなるようにしましょう。

7		h	＝		×	

選択肢の数字・記号カード

＋	8	3	5

東大生に聞いた

子ども時代の勉強法

ゲームをするにしても、調べ物をしながら進めるクセをつけましょう。調べるときも、インターネットを使うとすぐ答えが出てきてしまうから、なるべく攻略本を使いましょう。本の索引に当たって、自分の知りたいことを調べる技術は、こうして身につけられます。

キーワード

h

数字➡文字 対応表

1	2	3	4	5	6	7	8	9
い	に	さ	し／ょ	ご	ろ	な	は	く

答えはP.259へ

Question
9
理科

植物の作り②

縦のヒントと横のヒントを読んで、クロスワードを埋めてみよう！

あ 植物の葉の表面にあり、空気のやり取りをしている穴のことを何と言うかな？

い 植物が、日光と水と二酸化炭素から酸素とでんぷんを作り出す活動のことを何と言うかな？

う 植物の根のうち、まっすぐ伸びて太い根のことを何と言うかな？

え 種子植物のうち、マツやイチョウが属する分類は何かな？

お 水に触れると青色から赤くなる紙のことを何と言うかな？

横のヒント

ア 植物が発芽するときは、〇〇〇の中の養分を使うよ。

アイ 維管束のうち、養分が通る管のことを何と言うかな？

ウ 植物が、地中の根や葉や茎に栄養を貯めて、大きく膨らんだものを何と言うかな？

エ 被子植物に見られる構造で、めしべの下にある膨らんだ部分を何と言うかな？

オ 植物のめしべが持つ部分で、この中には、卵細胞を含む胚のうがあるね。

え
う
ア
お
イ
い
あ
ウ
エ
オ
何かヒントが出てきた!
キーワードの文字はココに入れてね!
キーワード
答えはP.260へ

Question 10

社会

都道府県と市町村①

縦のヒントと横のヒントを読んで、クロスワードを埋めてみよう！

あ 日本列島の地質学的な東西を分ける境界を何と言うかな？別名、中央地溝帯とも言うよ。

い 群馬県の県庁所在地は○○○○市だね。

う 県庁所在地は高松市。これは何県かな？

え 本州の北東部に位置し、青森県や福島県、山形県などを含む地方を何と言うかな？

お 茨城県の県庁所在地は○○市だね。

横のヒント

ア 実質的に日本の首都と認知されており、文化や経済の中心を担っている都道府県はどこかな？

イ 都道府県のうち、1番大きくて1番北にあるのは○○○○○○だね。

ウ 砂丘が有名な、中国地方に位置する都道府県は何かな？

エ 栃木県の県庁所在地は○○○○○市だね。

オ 愛媛県の県庁所在地は○○○○市だね。

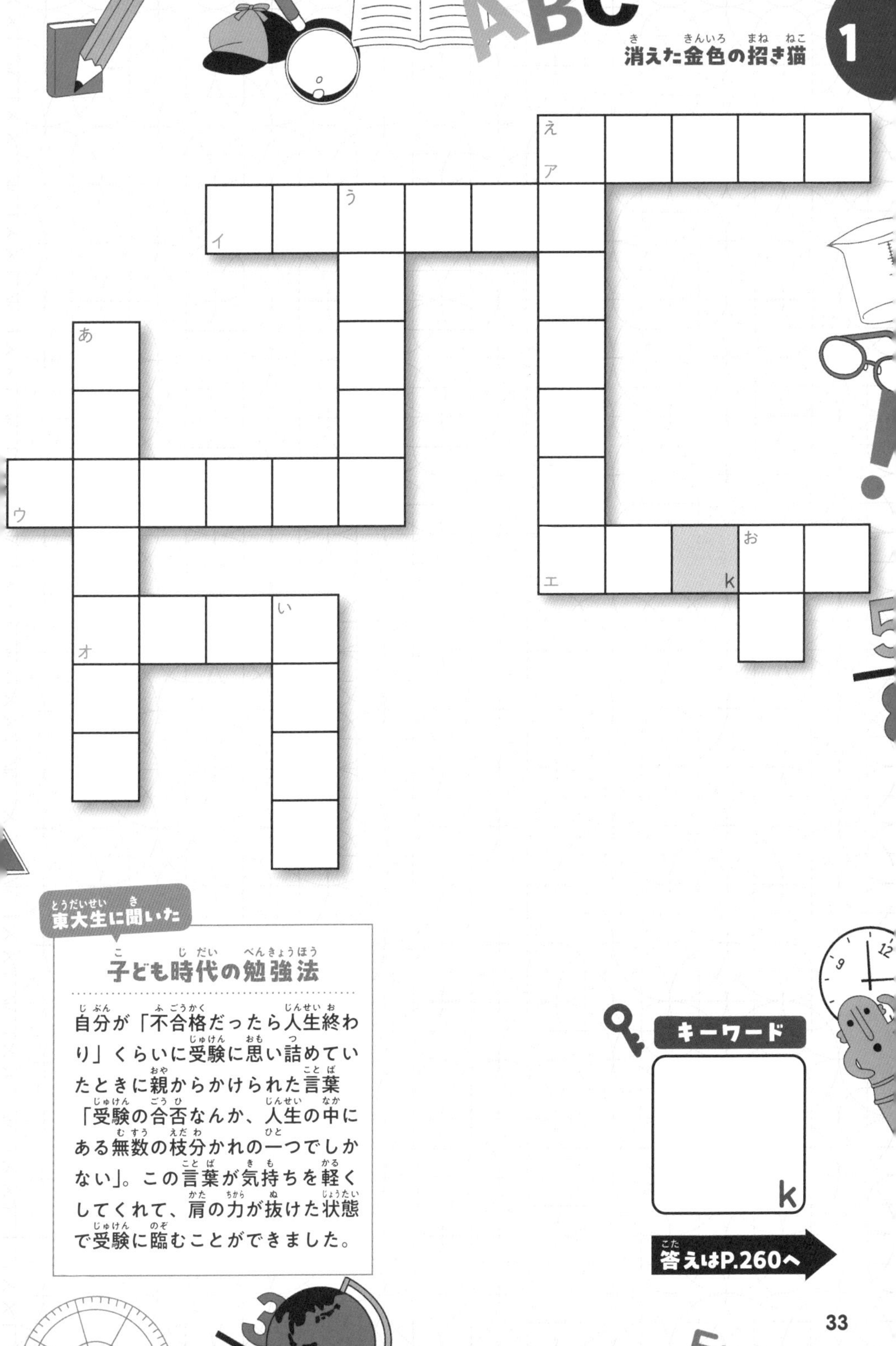

東大生に聞いた

子ども時代の勉強法

自分が「不合格だったら人生終わり」くらいに受験に思い詰めていたときに親からかけられた言葉「受験の合否なんか、人生の中にある無数の枝分かれの一つでしかない」。この言葉が気持ちを軽くしてくれて、肩の力が抜けた状態で受験に臨むことができました。

キーワード

k

答えはP.260へ

Question 11

社会

都道府県と市町村②

縦のヒントと横のヒントを読んで、クロスワードを埋めてみよう！

縦のヒント

あ 京都府や和歌山県、奈良県などを含む地方は○○○地方だね。

い 広島県や岡山県、山口県などを含む地方は○○○○○地方だね。

う 兵庫県の県庁所在地は○○○市だね。

え 東京都や神奈川県、千葉県などを含む地方は○○○○地方だね。

お 滋賀県の県庁所在地は○○○市だね。

か 石川県の県庁所在地は○○○○市だね。

横のヒント

ア 関西地方の中心的役割を担う都道府県。たこ焼きなどのグルメも有名だね！

イ 香川県の県庁所在地は○○○○市だね。

ウ 山梨県の県庁所在地は○○○市だね。

エ 福岡県や宮崎県などを含む地方は○○○○○○地方だね

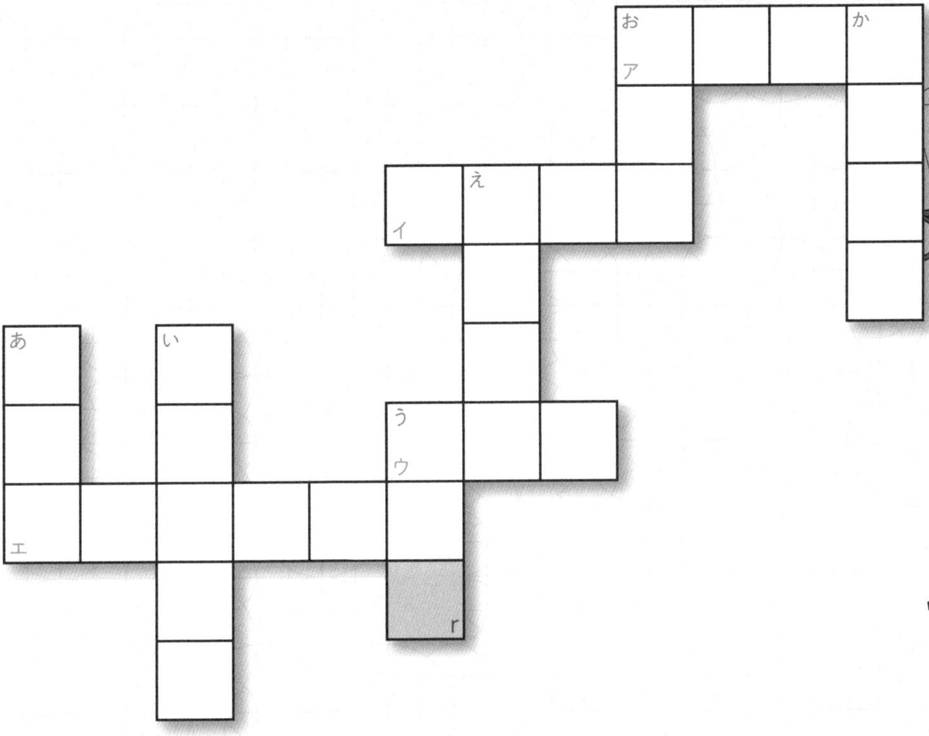

東大生に聞いた

子ども時代の勉強法

私は理科が好きですが、好きになったきっかけは、小さい頃から私の「これって何？」という質問に父がつきっきりで図鑑で一緒に調べてくれたからです。おかげで「気になったことがあれば、すぐに調べる」が習慣になりました。みなさんも何か気になったことがあったら調べてみましょう！

答えはP.261へ

Question 12 国語

漢字の読み④

縦のヒントと横のヒントの（　　）内の漢字を読んで、クロスワードを埋めてみよう！

縦のヒント

あ ○○○（悪寒）がするので熱を測ったら、39度もあった。

い この船で○○○○○○（大海原）に乗り出そう。

う 先生が鬼の○○○○○（形相）で生徒を叱りつけた。

え 私にとって、このテストでいい点数を取れるかは○○○○（切実）な問題です。

横のヒント

ア ピンチの私に友人たちが○○○（加勢）してくれたおかげで助かった。

イ 大会で優勝するという長年の悲願がようやく○○○○○（成就）した。

ウ 古い○○○（家屋）を取り壊すことになった。

エ これからは、時代の○○○○○○（潮流）をうまく読むことが重要になってくる。

オ 街の中心にあるこの道路では、いつも車が激しく○○○○（往来）している。

カ ○○○○（分別）のある人なら、そんな見当違いなことは言わないだろう。

東大生に聞いた

子ども時代の勉強法

「勉強時間」自体に大きな意味はありません。どれほど勉強したかではなく、何を学んだかが重要です。私は時間ベースではなく、学んだことをベースに考えるようにしていました。

キーワードの文字は
ココに入れてね!

キーワード

b

答えはP.261へ

理科（りか）

動植物と季節（どうしょくぶつときせつ）

縦（たて）のヒントと横（よこ）のヒントを読（よ）んで、クロスワードを埋（う）めてみよう！

縦（たて）のヒント

あ 多（おお）くの昆虫（こんちゅう）にとっては有害（ゆうがい）だが、モンシロチョウだけは食（た）べることができる植物（しょくぶつ）の科（か）は○○○○科だね。

い 春夏（はるなつ）に南（みなみ）から日本（にほん）へ渡（わた）ってくる鳥（とり）のことを何（なん）と言（い）うかな？

う 冬（ふゆ）を越（こ）し、翌春（よくしゅん）に成長（せいちょう）する花芽（はなめ）のことを○○○と言（い）うよ。

え カマキリの卵（たまご）の別名（べつめい）だよ。

お アゲハ蝶（ちょう）は○○○科（か）の植物（しょくぶつ）の葉（は）に卵（たまご）を産（う）み落（お）とすね！

か カエルの幼生（ようせい）のことを何（なん）と言（い）うかな？

横（よこ）のヒント

ア ロゼット葉（は）を地面（じめん）にはり付（つ）くようにして冬越（ふゆご）しするキク科（か）の植物（しょくぶつ）は何（なに）かな？

イ 一年中緑色（いちねんじゅうみどりいろ）の葉（は）をつけている植物（しょくぶつ）のことを何（なん）と言（い）うかな？

ウ 多様（たよう）な植物（しょくぶつ）の幹（みき）や葉（は）に群（むら）がる、黒（くろ）くて小（ちい）さな虫（むし）だよ。この生（い）き物（もの）が出（だ）す甘（あま）い汁（しる）はアリの大好物（だいこうぶつ）でもあるよ。

エ 寒（さむ）い冬（ふゆ）のあいだ活動（かつどう）を停止（ていし）するため地中（ちちゅう）の穴（あな）の中（なか）などで動物（どうぶつ）が眠（ねむ）ることを○○○○と言（い）います。

う〜ん
なかなかむずかしいね。

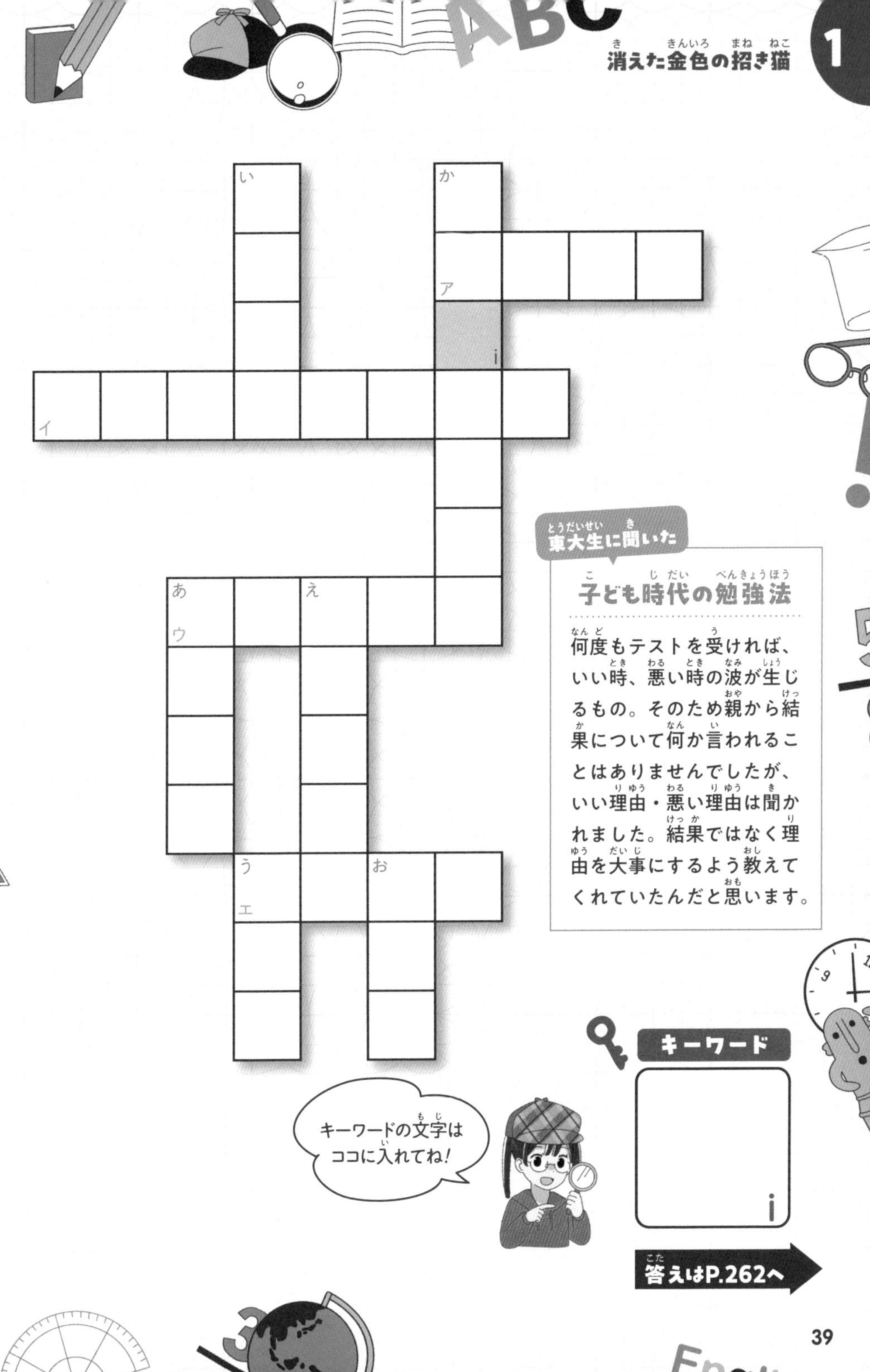

東大生に聞いた

子ども時代の勉強法

何度もテストを受ければ、いい時、悪い時の波が生じるもの。そのため親から結果について何か言われることはありませんでしたが、いい理由・悪い理由は聞かれました。結果ではなく理由を大事にするよう教えてくれていたんだと思います。

答えはP.262へ

日本の地形と海①

縦（たて）のヒントと横（よこ）のヒントを読（よ）んで、クロスワードを埋（う）めてみよう！

縦（たて）のヒント

あ 日本沿岸（にほんえんがん）を流（なが）れる寒流（かんりゅう）のうち、日本海（にほんかい）に流（なが）れ込（こ）むものは何（なに）かな？

い 日本沿岸（にほんえんがん）を流（なが）れる暖流（だんりゅう）のうち、日本列島（にほんれっとう）の南側（みなみがわ）を流（なが）れる海流（かいりゅう）を何（なん）と言（い）うかな？

う 中部地方（ちゅうぶちほう）に連（つら）なる3つの山脈（さんみゃく）をまとめて何（なん）と言（い）うかな？

え 日本最長（にほんさいちょう）の川（かわ）は○○○川（がわ）だね！

お 日本（にほん）の南東側（なんとうがわ）に位置（いち）する海（うみ）。三大洋（さんたいよう）の一（ひと）つでもある。

横（よこ）のヒント

ア 北米（ほくべい）プレートと太平洋（たいへいよう）プレートの間（あいだ）に存在（そんざい）する海溝（かいこう）を何（なん）と言（い）うかな？

イ 琵琶湖（びわこ）を水源（すいげん）とし、京都（きょうと）・大阪（おおさか）を流（なが）れた後（あと）に大阪湾（おおさかわん）に注（そそ）ぐ川（かわ）を何（なん）と言（い）うかな？。

ウ 河川（かせん）に運（はこ）ばれた土砂（どしゃ）が、海（うみ）に出（で）る時（とき）に堆積（たいせき）してできる三角（さんかく）の形（かたち）をした地形（ちけい）を何（なん）と言（い）うかな？

エ 大陸（たいりく）の周（まわ）りの海底（かいてい）にできる、比較的浅（ひかくてきあさ）い地形（ちけい）のことを何（なん）と言（い）うかな？

オ 日本沿岸（にほんえんがん）を流（なが）れる寒流（かんりゅう）のうち、日本列島（にほんれっとう）の南側（みなみがわ）を流（なが）れる海流（かいりゅう）を何（なん）と言（い）うかな？

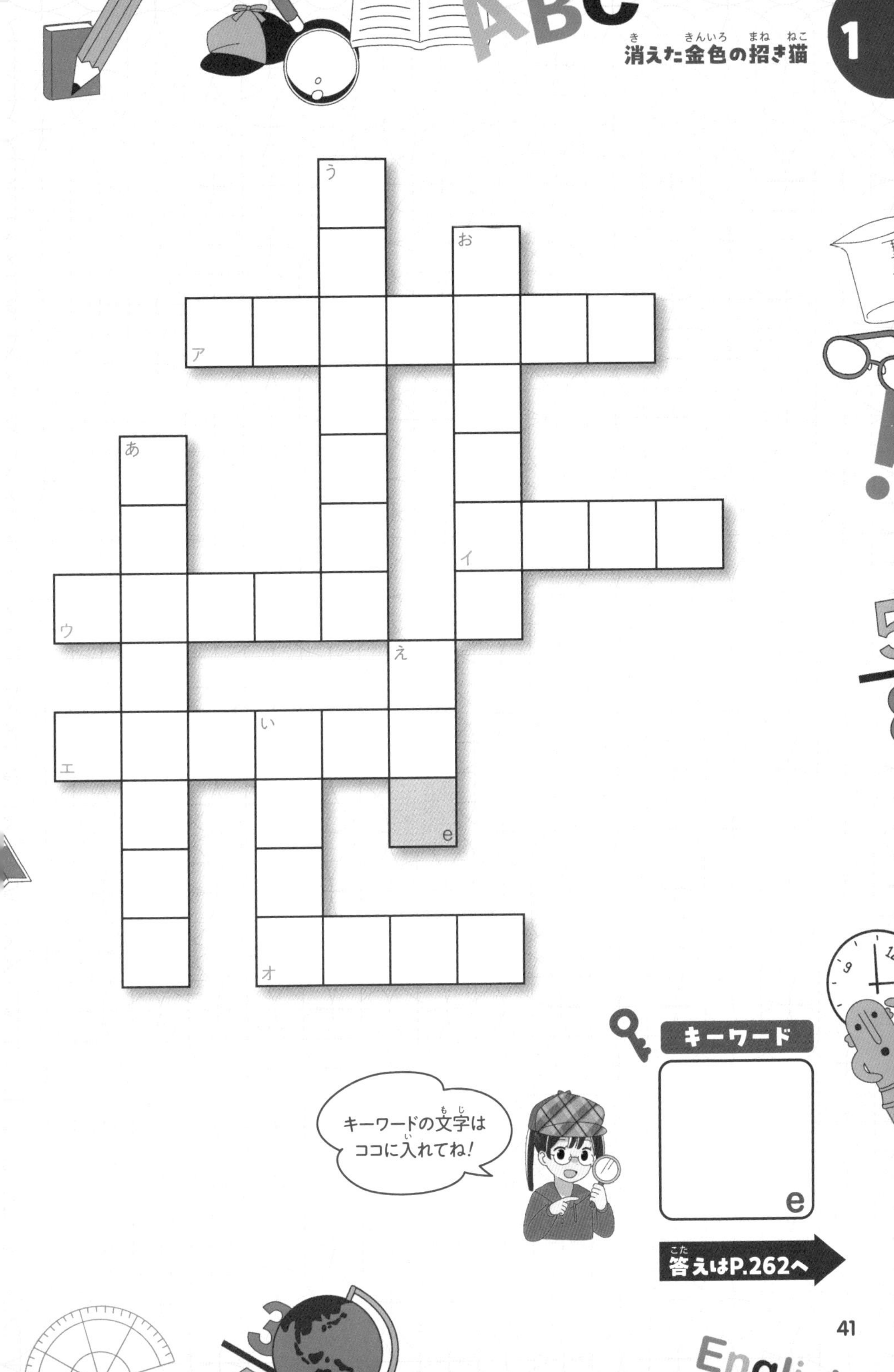

う
お
ア
あ
イ
ウ
え
い
エ
e
オ
キーワード
e
キーワードの文字はココに入れてね!
ABC

答えはP.262へ

あてはまるセリフは？②

今日（きょう）の給食（きゅうしょく）はカレーでみんな喜（よろこ）んでるみたい！
この人（ひと）は何（なん）て言（い）っているのかな？ 選択肢（せんたくし）から選（えら）ぼう。

Today's lunch is curry!
I love curry.I'm happy!

However, I like not curry
but rice.

HE

選択肢（せんたくし）

1 Me too! **2** I too! **3** Same with me! **4** I do!

答（こた）え

答（こた）えはP.263へ

42

123

Question 16

算数

ピタゴラスからの挑戦状②

数字カード、記号カードをそれぞれクロスワードの空いているマスに入れて、等式が正しくなるようにしましょう。

	+	6	=	u	2		

選択肢の数字・記号カード

1	3	3	−

東大生に聞いた

子ども時代の勉強法

中学受験の知識は、実は結構難しい。大人が聞かれても答えられないような問題ばかりが出ます。それをスラスラと解いているのだから、みなさん、実はすごいことなんです。たくさん勉強して、周りの大人をぎゃふんといわせてやりましょう。

キーワードの文字はココに入れてね!

キーワード

u

数字→文字対応表

1	2	3	4	5	6	7	8	9
い	に	さ	し/よ	ご	ろ	な	は	く

答えはP.263へ

Question 17

社会

日本の地形と海②

縦のヒントと横のヒントを読んで、クロスワードを埋めてみよう！

縦のヒント

あ 日本で一番高い山は○○○○だね！

い 太平洋を取り囲むように存在する新期造山帯を○○○○○○○○造山帯と言います。

う 周りの海に比べて、比較的暖かい温度の海流のことを何と言うかな？

え 秋田県にある日本最深の湖。カルデラ湖の一種でもあるよ。

お 日本の南側から流れてきて、本州に沿って日本海側に流れ込む海流を何と言うかな？

横のヒント

ア 日本列島と朝鮮半島とロシアによって囲まれた海を何と言うかな？

イ 北海道最大の平野であり、稲作や酪農が特徴の平野は、○○○○平野だね。

ウ 関東の大部分を占める平野。台地部分は、関東ローム層と言われる。

エ 流域面積が日本で7位で、近畿北部地域の上水道としての役割を担っている川を何と言うかな？

オ 日本アルプスと言えば、○○・木曽・赤石山脈のことだね。

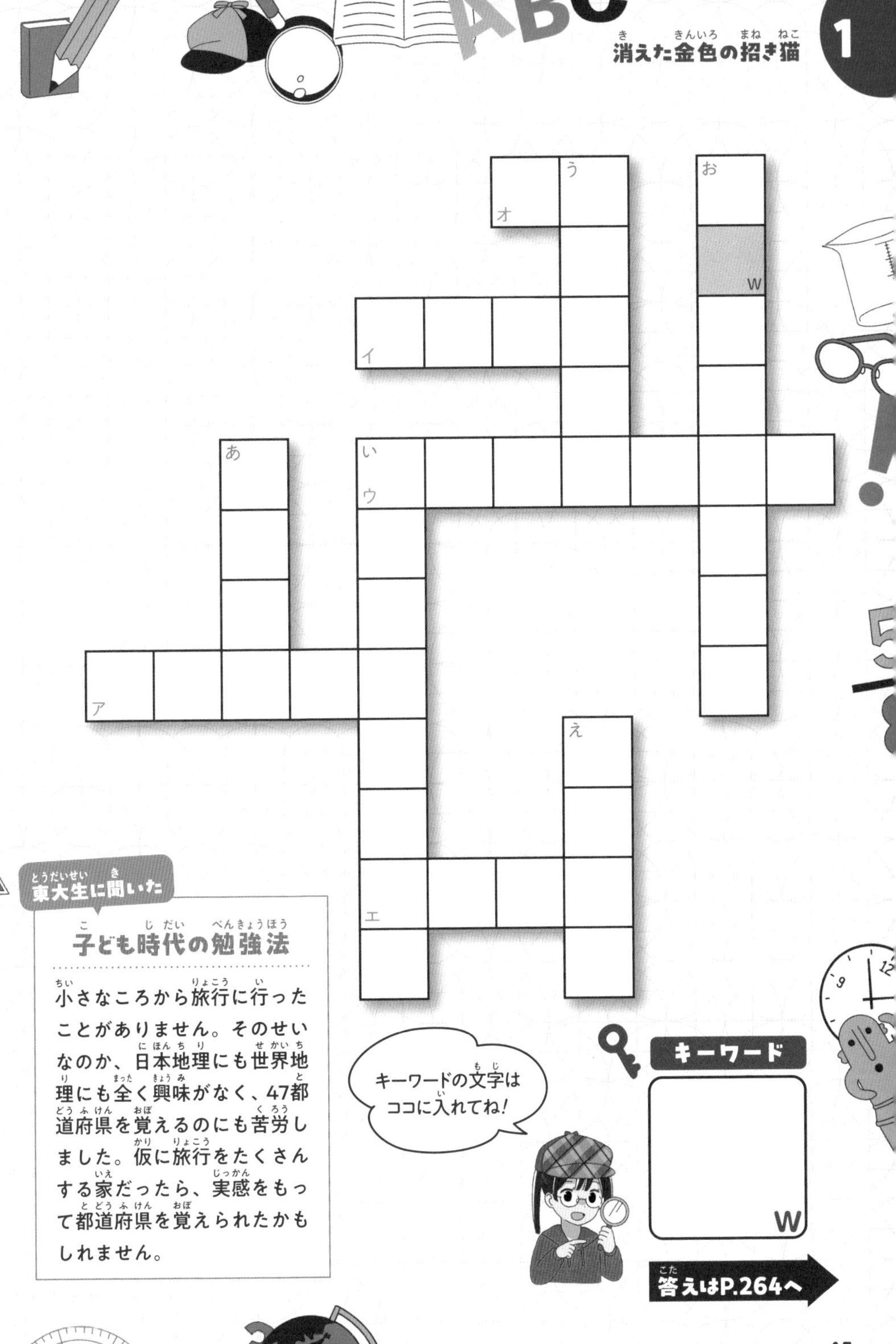
う
お
オ
W
イ
あ
い
ウ
ア
え
エ
東大生に聞いた
子ども時代の勉強法
小さなころから旅行に行ったことがありません。そのせいなのか、日本地理にも世界地理にも全く興味がなく、47都道府県を覚えるのにも苦労しました。仮に旅行をたくさんする家だったら、実感をもって都道府県を覚えられたかもしれません。
キーワードの文字はココに入れてね!
キーワード
W
答えはP.264へ

発芽と成長（はつがせいちょう）

縦（たて）のヒントと横（よこ）のヒントを読（よ）んで、クロスワードを埋（う）めてみよう！

縦（たて）のヒント

あ 肥料（ひりょう）の3要素（ようそ）の一（ひと）つで、元素記号（げんそきごう）Pで表（あらわ）されるものは何（なん）だろう。

い おしべの先端（せんたん）にある、花粉（かふん）が入（はい）っている部分（ぶぶん）を何（なん）と言（い）うかな？

う 胚乳（はいにゅう）に養分（ようぶん）を蓄（たくわ）える種子（しゅし）のことを何（なに）と言（い）うかな？イネやムギが該当（がいとう）するよ。

え 発芽（はつが）に必要（ひつよう）な3要素（ようそ）とは、水（みず）・温度（おんど）・○○○だね。

お がく・花冠（かかん）・おしべ・めしべのどれかが無（な）い花（はな）のことを何（なん）と言（い）うかな？

横（よこ）のヒント

ア 風（かぜ）に花粉（かふん）を運（はこ）んでもらう花（はな）のことを何（なん）と言（い）うかな？

イ 植物（しょくぶつ）が緑色（みどりいろ）をしている要因（よういん）となる細胞（さいぼう）の器官（きかん）だよ。これを使（つか）って光合成（こうごうせい）をするんだ。

ウ おしべだけを持（も）つ花（はな）とめしべだけを持（も）つ花（はな）で分（わ）かれている花（はな）のことを何（なん）と言（い）うかな？

エ 肥料（ひりょう）の3要素（ようそ）の一（ひと）つで、元素記号（げんそきごう）Kで表（あらわ）されるものは何（なん）だろう。

オ 植物（しょくぶつ）が発芽（はつが）して初（はじ）めに出（で）てくる葉（は）っぱのことを何（なん）と言（い）うかな？

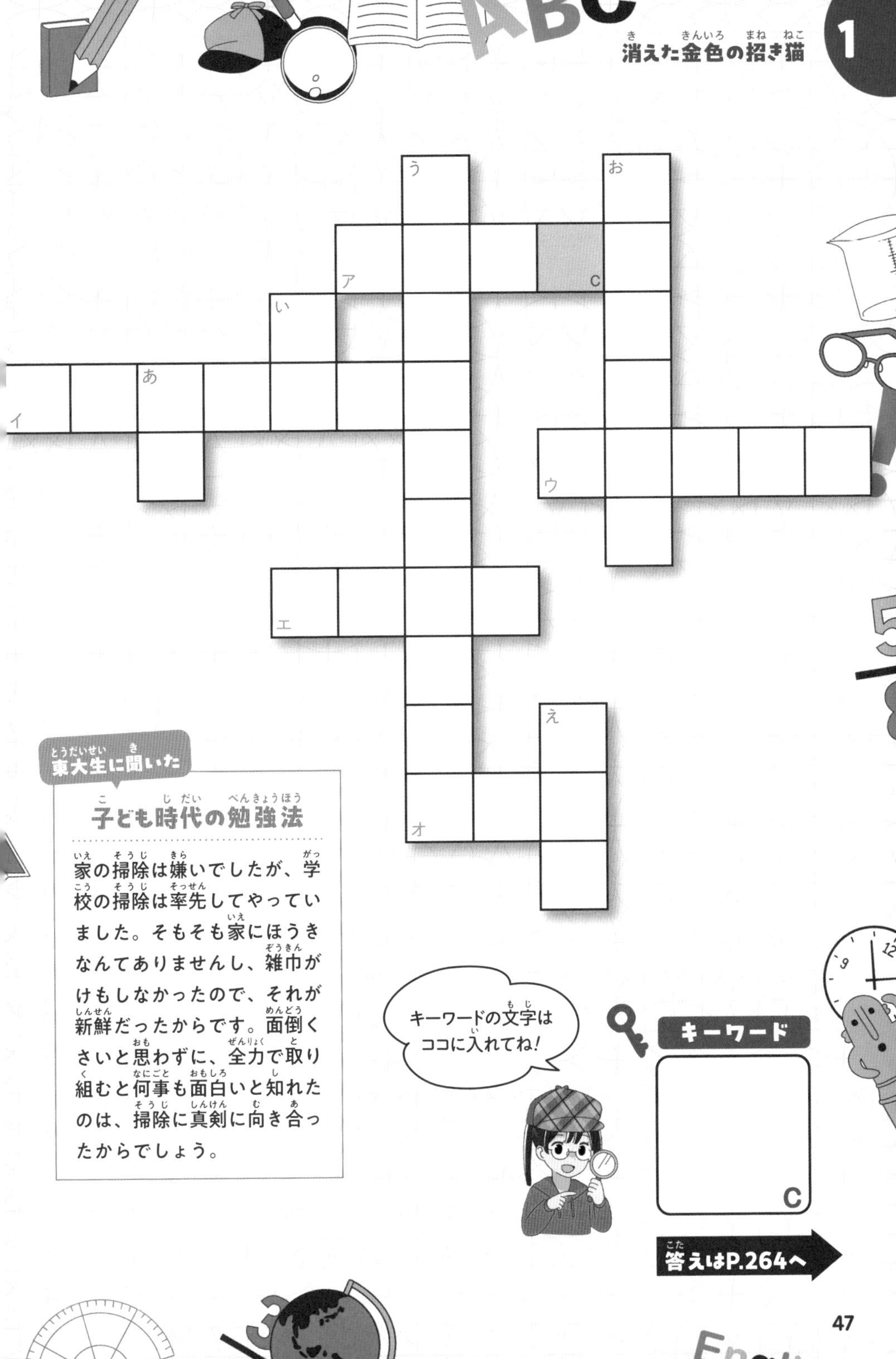

東大生に聞いた

子ども時代の勉強法

家の掃除は嫌いでしたが、学校の掃除は率先してやっていました。そもそも家にほうきなんてありませんし、雑巾がけもしなかったので、それが新鮮だったからです。面倒くさいと思わずに、全力で取り組むと何事も面白いと知れたのは、掃除に真剣に向き合ったからでしょう。

答えはP.264へ

地図（ちず）

縦（たて）のヒントと横（よこ）のヒントに出（で）てくる地図記号（ちずきごう）は何（なに）を表（あらわ）しているかな？ 記号（きごう）が表（あらわ）すものの名前（なまえ）を埋（う）めてみよう！

縦（たて）のヒント

あ Ψ

い 🏠

う 〒

え ○

お 卍

か ◎

横（よこ）のヒント

ア 开

イ

これらの線（せん）を○○○○○○○と言（い）うよ。

ウ 📖

エ 🪧

この記号（きごう）は○○○○○○○○○○
○○碑（ひ）と言（い）うね。

あと5問（もん）だ！
がんばれー！

HE

123

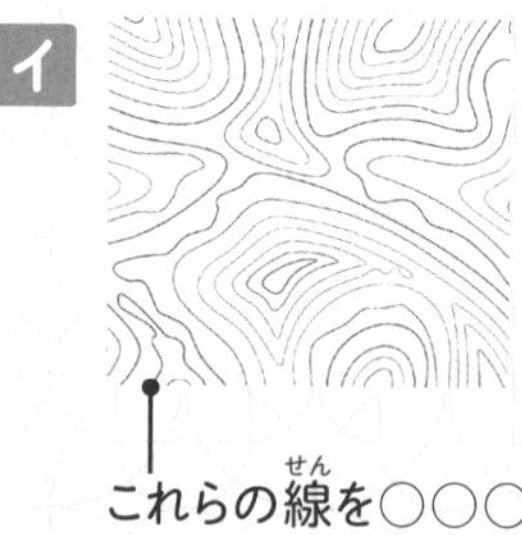

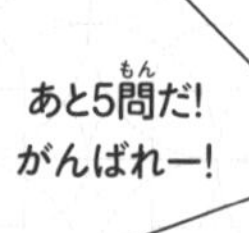

え
お
ア
い
d
う
n
イ
あ
ウ
か
エ
キーワード
キーワード
n
d
キーワードの文字はココに入れてね！
ABC

答えはP.265へ

Question 20

社会

日本の気候と自然災害・人口

縦のヒントと横のヒントを読んで、クロスワードを埋めてみよう！

縦のヒント

あ 空調機の排熱がコンクリートやアスファルトに蓄積することで都市部の気温が高くなることを〇〇〇〇〇〇〇〇〇現象と言うよ。

い 日本は温帯気候に属するため、〇〇がはっきりしています。

う 子どもの数が減り、高齢者人口の割合が増加している社会現象のことを〇〇〇〇高齢化現象と言います。

え 突如雨がたくさん降ると、川が〇〇〇〇してしまうね。

お 雪の重みで家がつぶれたり、道路が凍ってしまったりといった、雪による自然災害をまとめて何と言うかな？

横のヒント

ア 2011年3月11日に起きた、東北地方の三陸沖を震源に発生した超巨大地震を何と言うかな？

イ 長時間にわたり多くの雨が降ると、住居に水が 浸 入するといった〇〇〇〇被害が起きることもあるね。

ウ 一般に激しい雨と風を伴う。夏ごろによく見られ、多数の災害をもたらし得る気象現象は何かな？

エ 豪雨などにより、斜面の土が一気に崩れ落ちる災害のことを一般に何と言うかな？

オ 人口1000人に対して、1年間に生まれた人数の割合のことを何と言うかな？

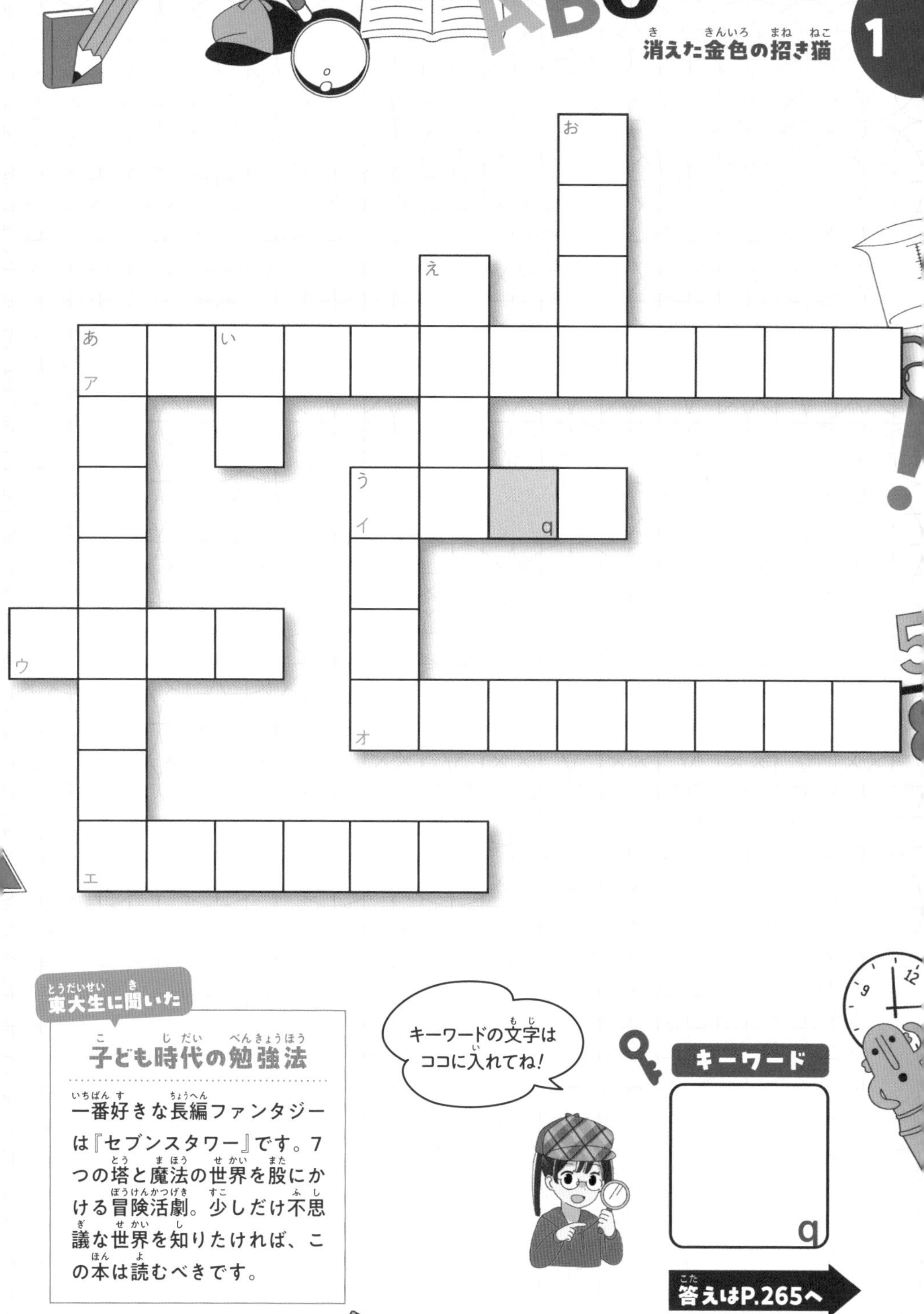

答えはP.265へ

東大生に聞いた

子ども時代の勉強法

一番好きな長編ファンタジーは『セブンスタワー』です。7つの塔と魔法の世界を股にかける冒険活劇。少しだけ不思議な世界を知りたければ、この本は読むべきです。

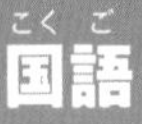

Question 21

国語

漢字の読み⑤

縦のヒントと横のヒントの（　　　）内の漢字を読んで、クロスワードを埋めてみよう！

縦のヒント

あ 近所の公園で初日の出を〇〇〇（拝む）のが、毎年の恒例なんだ。

い 目標を達成するためには、応援してくれる人の存在が〇〇〇〇（不可欠）だ。

う 日本では、人に指を差すのは〇〇〇〇（無作法）だとされている。

え 〇〇〇（病）は気からと言うし、少し気分転換しに行こうよ。

お 浜辺で〇〇〇〇（潮風）に当たるのはとても気持ちが良い。

横のヒント

ア 彼は負けても言い訳をしない。本当に〇〇〇〇〇（潔い）人だ。

イ 夏の〇〇〇〇〇（風物詩）である花火を見に、多くの人が公園にやってきた。

ウ 歴史ある教会には、とても〇〇〇〇（厳か）な雰囲気が漂っていた。

エ 君はこのチームの〇〇〇（要）だ。絶対に欠かすことはできない。

オ 今まで避けてきたけれど、いよいよ真実を〇〇〇（告げる）時が来てしまった。

東大生に聞いた

子ども時代の勉強法

小さい頃は通信教育をやっていました。お金がない中でできる最高の教育システムでしたが、私には難しすぎました。まったくわからないのでやる気も出ない。人間、ほどほどの難易度の問題を解くのがいいのでしょう。

答えはP.266へ

Question 22

理科

メダカ

縦のヒントと横のヒントを読んで、クロスワードを埋めてみよう！

縦のヒント

あ 水替えをするときは、水道水の中に含まれる○○○を抜くために一日以上放置するよ。

い メダカのオスとメスを判別するには背びれの何を見ればいいかな？

う 魚類の一番後ろについているひれのことを○○○と言うよ。

え メダカが自然界において食料としている小さい生物のうち、ワムシやゾウリムシなどの総称は何？

お 魚類は○○○○受精だよ。

横のヒント

ア 魚類の呼吸法を何と言う？

イ 水槽の中に水草を入れるのは何が減らないようにするためかな？

ウ メスのメダカの尻びれの形は何角形かな？

エ メダカの産卵の条件は光と○○○○だよ。

オ メダカのヒレのうち、左右で対になっているものは胸ビレともう一つは？

あと少しだよ!

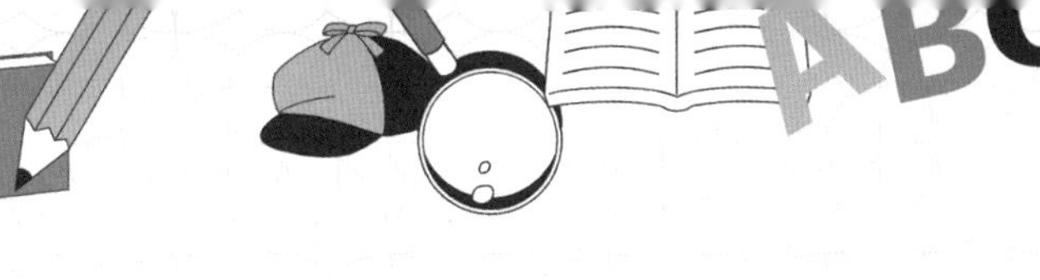

					え		
		あ ア		g	い		
イ							
							お
			ウ				
			エ		う		
		オ					

東大生に聞いた

子ども時代の勉強法

勉強するときは学校や塾で、家では絶対に遊ぶと決めていました。親にはたくさん心配をかけたと思いますが、家だとどうしても遊んでしまうので、苦肉の策でした。実際それで結果が出ていますから、そういうやり方もいいのかもしれません。

キーワード

g

キーワードの文字はココに入れてね！

答えはP.266へ

Question 23

社会

農林畜産業①

縦のヒントと横のヒントを読んで、クロスワードを埋めてみよう!

縦のヒント

あ 地元で生産した農作物を、その地元で消費することを何と言うかな?

い 穀物貯蔵のための巨大な施設を、ターミナルエレベーターに似ていることから、何と言うかな?

う 輸送量を抑えるため、農作物の消費が多くなる大都市の近郊で行う農業のことを何と言うかな?

え 食品を作る工場では大量の水を使用するため、それに伴い工場○○○○がたくさん出るね。しばしば環境問題を引き起こすこともあるよ。

お 青森県や長野県で有名な果物は何かな?

か ビニールハウスや暖かい気候を利用し、普通よりも早い段階での収穫を可能にしている農業を何と言うかな?

横のヒント

ア 昭和時代から2018年まで行われていた、お米の生産量を調整する政策のことを何と言うかな?

イ 日本で最も有名な米の品種。その名前は、新潟県などの旧国名「越の国」に光り輝く、ことから。

ウ 数種類の作物を、同じ場所で順番に変えながら作ることを何と言うかな?

エ 農地を効率よく利用するために、分散している土地の所有権を交換したり、区画整理をすることを○○○整理と言うよ。

ABC
あ
い
う
え
か
ア
イ
お
ウ
エ
p
キーワード
p
キーワードの文字は
ココに入れてね!
9
12
Engli

答えはP.267へ

Question 24

社会

農林畜産業②

縦のヒントと横のヒントを読んで、クロスワードを埋めてみよう！

縦のヒント

あ 米の生産量が日本一。この都道府県は？

い 農業以外の仕事で収入を得つつ、農業を行う農家の人を何と言うかな？

う 和歌山県や愛媛県で有名な果物は何かな？

え 国の食料消費量のうち、国内で生産したものの割合のことを何と言うかな？

横のヒント

ア 九州地方に多く分布し、火山灰が元になっているため、農業には向かない台地のことを○○○台地と言います。

イ 作物の遺伝性質を改良し、害虫に強くしたり、収穫時期を早めたりすることを何と言うかな？

ウ アイガモ農法などが有名。農薬や化学肥料を使わない農業のことを○○○農業と言うね。

エ 同じ農地で1年に2回、異なった作物を育てることを何と言うかな？

オ 群馬県嬬恋村などが有名。この作物は？

カ 乳牛を飼い、牛乳やバターなどの製品を作る農業のことを一般に何と言うかな？

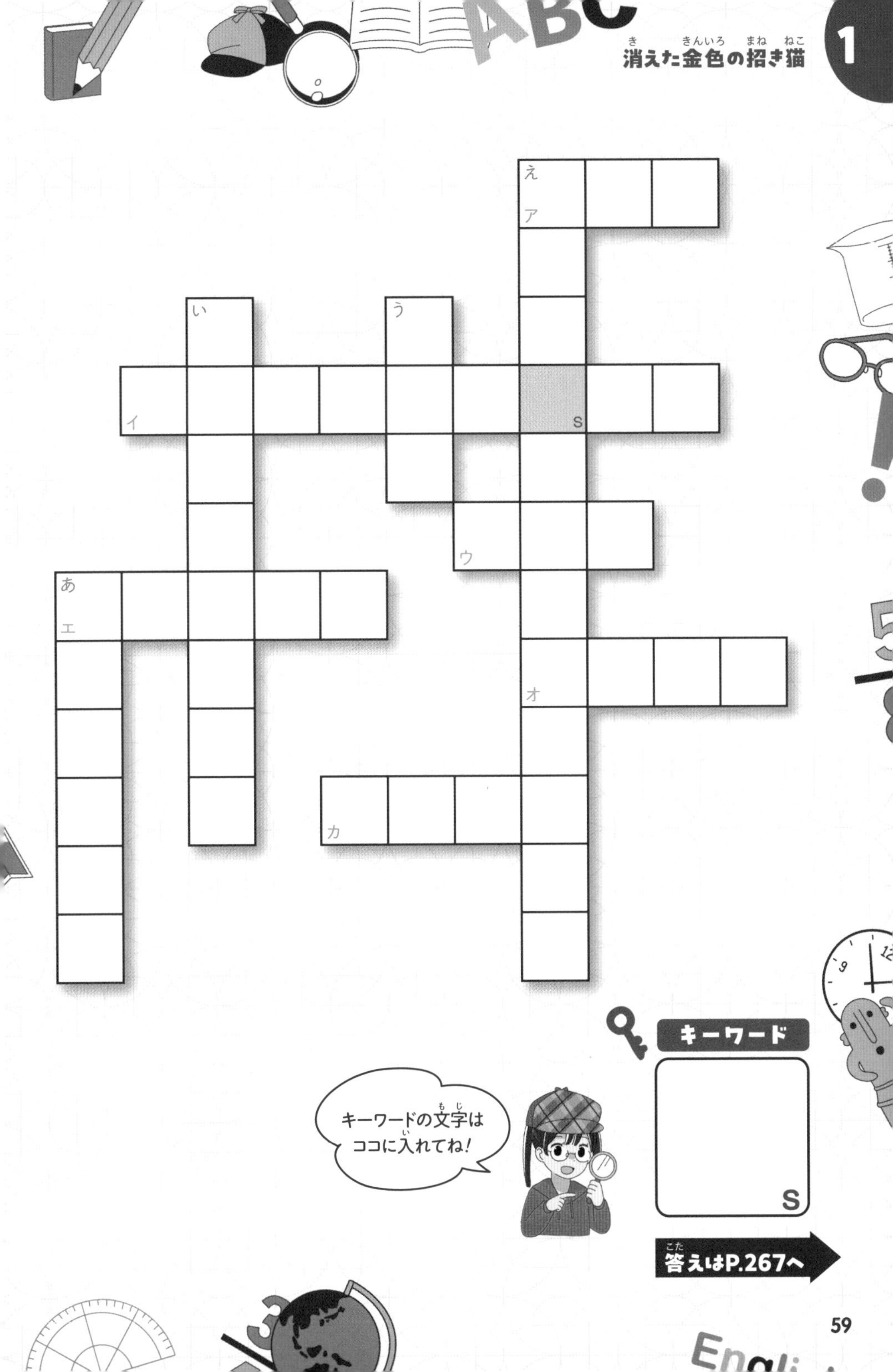
え
ア
い
う
イ
S
ウ
あ
エ
オ
カ
キーワード
S
キーワードの文字は
ココに入れてね！

答えはP.267へ

事件の謎を解くキーワード

挑戦状
問題を解いて
金色の招き猫を探してみろ！
Q

クロスワードを解いて見えてきたキーワードを入れてみよう!

キーワード

P.17_a	P.37_b	P.47_c	P.49_d	P.41_e	P.19_f

P.55_g	P.29_h	P.39_i	P.27_j	P.33_k	P.31_l

P.53_m	P.49_n	P.25_o	P.57_p	P.51_q	P.35_r

P.59_s	P.19_t	P.43_u	P.23_v	P.45_w	P.21_x

答えはP.316へ

「あったわ！　誰がこんなことを……。でも、まずは鈴木屋のおばあちゃんにこれを届けないと！」

「さすが名探偵～。ぼくの見立てとおりだ。君ならこれくらいは簡単に解いてくれると思ったよ。」

算数を好きになるには？

学校で勉強するときには、計算ばっかりで面白くなかったり、何をすれば良いかわからなかったりで、面白くないときもあるでしょう。

でも、**算数が得意になると大きくなったときに、得をすることが多くなります。**

たとえば、スーパーに買い物に行った時を想像してください。

3個800円のお菓子と4個1100円のお菓子があったとき、どちらのセットがお得か計算することができます。

ほかにも、そもそも算数を学ぶことで、普段の生活で「これってどっちが安いんだろう」と、身近な疑問に気づくことができるようになり、このように**ひとつ一つ色んな物事に興味を持つことができるようになります。**

すると、将来大きくなったときに、同じ物事でも、ほかの人と違った考え方ができるようになります。ほかの人と違った考え方ができると、新しいことや自分が好きなことを実行に移せるようになります。

実はこのように、**学校で習う算数の力は、大人になると本当に色んなところで使うことができるようになるのです。**お母さんやお父さんにも聞いてみてください。「算数ができて役に立つことってある？」と。きっと、思いもしないような答えがくると思いますよ。

といっても、じゃあどうやって算数って得意になったらいいの？ 計算とか苦手だし、という人も多いのではないでしょうか。東大生のおススメは、**普段から算数を楽しむゲームをする**、というものです。

たとえば、車に乗っているとき。前の車のナンバープレートの数字を使って10を作ってみてください。順番を入れ替えたり、＋や－、×、÷といった算数で学んだ知識を使ってもいいですよ。慣れてきたら、兄弟姉妹、お母さんやお父さんと、どちらが早く10を作れるか勝負するのもいいでしょう。

ほかにも、算数に関連するボードゲームなども販売されているので、試してみるとよいでしょう。

事件簿 2

甘い証拠の謎

ある晴れた日、明日香はお気に入りの小説を片手に、行きつけの喫茶店「ポロン」を訪れた。

毎週末のようにこの喫茶店「ポロン」で、大好きな推理小説を読むのが習慣になっている。

「こんにちは〜！ 今日も良い天気ですね〜！」

「みんな！ 落ち着いてくれ！ ゆっくり座って考えよう！」

喫茶店に到着するや否や、いつもは笑顔で迎えてくれる店主が、何やら不安そうな声を上げている。

「どうしたの？」

「ああ…明日香ちゃん。気づかなかったよ。すまんね。でもちょうどいいところに来てくれた！」

どうやら、鈴木さんが頼んでいたケーキがトイレに行っている間に誰かに食べられてしまったようだ。しかし、その場にいるみんなは自分ではないと言い張っている。

「誰かが嘘をついているに違いない！ 犯人を見つけ出すわよ！」

田中さんは、眼鏡をかけ、鋭い視線をしていて、小説家のようだ。

松岡さんは、白いシャツとネクタイを身につけ、帽子を目深に被りサングラスをかけていて、ミステリアスな外見だ。

佐藤さんは、肩まである髪は軽く巻かれていて、明るく親しみやすい雰囲気を持っている女性だ。

「よーし、さっそく推理を始めるわ！」

Question 25

国語

漢字の読み⑥

縦のヒントと横のヒントの（　　　）内の漢字を読んで、クロスワードを埋めてみよう！

あ 花火の打ち上げや美しい景色を○○○（戸外）で楽しんだ。

い この会社の決定権は、社長が全て○○○○○（掌握）している。

う 良い友達は、相手の気持ちを○○○（察知）することができる。

え 類い稀な才能によって、突如、世間の○○○（耳目）に触れることとなった。

お この温泉は腰痛に○○○○（効能）がある。

横のヒント

ア ○○○（竹刀）は剣道の稽古で使うね！

イ 質問に答えられず、○○○○（閉口）してしまった。

ウ 陰で○○○○（画策）した計画がバレてしまった。

エ 礼儀正しい○○○○（口調）で話すことは大切です。

オ めきめき○○○○（頭角）を現す。

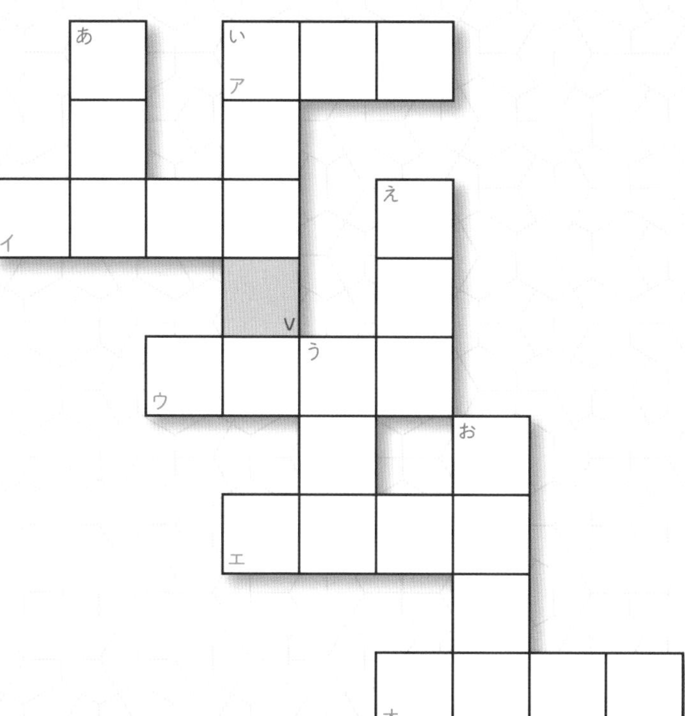

東大生に聞いた

子ども時代の勉強法

3歳ころからやっていた計算練習方法として、「1から2をかけ続ける」というものがありました。1,2,4,8,16,32,64,128…と、どんどん倍々にしていきます。もちろん、暗算です。小学生当時は32,768までやって、そこから先は飽きたのでやっていませんでした。

V

Question 26

理科

微生物

縦のヒントと横のヒントを読んで、クロスワードを埋めてみよう！

縦のヒント

あ 体長1㎜程度の微生物で、水中で生活するプランクトンに属する生物は何かな？

い 体が多くの細胞でできている生物のことを○○○○○生物と言います。

う 葉緑体を持ち光合成をする浮遊生物は何かな？　アオミドロやミカヅキモなどが該当するよ。

え 顕微鏡を構成する部品の１つで、観察物を載せるための台のことを何と言うかな？

横のヒント

ア 葉緑体を持つ動物性微生物で、近年は食料としても注目を集めている生物は何かな？

イ 微生物やウイルスなどが持つ、水中などを泳ぐための毛のことを何と言うかな？

ウ 顕微鏡を構成する部品の１つで、標本に面する方のレンズを○○○○レンズと言います。

エ 顕微鏡を用いて観察物を観察できるようにするために、ガラスやカバープレートを用いて作るものは何かな？

オ 蛍光灯などの光を○○○○させて、観察物を見やすくするための顕微鏡の部品を○○○○鏡と言います。

カ 体が1つの細胞でできている生物のことを○○○○○○生物と言います。

あ
ア
う
イ
い
ウ
え
エ
オ
カ
キーワード
キーワードの文字はココに入れてね！
答えはP.268へ

Question 27
理科

人の誕生

図と縦のヒントと横のヒントが示している箇所を何と言うかな？

縦のヒント

あ 男性の体で精子がつくられるのはどこかな？

え 子宮内に到着した受精卵が7日目くらいに子宮内膜に潜り込むことを○○○○○○と言うよ。

横のヒント

ア 卵子が輸卵管で精子と出会うことを何と言うかな？

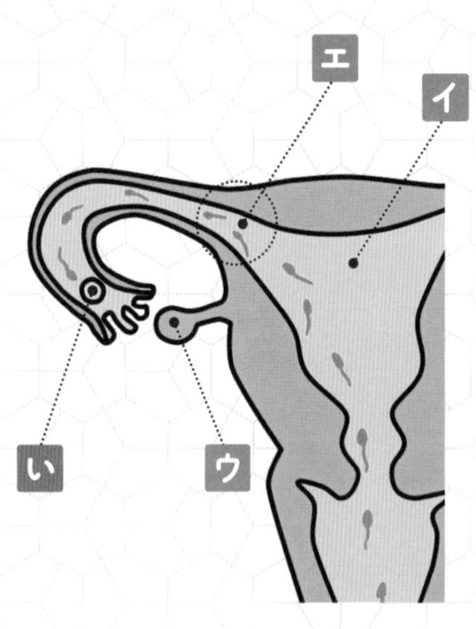

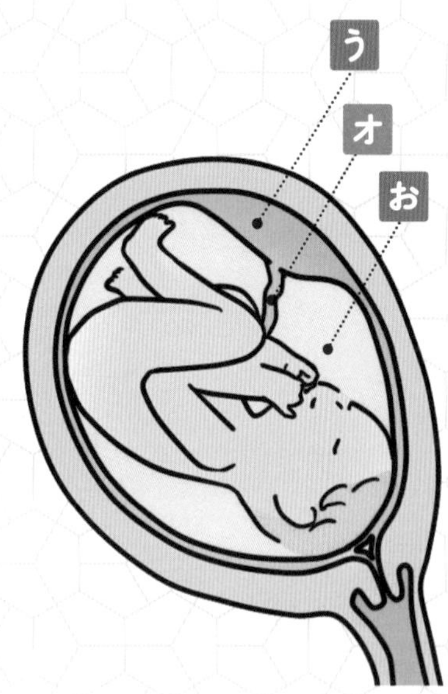

東大生に聞いた

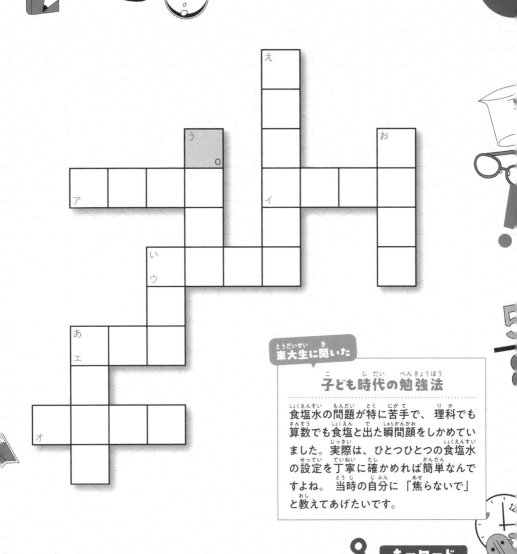

子ども時代の勉強法

食塩水の問題が特に苦手で、理科でも算数でも食塩と出た瞬間顔をしかめていました。実際は、ひとつひとつの食塩水の設定を丁寧に確かめれば簡単なんですよね。当時の自分に「焦らないで」と教えてあげたいです。

答えはP.269へ

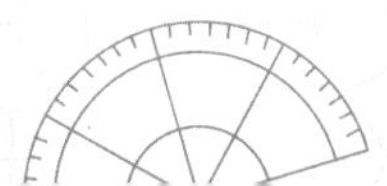

Question 28

社会

漁業

縦のヒントと横のヒントを読んで、クロスワードを埋めてみよう！

縦のヒント

あ 魚の卵を人工的に孵化させ、ある程度まで成長した後に放流し、その後自然に任せて成長させたものを漁獲する漁業を◯◯◯◯漁業と言うね。

い 比較的小規模に、海岸の近くの海で行う漁業のことを◯◯◯◯漁業と言うね。

う 魚・貝などを人工的に育てる漁業のことを◯◯◯◯◯漁業というね。牡蠣や真珠が有名だよ。

え 暖流と寒流のぶつかることでプランクトンが多く繁殖し、良い漁場となる場所のことを何と言うかな？

お 複数の船を用いて網を張り、魚群を一網打尽にして捕らえる方法を何と言うかな？

横のヒント

ア 大型の船を用いて遠くの海へ向かい、1か月程度以上の期間をかけて行う漁業を◯◯◯◯漁業と言います。

イ 千葉県にある、サバなどの漁獲量が多いことで有名な漁港は◯◯◯◯漁港だね。

ウ 秋によく捕れる魚だね。北海道のものが有名だ！

エ 海岸から数十キロの海で、数日間かけて行う漁業のことを◯◯◯◯漁業と言います。

オ 遠洋漁業の本拠地といわれ、カツオやマグロなどの水あげが多いのは、静岡県の◯◯◯港だね

答えはP.269へ

Question
29

国語

ことわざ①

縦のヒントと横のヒントを読んで、クロスワードを埋めてみよう!

縦のヒント

あ 相手を出し抜いてあっと言わせることを何と言うかな?

い 人は身近なことには案外気がつかないものだというたとえを何と言うかな?

う 決着をつける、物事を終わらせるということを何と言うかな?

え 自分のあやまちや弱みをついていて、聞くことがつらいことを何と言うかな?

お どれほど貴重なもの・高価なもの・価値のあるものでも、持ち主がそれを知らなければ何の値打ちもないことを何と言うかな?

HEL

横のヒント

ア 時間はお金と同じくらい貴重で大切であることを何と言うかな?

イ 気持ちがよく合い、行動を共にしやすく、相性が良いことを何と言うかな。

ウ 主体性がなく人の言うことにただ頷いている人や、首を動かす癖がある人のことを何と言うかな?

エ 多くの人の中から特別に選び出されることを何と言うかな?

オ ものを見分ける力が優れていることを何と言うかな?

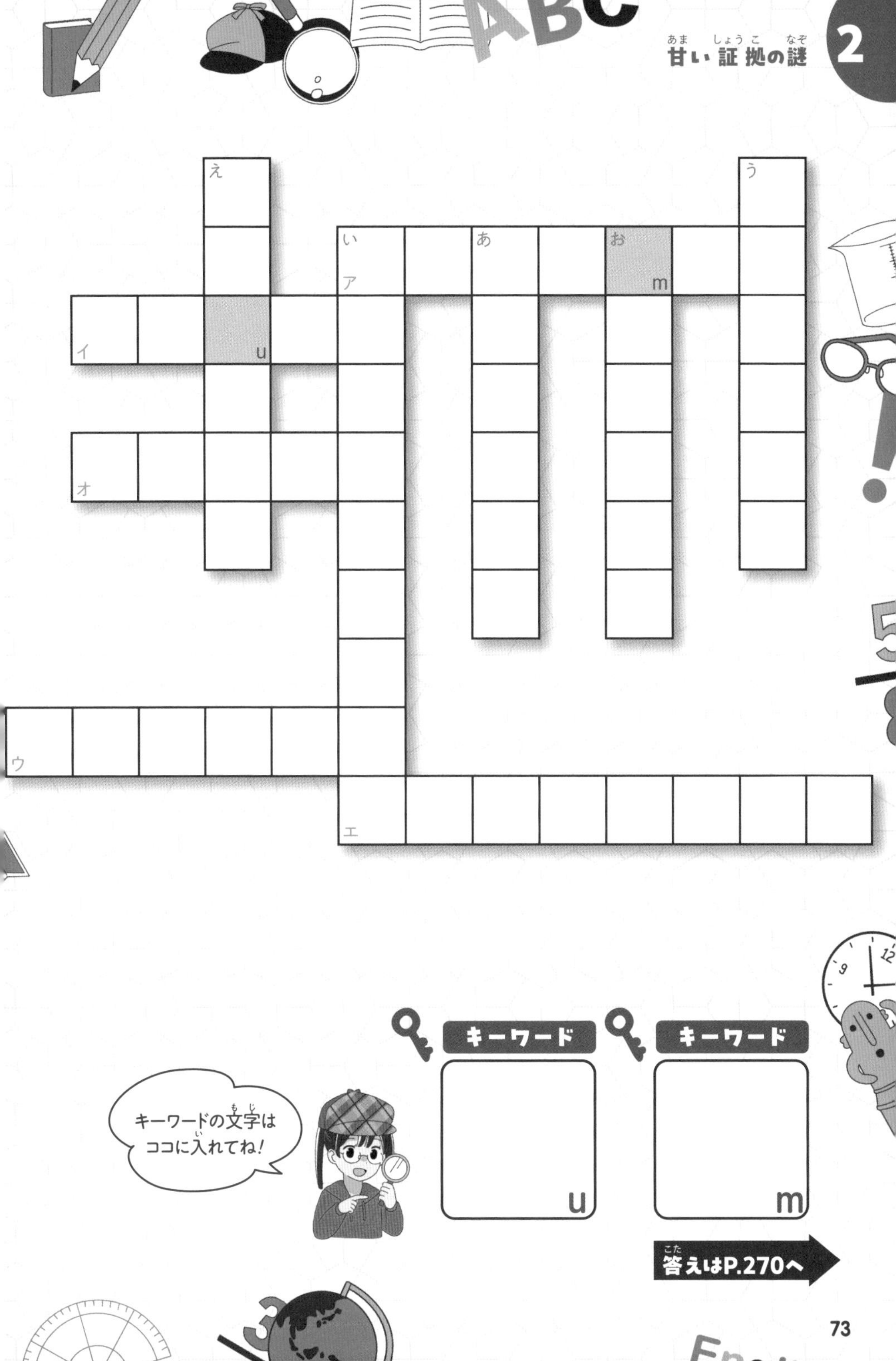
え
う
い
あ
お
ア
m
イ
u
オ
ウ
エ
キーワード
キーワード
u
m
キーワードの文字は
ココに入れてね！

答えはP.270へ

Question 30

理科

人体①

縦のヒントと横のヒントを読んで、クロスワードを埋めてみよう！

縦のヒント

あ 血液中で、酸素を運ぶ動きをしている成分は何かな？

い 血液中の酸素と二酸化炭素とを交換している、肺の中にたくさんある小さな袋のことを何と言うかな？

う 二酸化炭素を吹き込むと白く濁る水のことを何と言うかな？

え 気管は左右の肺に入ると2股に分かれるね。これを何と言うかな？

お 血液の流れを一定にする役割がある、血管中に見られる器官のことを何と言うかな？

か 心臓の中で血液を受け取るのは心房。では血液を送り出すのは？

横のヒント

ア 呼気に含まれる気体の中で、一番多いのは何？

イ 体のさまざまな器官を動かしているよ。筋繊維がたくさん集まってできているよ。

ウ 血液中で、けがをした時に血を固める役割を担っている成分は何かな？

エ 体のすみずみまで栄養や酸素が行きわたるように枝分かれした、とても細い血管を何と言うかな？

2

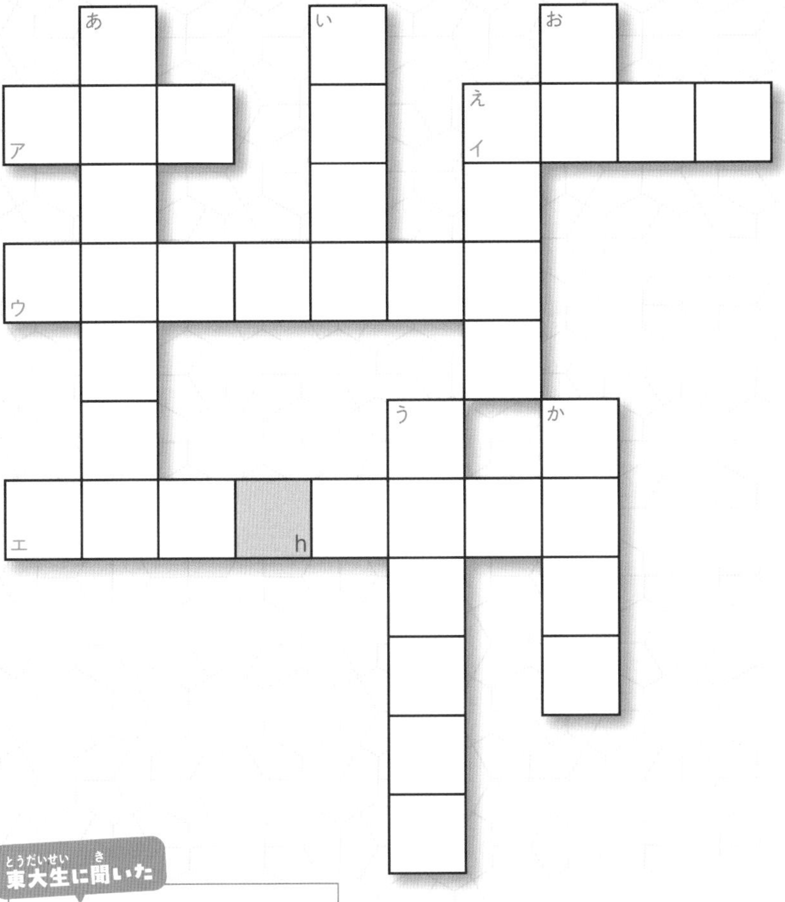

東大生に聞いた

子ども時代の勉強法

親子で『風来のシレン』というゲームが好きで、よく遊んでいました。詰将棋のようなゲーム性で、一手間違えたらすべてを失って最初からやり直し。よく考えて手を進める重要性はこのゲームから学びました。

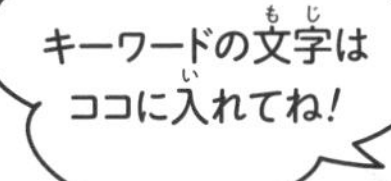
キーワードの文字は
ココに入れてね!

キーワード
h

答えはP.270へ

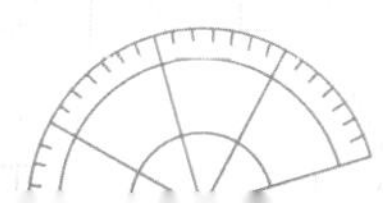

Question
31

英語

あてはまるセリフは？③

2人でレストランに来たみたい。2コマ目の女性は何て言っているのかな？　選択肢から選ぼう。

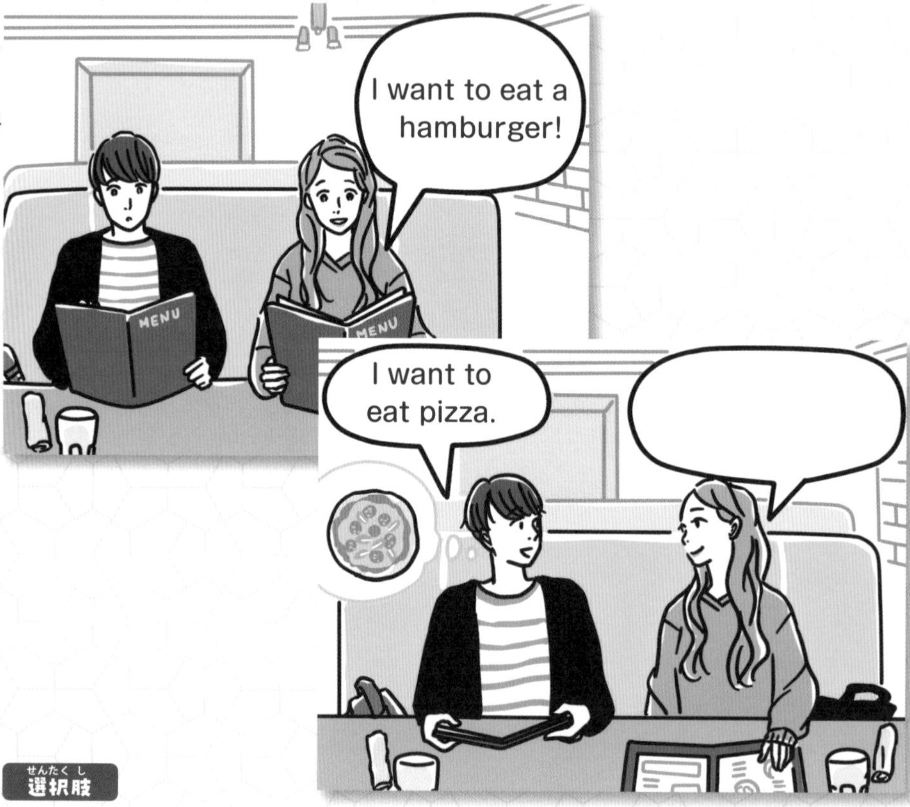

I want to eat a hamburger!

I want to eat pizza.

選択肢

1 What do you want to eat?　2 What do you want to pizza?　3 What do you want to meal?　4 What do you want to food ?

答え

答えはP.271へ

算数

ピタゴラスからの挑戦状③

数字カード、記号カードをそれぞれクロスワードの空いているマスに入れて、等式が正しくなるようにしましょう。

選択肢の数字・記号カード

2	2	4	4

q	×	9	＝		×		＋	

東大生に聞いた

子ども時代の勉強法

概数の計算だと、スーパーで買い物についていくのもおすすめです。「このお肉は498円だから、ほぼ500円」「この野菜は68円だから、70円」のように、概算する癖をつけられます。細かい数字にとらわれず、大まかな感覚で数字を扱う感覚を育てられたのは、お使いとゲームのおかげです。

キーワードの文字はココに入れてね！

キーワード

q

答えはP.271へ

数字➡文字 対応表

1	2	3	4	5	6	7	8	9
い	に	さ	し／ょ	ご	ろ	な	は	く

Question
33

社会

工業①

縦のヒントと横のヒントを読んで、クロスワードを埋めてみよう！

縦のヒント

あ 日光を利用し海水から塩を取り出すための設備を何と言うかな？

い 瀬戸内海沿岸に広がる工業地域を〇〇〇〇工業地域と言うね。

う 日本に存在する主要な4つの工業地域をまとめて何と言うかな？

え 大阪から兵庫にかけて広がる工業地域を〇〇〇〇工業地帯と言うね。

横のヒント

ア 福岡県にある、日本で初めてつくられた製鉄所は何かな？

イ 楽器・オートバイの生産がさかんなのは静岡県〇〇〇〇市だね！

ウ 東京湾西岸を中心に広がっている工業地帯を〇〇〇〇工業地帯と言うね。

エ 愛知県を中心に、三重県や岐阜県まで広がっている工業地帯を〇〇〇〇〇〇工業地帯と言うね。

オ 主に石油の製造や精製が行われる産業施設を石油〇〇〇〇〇〇と言うよ。

カ 通信機や計測機などを作る工業のことを何と言うかな？

東大生に聞いた

子ども時代の勉強法

国語の成績だけは気を使ったほうがいいかもしれません。
国語さえできていれば、少し難しいことでも難なく理解できるようになります。普段から本や新聞を読んで鍛えておきましょう。

キーワードの文字はココに入れてね!

答えはP.272へ

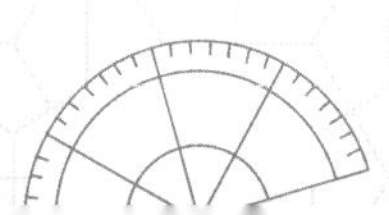

Question 34

社会

工業②

縦のヒントと横のヒントを読んで、クロスワードを埋めてみよう！

縦のヒント

あ 静岡県を中心とした大規模な工業地域を、○○○○工業地域と言います。

い 京浜工業地域では、本や雑誌などを作る○○○○業がさかんだね。

う 昔は日本の工業の中心だったが、現在は規模が減少しつつある工業は○○○工業だね。

え ICのことを○○○○○回路とも言うね。軽くて値段が高いから、飛行機で輸送されることが多いよ。

お 機械工業や化学工業、金属加工業などを合わせて○○○○○○工業と言うね。

か 中部地方北部の、石川県・福井県・新潟県などの工業地域をまとめて○○○○工業地域と言うね。

横のヒント

ア 瀬戸内工業地域の一部であり、岡山県にある海に面した工業地域は○○○○工業地域だね。

イ 賃金の安い外国に工場を移すことで、国内の生産力が落ちてしまう現象のことを、産業の○○○○化と言うよ。

ウ 石油を原料としてプラスチックや合成洗剤などを作る工業のことを○○○○○○○工業と言うよ。

エ カメラや時計といった、高い精度が要求される機械類を作る工業のことを○○○○○○○○工業と言うよ。

					ア	□	え	□			
							□		お		
				イ	□	□	a		□		
	あ		い				□		□		か
	□		□			う ウ	□	□	□	□	□
	□		□			□			□		□
エ	□	□	□	□	□	□			□		□

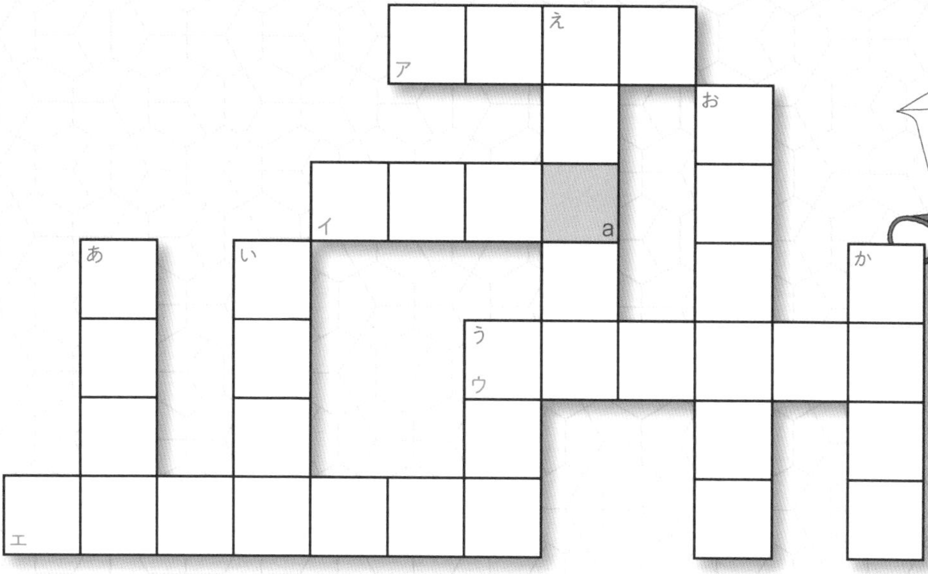

犯人を
見つけるわよ!

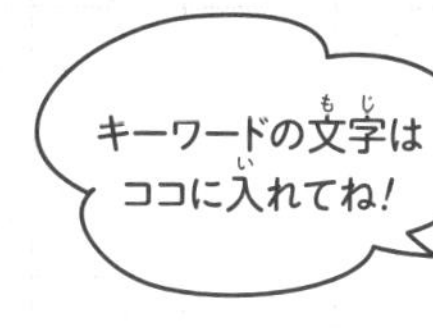
キーワードの文字は
ココに入れてね!

キーワード

a

答えはP.272へ

Question 35

国語

ことわざ②

縦のヒントと横のヒントを読んで、クロスワードを埋めてみよう！

縦のヒント

あ 大したことはないとあまく見ることを何と言うかな？

い 自分の都合のいいように、数や年をごまかすことを何と言うかな？

う すぐれてぬけ出ているものは、ほかの人に憎まれやすいということを何と言うかな？

え 物事がうまくいかず、もどかしいことを何と言うかな？

お 世間の人によく知られて、有名になることを何と言うかな？

か 一言で、大勢の人をだまらせて物事を決めてしまうような、強い力をもった人の言葉のことを何と言うかな？

横のヒント

ア 値打ちがわからない者に、どんなに立派な物をあたえても役に立たないということを、豚という言葉を使って何と言うかな？

イ どんな名人でも、たまには失敗をすることがあるということを、猿という言葉を使って何と言うかな？

ウ 見向きもしないし、気にもしないことを何と言うかな？

エ もうダメだと思って、見切りをつけて手を引くことを何と言うかな？

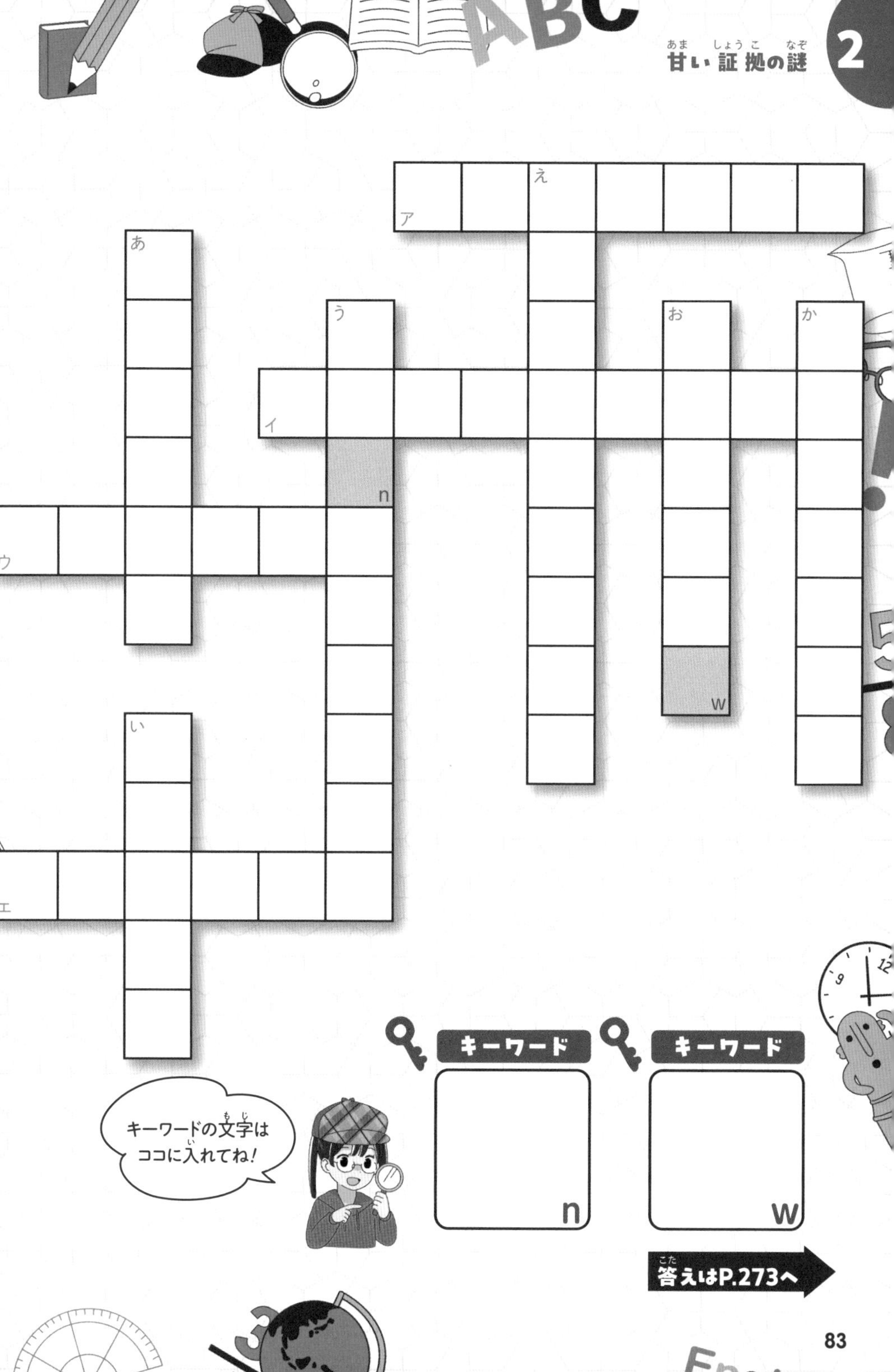

ア
イ
ウ
エ
あ
い
う
え
お
か
n
w
キーワード
n
キーワード
w
キーワードの文字はココに入れてね!

答えはP.273へ

Question 36

理科

人体②

縦のヒントと横のヒントを読んで、クロスワードを埋めてみよう！

縦のヒント

あ じゃがいもなどに多くふくまれ、ヨウ素液によって青紫色になる栄養を何と言う？

い 小腸の壁にある、たくさんのひだのことを何と言うかな？

う 胃では、食べ物を○○○○しています。

え 左右のじん臓から送られてきた 尿を一時的に蓄えておく器官だよ。

お 小腸で吸収されたグルコースは、肝臓で○○○○○○として蓄えられます。

横のヒント

ア アンモニアは、腎臓で毒性の低い○○○○に変えられます。

イ 口から肛門までの、食べ物を消化する一連の器官のことを何と言うかな？

ウ さまざまな消化酵素によって、デンプンは○○○○○にまで分解されるね。

エ 肝臓で作られて胆のうに貯められている液体で、脂肪の分解を助けるものは何かな？

オ 胃液中のペプシンやすい液中のトリプシンによって分解される、からだの材料となる栄養素は？

東大生に聞いた

子ども時代の勉強法

算数や数学で一番大事なことは、試してみることです。問題文の言っていることってどういう状況なんだろう？と想像してみると解けます。ぼくも、問題文の横に図を描いたり、図に書き込んだりするようにしていました。

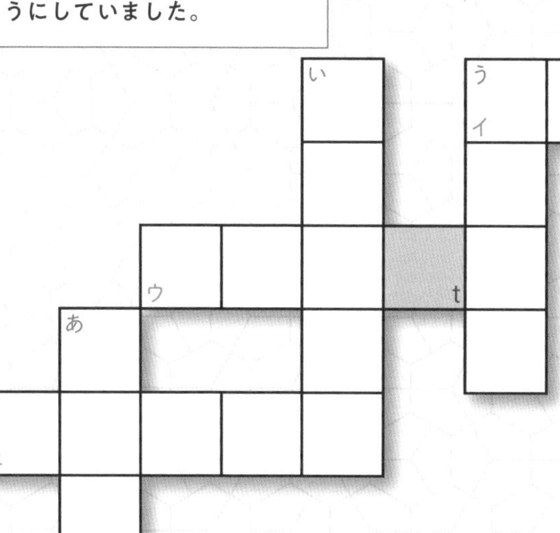

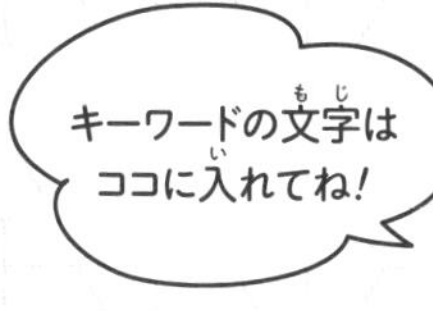

答えはP.273へ

Question 37

理科

人体③

縦のヒントと横のヒントを読んで、クロスワードを埋めてみよう！

縦のヒント

あ 眼球の中にあって、凸レンズの形をしており光を屈折させる器官は何かな？

い 瞳孔の周りにある茶色く色がついた領域のことを○○○○といいます。

う 頭が回転する方向や速度を感知する役割のある、3つの規管の総称を○○○○規管といいます。

え 眼球を形作る、いわゆる黒目の部分の膜のことを何と言うかな？

横のヒント

ア 眼球の奥の壁にある、光の刺激を受ける感覚細胞がある場所は何と言う？

イ 耳の中にある○○○が震えることで、音を聞くことができるんだよ！

ウ 頭の中にある、たくさんの神経細胞でできている場所を何と言うかな？

エ 眼球の後ろから伸びている、外界の光の情報を伝える神経は何かな？

オ 耳の中にある、かたつむり状の管のことだよ。

カ 前庭や蝸牛がある、耳の奥のことを何と言うかな？

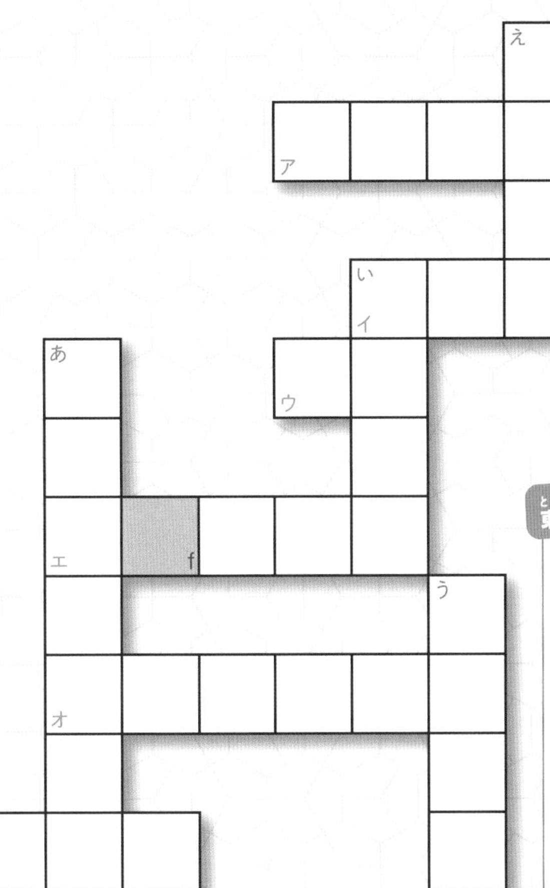

東大生に聞いた

子ども時代の勉強法

小学生のぼくにとって、自分で宿題の計画を立てるのがとても苦手でした。そこで、母が実際にスケジュールを組んでどうすればいいかをぼくに見せてくれました。ぼくが苦手なことをやって見せてくれたおかげで、自分だけでもできるようになりました。

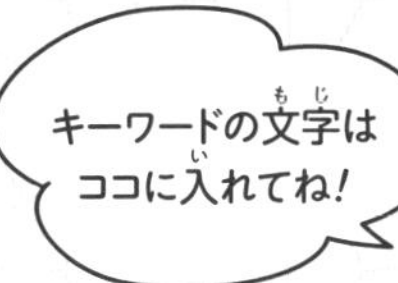

キーワード

答えはP.274へ

Question 38

社会

資源・環境問題

縦のヒントと横のヒントを読んで、クロスワードを埋めてみよう！

縦のヒント

あ 四大公害の一つ。新潟県で発生した、メチル水銀が原因の病気は○○○○○○○○病だね。

い 水が流れる力を利用して発電する方法を、○○○○○発電と言うね。

う 原子力発電の際に出る、放射性物質を含んだ廃棄物を何と言うかな？

え 環境問題に取り組む国の行政機関はどこかな？

お 過去には、火力発電の主な動力源として使用されていたが、今では火力発電の10%程度を占めるだけとなった資源は何かな？

横のヒント

ア 太陽の光エネルギーを電気に変換する発電方法を○○○○○○発電と言います。

イ 石炭や石油などのように、大昔の微生物の死骸などが地下深くで変成してできた燃料のことを○○○燃料といいます。

ウ 火力発電の燃料となる資源で、中国が世界のおよそ半分の産出量を占めるものは何かな？

エ 四大公害病の１つで、富山県で発生したもの。手足の痛みなどが特徴的であることから○○○○○○○病と言われているね。

オ 再生可能エネルギーの１つ。火山が分布する地域でさかんな発電は○○○発電だね。

答えはP.274へ

Question
39

英語

あてはまるセリフは？④

地球儀を見ながら行きたい国について話してるみたい。この人は何て言っているのかな？　選択肢から選ぼう。

Where do you want to go?

I want to go to China!

? do you want to go to China?

I want to see the Great Wall.

選択肢

1 Where　2 How　3 Why　4 What

答え

答えはP.275へ

Question 40

算数

ピタゴラスからの挑戦状④

数字カード、記号カードをそれぞれクロスワードの空いているマスに入れて、等式が正しくなるようにしましょう。

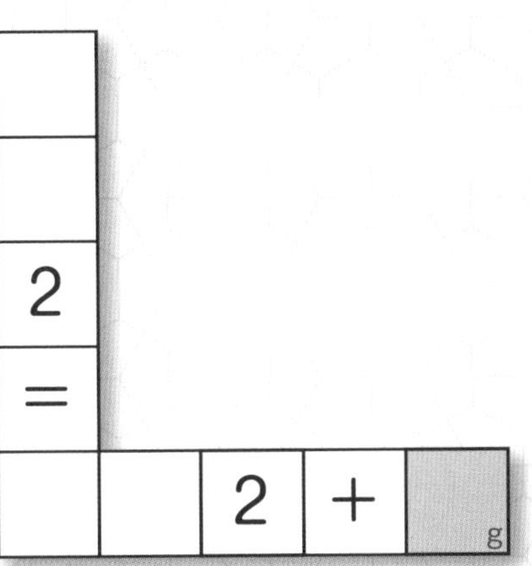

選択肢の数字・記号カード

4 6 8 × =

キーワードの文字はココに入れてね!

キーワード

g

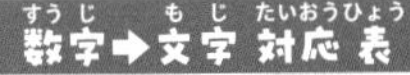

数字→文字 対応表

1	2	3	4	5	6	7	8	9
い	に	さ	し／ょ	ご	ろ	な	は	く

答えはP.275へ

Question
41

国語

ことわざ③

縦のヒントと横のヒントを読んで、クロスワードを埋めてみよう！

縦のヒント

あ 治まっている物事に無用の手出しをして、再びやっかいな問題を引き起こすことを何て言うかな？

い 元気だった人が、元気がなくなって、しゅんとなってしまうことを何と言うかな？

う 役に立たないようなものでも、ないよりはましだということを何と言うかな？

え 何となく嫌な感じがして相性が合わず、どうも好きになれないということを何と言うかな？

お 驚いたり感心したりする様子のことを何と言うかな？

横のヒント

ア 本心を包み隠して、上辺だけ穏やかでおとなしそうにとりつくろうことを何と言うかな？

イ 自分に好都合なことが度々重なり、上手く物事が進むということを何と言うかな？

ウ 演技力のない、芸のまずい役者を軽蔑していう言葉を何と言うかな？

エ 心の持ちようで、どんなに不便な土地でも都のように快適に思えることを何と言うかな？

オ 努力や援助がわずかでは、効果がほとんど期待できないことを何と言うかな？

答えはP.276へ

Question 42

理科

食物連鎖と環境問題

縦のヒントと横のヒントを読んで、クロスワードを埋めてみよう！

縦のヒント

あ もともと日本にはいなかったのに、外国から持ち運ばれたことで日本に住むようになった生物のことを○○○○生物と言います。

い 森林の減少や海の温度の変化により、もともと緑だった土地が砂漠になることを何と言うかな？

う 成層圏にある、フロンやハロンなどの物質によって破壊されてしまう層は何と言うかな？

え 無機物から有機物を作り出せる生物を○○○○者と言います。

お 現在、地球の平均気温が上昇しており、このことを○○○○○○○○○と言うよ。

か 石炭や石油などのように、大昔の微生物の死骸などが地下深くで変成してできた燃料のことを○○○燃料と言います。

横のヒント

ア 植物を主食とする動物を何と言うかな？

イ 二酸化炭素やメタンなど、地上から発せられる熱を大気中に保つ働きがある物質のことを○○○○○○○○ガスと言います。

ウ プラスチックなどを燃やすと発生する、毒性を持った物質は何かな？

エ 空気中の窒素酸化物などが溶け込んだ雨のことを○○○○雨と言うね。

答えはP.276へ

Question
43

社会

貿易

縦のヒントと横のヒントを読んで、クロスワードを埋めてみよう！

縦のヒント

あ 千葉県成田市にある空港を、正式名称で何と言うかな？
い 輸出額ランキングは1位から順番に、オーストラリア・インドネシア・ロシア。この資源は何？
う 貿易の際にかかる関税などを減らし、貿易の輸出入を自由にすることを、貿易の○○○○と言います。
え グラフ1は日本の輸出品の割合で、1位は○○○○○だよ。

横のヒント

ア グラフ1は日本の輸出品の割合で、2位は○○○○○だよ。
イ 原材料を輸入し、それを製品にして輸出する貿易形態のことを何と言うかな？
ウ 貿易国同士で、輸入と輸出のバランスが崩れることで生じる、利害関係問題のことを貿易○○○と言うよ。
エ グラフ2はある国からの輸入品の割合だよ。中国とフィリピンのどちらかな？
オ 第二次世界大戦前には日本の輸入品で第1位だったのは○○○○原料だね。
カ 貿易による、輸入額が輸出額を上回っている状態のことを何と言うかな？

グラフ1：え 38.0%、ア 14.5%、鋼鉄5.5%、自動車部品5.0%、その他

グラフ2：機械類42.8.%、衣類42.8%、金属製品2.9%、がん具2.6%、その他

あ い う え

ア イ ウ エ オ カ

k

キーワード

答えはP.277へ

Question 44

社会

インフラ

縦のヒントと横のヒントを読んで、クロスワードを埋めてみよう!

縦のヒント

あ 航空輸送と言えば、○○○○を使った輸送方法だね。

い 東京と愛知を結ぶ高速道路は○○○○高速道路だね。

う 1964年、東京〜新大阪間に開通した高速鉄道を○○○○○○新幹線と言うね。

え メディアから受け取った情報を取捨選択したり、正しさを判断する能力のことを何と言うかな?

お 本州四国連絡橋のうち、岡山県と香川県を結ぶ橋を通称何と言うかな?

横のヒント

ア 新聞やネット記事やテレビのように、不特定多数に情報を伝えるもののことを何と言うかな?

イ 2015年に長野〜金沢間が開通した、2024年2月現在、東京〜長野〜金沢を結ぶ新幹線は○○○○新幹線だね。

ウ ものを輸送する方法を、トラックから、鉄道や船舶にシフトしていく動きのことを何と言うかな?

エ 世界中のネットワークを繋ぎ、情報のやり取りを可能にしたしくみを何と言うかな?

オ ICTとは、○○○○○○○○○○技術のことだね。

答えはP.277へ

Question 45

国語

ことわざ④

縦のヒントと横のヒントを読んで、クロスワードを埋めてみよう！
生き物や食べ物の名前が多いね！

縦のヒント

あ 何かをきっかけにして、同じような物事が次々と発生（出現）する事を「雨後の○○○○」と言うね。

い 指図する人が多すぎると、方針が統一できずに、物事がうまく運ばないこと「○○○○多くして船山に上る」と言うね。

う 快楽や利益は得たいと思う一方で、それに伴う危険や損害を恐れるあまりためらうことを「○○は食いたし命は惜しし」と言うね。

え 自分のいた場所を立ち去るときは、きちんと後始末をしていきなさいという教えを「立つ○○跡を濁さず」と言うね。

お 思いがけない幸運がめぐってくることのたとえを「棚から○○○○」と言うね。

横のヒント

ア どれもこれも似たり寄ったりで、飛び抜けてすぐれたものがいないということを「○○○○の背比べ」と言うね。

イ 意見をしても、少しの手ごたえもなく、ききめもないことを「○○○に鎹」と言うね。

ウ 悪い事が起きた中で、更に悪い事が重なっておこることを「泣き面に○○」と言うね。

エ どんな名人でも、まちがえることがあるということを「○○○○にも筆の誤り」と言うね。

オ あまりお金をかけたり苦労したりせず、大きく得をすることを「海老で○○を釣る」と言うね。

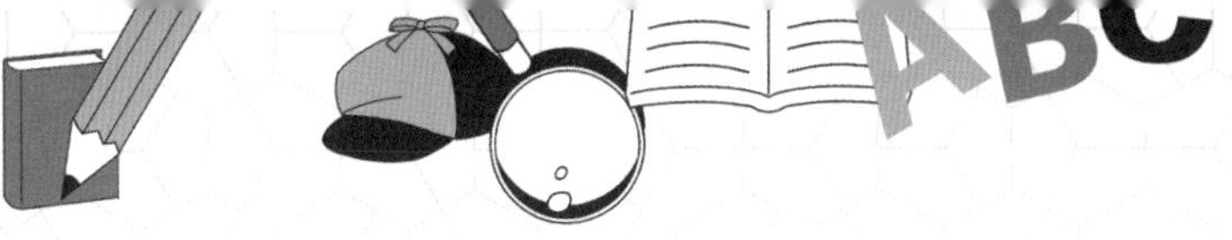

東大生に聞いた

子ども時代の勉強法

中学受験の勉強を続けていると、同じ内容を何度も学ぶことになり勉強に飽きることがあります。そんな時、中学校以降で習うことも教えてもらって、「今の勉強はこういったことを将来理解するために必要なんだよ」と教えてもらい、モチベーションを保っていました。

e

答えはP.278へ

Question 46

理科

動物の分類

縦のヒントと横のヒントを読んで、クロスワードを埋めてみよう！

縦のヒント

あ からだの全部または一部を外とう膜で覆われている生き物を、〇〇〇〇動物と言うよ。

い 脊椎を持たない動物のことを〇〇〇〇〇〇〇〇〇〇と言うよ。

う 鳥類の体表を覆う毛のことを何と言うかな？

え 両性類はからだの表面が〇〇〇〇で覆われています。

お 哺乳類や鳥類のように、自身の体温を一定に保つことができる動物を〇〇〇〇動物と言うよ。

横のヒント

ア 脚や体に節のある動物のことを何と言うかな？

イ 魚類や爬虫類などの表面を覆い、体を保護しているものを何と言うかな？

ウ たまごで生まれる生物を卵生生物、親と同じ姿の子を産む生物を〇〇〇〇生物と言うよ。

エ 爬虫類や魚類のように、外気温や水温に応じて体温が変化する動物を〇〇〇〇動物と言うよ。

オ エビやカニ、ミジンコなどは〇〇〇〇〇〇に属すよ。

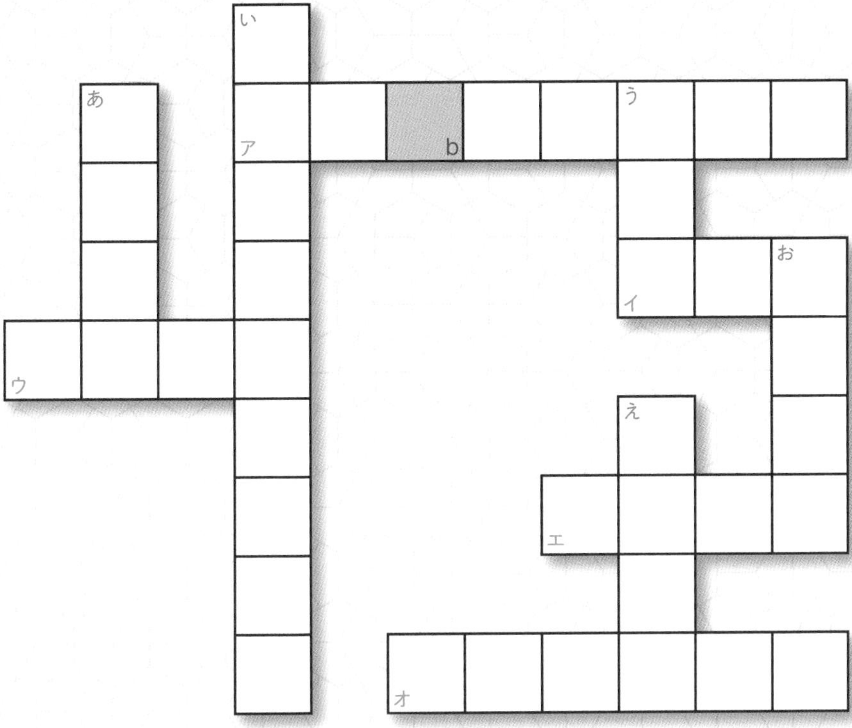

			い								
	あ		ア		b			う			
								イ		お	
ウ											
								え			
							エ				
					オ						

東大生に聞いた

子ども時代の勉強法

今でも母親から言われた言葉でよく覚えているものがあります。「問題を解くときに、5分考えてわからなかったら答えを見なさい」という言葉です。試験の本番で解けない問題が出たときに、無闇に時間を使わないようにという思惑だったようです。

キーワードの文字はココに入れてね!

キーワード

b

答えはP.278へ

Question 47

社会

九州地方

縦のヒントと横のヒントを読んで、クロスワードを埋めてみよう！

縦のヒント

あ 長崎・佐賀・熊本・福岡の4県に囲まれた湾状の海を○○○○海と言うね。

い 火山の噴火物によってできた九州の南に位置する台地のことを○○○台地と言います。

う 沖縄県の面積のおよそ1割を占める、米国の軍事施設を何と言うかな？

え 大分県九重町が有名。地下の水蒸気を利用した発電方法を○○○発電と言うよ。

お 九州北部に集中する工業地域を○○○○○○○○工業地域と言うよ。

横のヒント

ア 福岡県にある、日本で初めて作られた製鉄所は○○○製鉄所だね。

イ 世界遺産にも登録されている、沖縄のお城は○○○城だね。

ウ 火山付近にできる大きなくぼ地のことを何と言うかな？

エ 九州北部に広がる、稲作がさかんな広大な平野は○○○平野だね。

オ 古くに沖縄で栄えた王国は何かな？

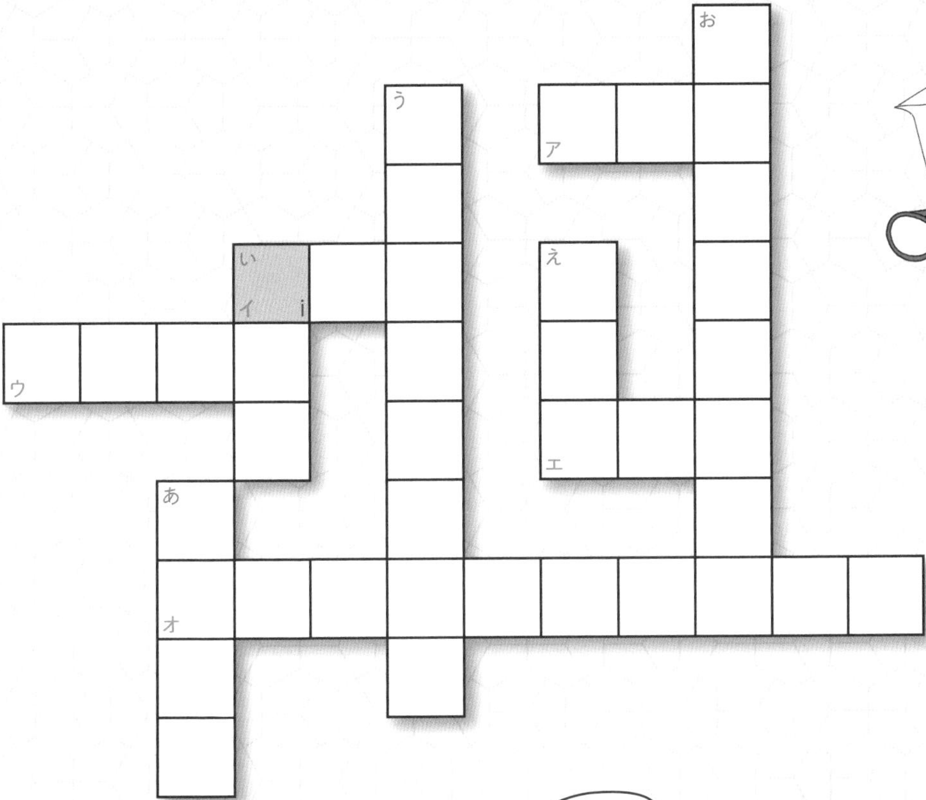

キーワードの文字はココに入れてね！

キーワード

i

答えはP.279へ

東大生に聞いた

子ども時代の勉強法

小学生の頃は、学校が終わったあとの放課後から夕食の間によく勉強していました。夕食の後は自由に遊んで、勉強もそれでおしまいという習慣にしていました。毎日の宿題や勉強を「夕食まで」という期限を決めていたのです。

Question 48

社会

中国四国地方

縦のヒントと横のヒントを読んで、クロスワードを埋めてみよう！

縦のヒント

あ 中国地方のうち、日本海に面した地域の総称を何と言うかな？

い ウと明石海峡大橋、瀬戸大橋の3つの連絡橋の総称を○○○○○○○○連絡橋と言うよ。

う 島根県にある湖。シジミが有名だね！

え 本州、九州、四国に囲まれた海は何かな？

お その地域に住む人が減った結果、一定の水準の生活が困難になってしまった地域のことを○○地域と言うね。

か 土佐国と言えば、四国の何県の旧国名かな？

横のヒント

ア 中国地方に属する県で、砂丘が有名なのは何県？

イ 本州と九州との間にある海峡を何と言うかな？

ウ 本州と四国を結ぶ連絡橋の中で、広島と愛媛を結ぶルートを何と言うかな？

エ 負の世界遺産とも呼ばれる、原爆の跡が残る旧広島産業奨励館のことを何と言うかな？

東大生に聞いた

子ども時代の勉強法

母親に言われて、自分の部屋ではなくリビングで勉強していました。親に監視されているというよりは、見守られていたと今だと感じます。ぼくの周りの東大生もリビングで勉強していたという人は多く、また親に「見られている」からこそ集中して勉強できたなと思います。

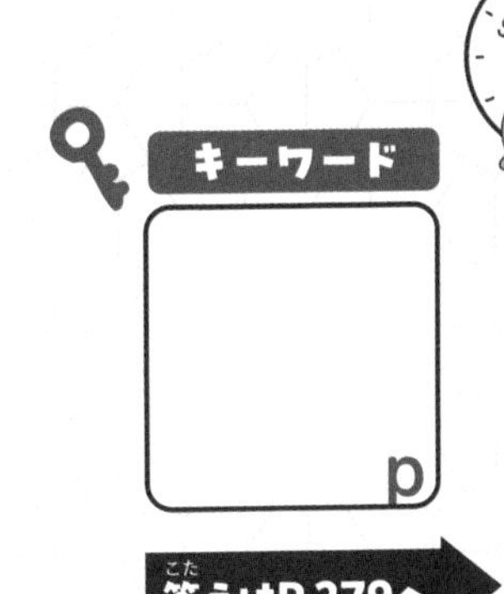

事件の謎を解くキーワード

クロスワードを解いて見えてきたキーワードを入れてみよう!

キーワード

P.81_a	P.103_b	P.89_c	P.99_d	P.101_e	P.87_f
P.91_g	**P.75_h**	**P.105_i**	**P.93_j**	**P.97_k**	**P.67_l**
P.73_m	**P.83_n**	**P.69_o**	**P.107_p**	**P.77_q**	**P.79_r**
P.71_s	**P.85_t**	**P.73_u**	**P.65_v**	**P.83_w**	**P.95_x**

答えはP.316へ

「わかった！　犯人はあなたね!!」

犯人を指さす明日香だが…そこには…

 &  「あれ？　松岡さんがいない…逃げられたわ！　くそーー!!」

国語を好きになるには?

国語という科目を好きになるにはどうしたら良いでしょう？

まずは、みなさんに国語を好きになると良いことについてお伝えします。

国語は、日本語を用いて作者の伝えたいことを読み取る科目です。作者の方がなぜわざわざ苦労をしてまでその文章を書いたのか。そこには本という道具を用いて社会に伝えたいメッセージがあるからなのです。

つまり、**国語は「コミュニケーション」の科目**です。日常で生きていたらまず会うことのできない人の考えに触れることができる科目です。作者の伝えたいことを知ることが重要なのです。

その上で、「好き」になることを考えてみましょう。

みなさんはどのような時に好きという感情を抱きますか？　具体的な経験から考えてみてください。

ぼくの場合、今はしめじが大好きですが、小学生の頃はしめじが大嫌いでした。なんで好きになったのか。これには理由が2つあります。1つ目は毎日おみそ汁に入っていたから、2つ目はしめじの食感が楽しかったからです。

これらの経験から2つの方法をみなさんに示したいと思います。

1つ目は**触れる回数をとにかく増やす**ことです。好きになるにはとにかく文章に触れることが大切だと思います。

2つ目は**人の考えに触れる楽しさを感じること**です。たくさんの人の考えに触れるのってこんなに楽しいんだ！と思うことです。

はじめはマンガやゲームの攻略本からなどで十分です。毎日見るようになるし、楽しく感じる。その感覚を持ったまま徐々に小説や論説文を読んでみてください。もう、そこには新しいあなたがいますよ。

事件簿3

捕まえてみろ！

「ふわぁ〜〜…。おはよう。」

部屋の窓から入る日差しで目が覚める。ゆっくり起き上がって部屋を出ると、お母さんがつくってくれている朝ごはんのいい香りがする。

食卓には、綺麗な目玉焼きとウインナー、こんがり焼けた食パン、そして大好きなイチジクのジャムが!

「いっただきまーす!」といって大きな口で食べようとすると、「ちょっと明日香! 食べる前にポストの中を見てきてくれる?」とお母さん。

仕方ないな〜と言いながら、手にとった食パンをお皿に戻して玄関に向かう。

するとポストの中には新聞と、1枚の手紙が。「明日香様」と書いてある。

「私宛? 珍しいな。何だろう?」

その場ですぐに手紙を開封する明日香。

するとそこには「まだまだ未熟な明日香ちゃんへ。私を捕まえられるかな?」という文字と一緒に暗号が書かれていた!

くっそー! また!! いつも私を事件に巻き込むのは一体どこのどいつなの!? 暗号を解読して、手紙を入れた犯人を絶対に捕まえてやる!

Question 49

国語

四字熟語①

縦のヒントと横のヒントを読んで、クロスワードを埋めてみよう!

縦のヒント

あ 彼はその場の状況に応じて○○○○○○○に対応できる人だ。

い 彼女は自分が描いた絵をみて、○○○○○していた。

う お姉ちゃんはお出かけするとき、いつも○○○○○○○○で着る服を迷っている。

え 1つの行いによって、2つの利益を得ることを何と言う?

お お父さんは好きなスポーツチームの勝敗をみては毎日○○○○○○○しているようだ。

か ほかのことに気が取られないくらい、1つのことに集中している様子を何と言う?

横のヒント

ア 火は危険なので、扱うときは○○○○○○○です!

イ 彼はいつも授業で居眠りをしているから、テストの点数が悪いのは○○○○○○○だ。

ウ 彼は○○○○○○○○な性格なので、学級委員長に選ばれた。

エ 相手に誠意を示すために、○○○○○○○○で挨拶をする。

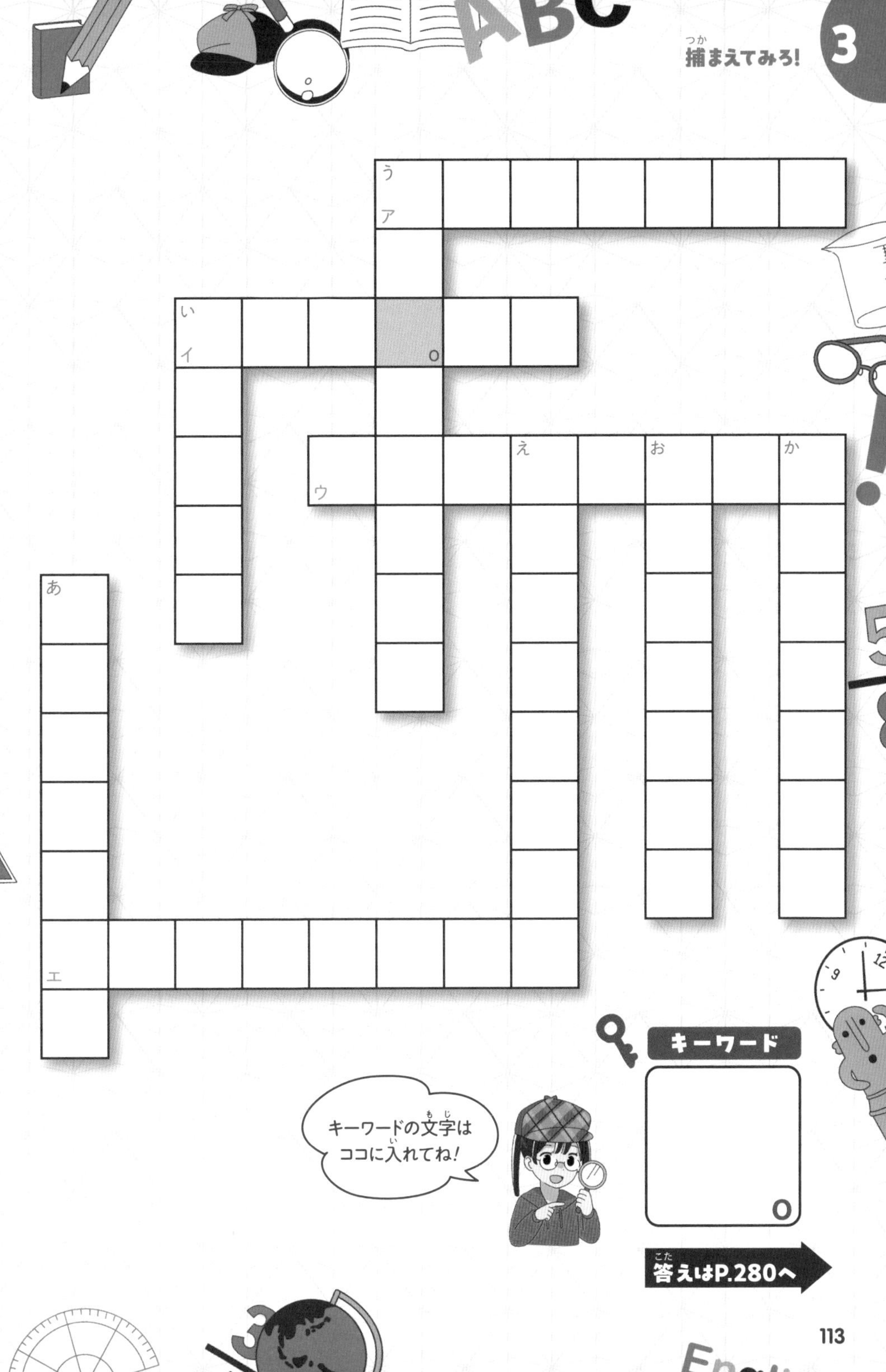
う
ア
い
イ
ウ
え
お
か
あ
エ
キーワード
キーワードの文字は
ココに入れてね!

答えはP.280へ

Question
50

国語

四字熟語②

縦のヒントと横のヒントを読んで、クロスワードを埋めてみよう！

縦のヒント

あ 大きな違いはないが、細かい部分が異なることを何と言う？

い ある出来事がこれまでにないほどすばらしいもので、誰もが非常に驚くことを何と言う？

う 私と彼女は小学生から大学生までずっと一緒なので、言葉がなくても○○○○○○○○でわかる。

え 遠まわしにいうことをせず、○○○○○○○○○○に意見をいう。

お 言い訳などをぜず、コツコツとまかされた仕事をこなすことを何と言う？

横のヒント

ア 物事にはいい面もあれば悪い面もあることを何と言う？

イ 国語は苦手だったが、○○○○○○○の結果、テストでいい点を取ることができた。

ウ 口を揃えてみんなが同じことをいうことを何と言う？

エ 君がやることに対して何か言ってくる人もいるかもしれないが、○○○○○○の言葉は気にしなくてよい。

オ 問題がわからなくて○○○○○○のままテストを終えた。

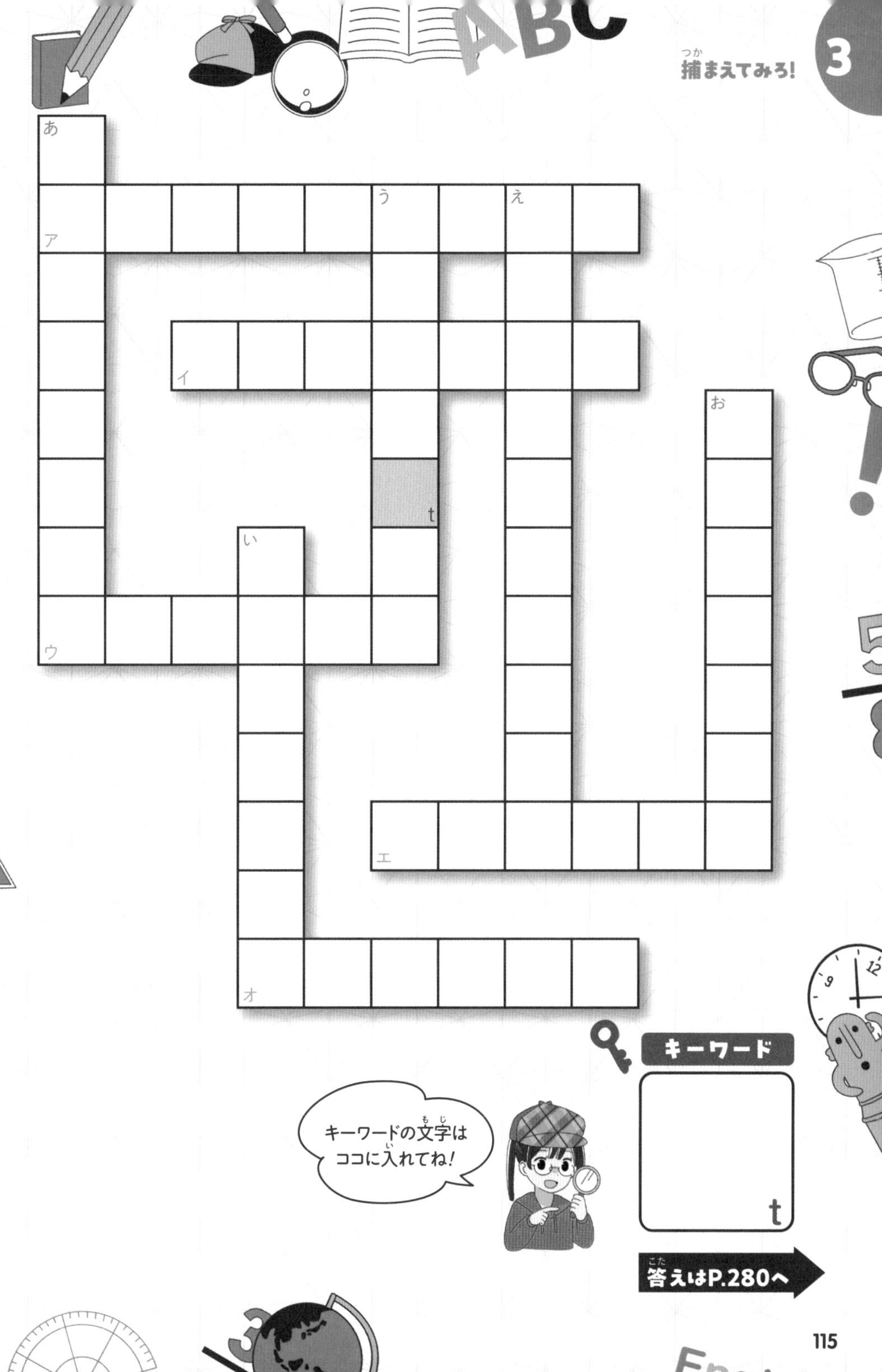
ABC
あ
ア
う
え
イ
お
t
い
ウ
エ
オ
キーワード
t
キーワードの文字はココに入れてね!

答えはP.280へ

Question 51

理科

月と星①

縦のヒントと横のヒントを読んで、クロスワードを埋めてみよう！

縦のヒント

あ 地球と太陽の間に月が横切ることで起きる、太陽が欠けて見える現象は何かな？

い 1年のうちで、最も昼の時間が長い日のことを何と言うかな？

う 1年のうちで、昼と夜の時間が同じになる秋の日のことを何と言うかな？

え 太陽が沈んだ後に見える金星のことを何と言うかな？

お 1年のうちで、昼と夜の時間が同じになる春の日のことを何と言うかな？

か 1年のうちで、最も昼の時間が短い日のことを何と言うかな？

横のヒント

ア 月の満ち欠けを数える数字のことを何と言うかな？

イ 太陽表面から噴き出している炎のように見えるものを何と言うかな？

ウ 地球の運動により、太陽が1日に1回転するように見える運動のことを何と言うかな？

エ 太陽の表面に見える黒い斑点のことを何と言うかな？

え
い ア
お
イ
か
f
あ ウ
う
エ

キーワードの文字は
ココに入れてね!
キーワード
f

答えはP.281へ

東大生に聞いた

子ども時代の勉強法

私は、親からスケジュールを決められているのが嫌でした。そこで「今日やらなきゃいけないこと」だけを親と話し合って決めていました。そして勉強する時間は私が決めて良いというルールでした。お互いにとってちょうど良いルールを決める。試してみてください。

月（つき）と星（ほし）②

縦（たて）のヒントと横（よこ）のヒントを読（よ）んで、クロスワードを埋（う）めてみよう！

縦（たて）のヒント

あ 月（つき）の表面（ひょうめん）にある凸凹（でこぼこ）のことを何（なん）と言（い）うかな？

い 北（きた）の空（そら）に浮（う）かぶ7つの星（ほし）のことを何（なん）と言（い）うかな？

う 月齢（げつれい）で7～8日目（かめ）くらいの月（つき）で、新月（しんげつ）と満月（まんげつ）の中間（ちゅうかん）のような月（つき）を○○○○○の月（つき）と言（い）うね。

え 地球（ちきゅう）は、太陽（たいよう）の周（まわ）りを1年（ねん）かけて○○○○するね。

お 月（つき）は地球（ちきゅう）の○○○○だね。

横（よこ）のヒント

ア いつも真北（まきた）にあって、動（うご）かない星（ほし）のことを何（なん）て言（い）うかな？

イ 地球（ちきゅう）の○○○は23.4度（ど）傾（かたむ）いているんだよ。

ウ 天球上（てんきゅうじょう）で太陽（たいよう）が最（もっと）も高（たか）い位置（いち）にきたときの、天球中心（てんきゅうちゅうしん）からの角度（かくど）のことを何（なん）と言（い）うかな？

エ 太陽系（たいようけい）の○○○○は水星（すいせい）・金星（きんせい）・地球（ちきゅう）・火星（かせい）・木星（もくせい）・土星（どせい）・天王星（てんのうせい）・海王星（かいおうせい）の8つだね。

オ 地球（ちきゅう）は1日（にち）に1回転（かいてん）するね。このことを○○○と言（い）うよ。

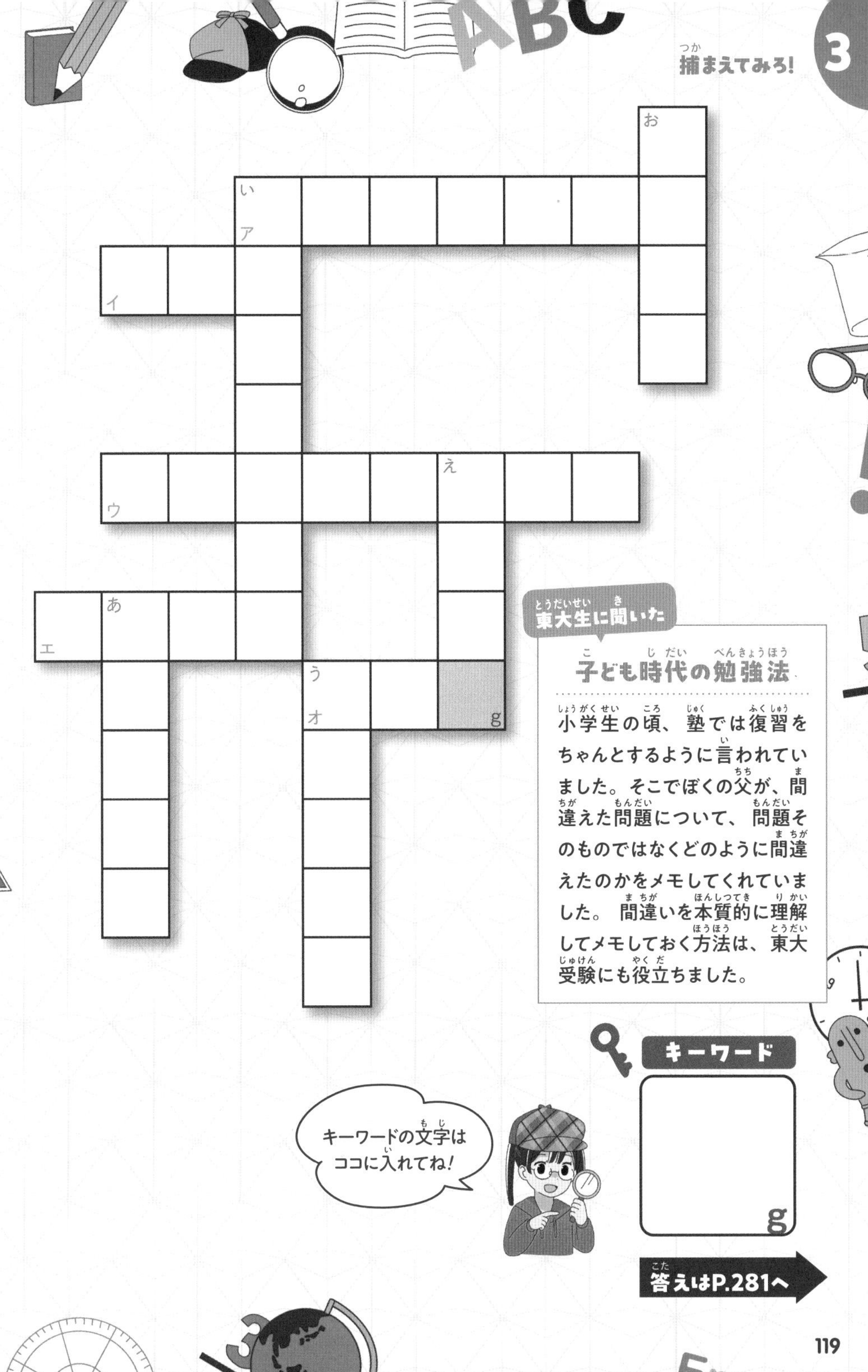

東大生に聞いた

子ども時代の勉強法

小学生の頃、塾では復習をちゃんとするように言われていました。そこでぼくの父が、間違えた問題について、問題そのものではなくどのように間違えたのかをメモしてくれていました。間違いを本質的に理解してメモしておく方法は、東大受験にも役立ちました。

答えはP.281へ

Question 53

国語

四字熟語③

縦のヒントと横のヒントを読んで、クロスワードを埋めてみよう！

あ テスト勉強に追われて多くの生徒が○○○○○している。

い 天や地、自然界に起こる異変のことを何と言う？

う 放課後に友達と遊ぶ時間がくるのを○○○○○○○○○○の思いで待つ。

え 何をしようとしてもすぐ飽きてしまって続けられない様子を何と言う？

お 右に行ったり、左に行ったり、慌てふためく様子を何と言う？

横のヒント

ア その場の状況に合わせて、素早く行動をとることを何と言う？

イ 彼女は誰にでもいい顔をする○○○○○○○だ。

ウ 世の中の流行は次々にかわっていくので○○○○○○○○だ。

エ 彼は○○○○○○○、彼女のことを考えている。

オ 私たちのクラスはみんな気持ちが1つで○○○○○○○○だね。

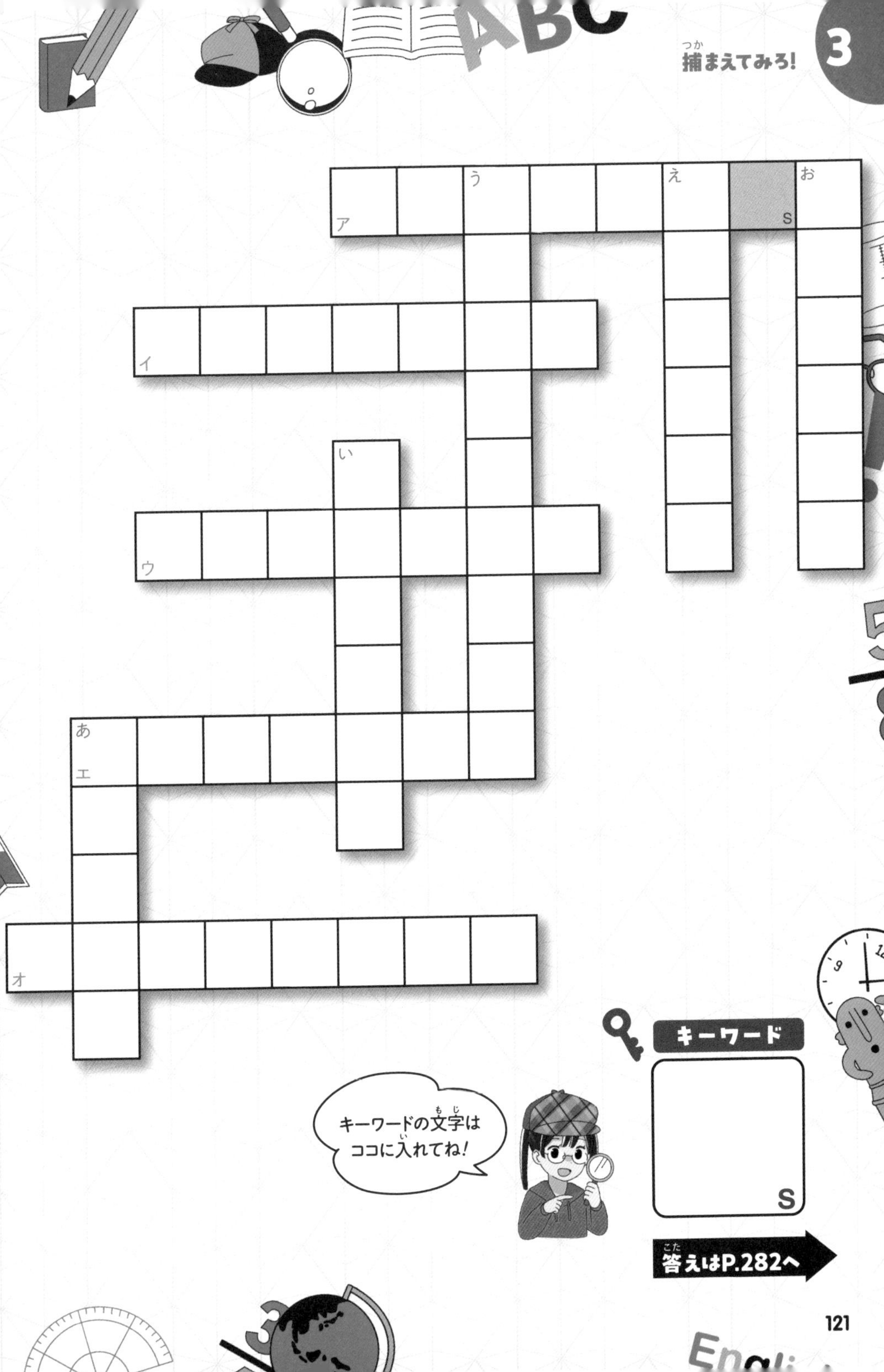

ア
う
え
S
お
イ
い
ウ
あ
エ
オ
キーワード
S
キーワードの文字はココに入れてね!

答えはP.282へ

Question 54

理科

星座

縦のヒントと横のヒントを読んで、クロスワードを埋めてみよう！

縦のヒント

あ レグルスを一等星に持ち、黄道十二星座にも数えられる星座は何かな？

い ふたご座の一等星。黄色がかった色が光るよ。

う プロキオンを一等星に持つ星座は何かな？

え デネブを一等星に持つ星座は何かな？　十字型をしているよ。

お ベガ・デネブ・アルタイルによって形作られる三角形のことを何と言うかな？

横のヒント

ア 天の北極に位置する星のことを何と言うかな？

イ アルタイルを一等星に持つ星座は何かな？

ウ アンタレスを一等星に持つ星座は何かな？

エ おおいぬ座の一等星。地球から見ると、太陽の次に明るく見える星だよ。

オ ベテルギウスやプロキオンによって形作られる三角形のことを何と言うかな？

	あ			い		え			お		
			ア								
イ									ウ		
	エ										
					う						
	オ										
					p						

Question 55

英語

アルファベットのサイコロ①

左はあるサイコロの展開図です。このサイコロを番号の順番に転がすとサイコロの出た目の文字は何かな？

サイコロの展開図

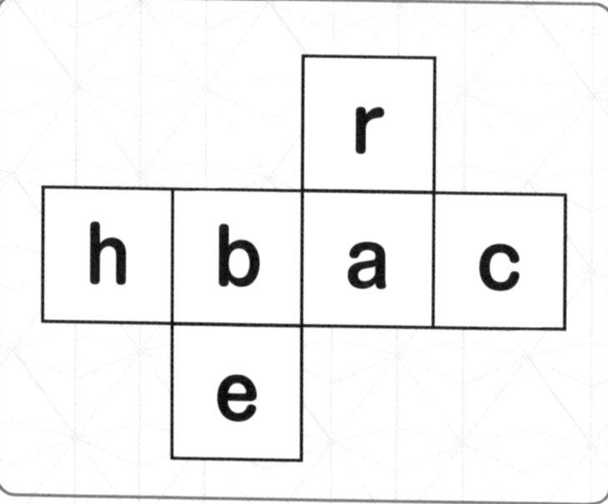

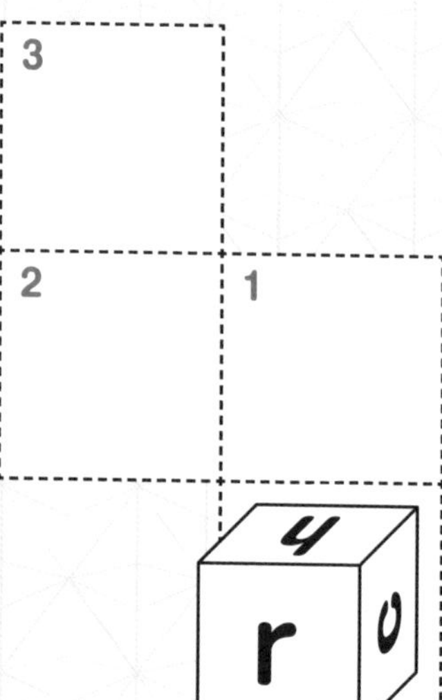

キーワード

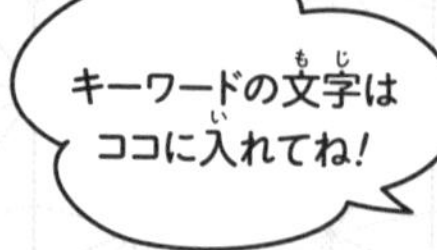

答え

r	1	2 j	3

答えはP.283へ

ピタゴラスからの挑戦状⑤

数字カード、記号カードをそれぞれクロスワードの空いているマスに入れて、等式が正しくなるようにしましょう。

6						
1						
5	W		8	＝		

選択肢の数字・記号カード

4	2	6	＋	－	＝

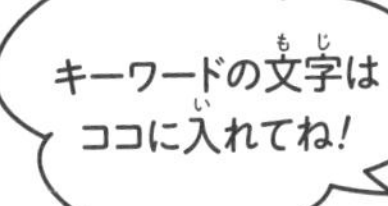

キーワード

W

数字→文字 対応表

1	2	3	4	5	6	7	8	9
い	に	さ	し／よ	ご	ろ	な	は	く

答えはP.283へ

Question 57

社会

近畿地方

縦のヒントと横のヒントを読んで、クロスワードを埋めてみよう！

縦のヒント

あ 三重県のあご湾は、リアス式海岸で有名だけど、実は○○○○の養殖もさかんなんだよ。

い 別名、「白鷺城」とも呼ばれる、世界遺産に登録されている兵庫県のお城は何かな？

う 三重県四日市市にある産業地域のことを何と言う？

え 三重・奈良・和歌山県にまたがる山脈は○○山地だね。

横のヒント

ア 流域面積が近畿地方の約25%にものぼる、大阪平野を流れ、大阪湾に注がれる川は何かな？

イ 日本の標準時となる子午線が通っているのは、兵庫県の○○○市だね。

ウ 日本の三大工業地帯の1つであり、大阪市と神戸市を中心とする工業地帯を何と言うかな？

エ 明治時代には国家神道の中心ともなった三重県にある神社は何かな？

オ 滋賀県にある、日本で一番大きな湖は何かな？

カ 近畿地方の北部にあり、お寺や神社など歴史的に重要性が高い建物が多く、観光名所としても有名な都道府県はどこかな。

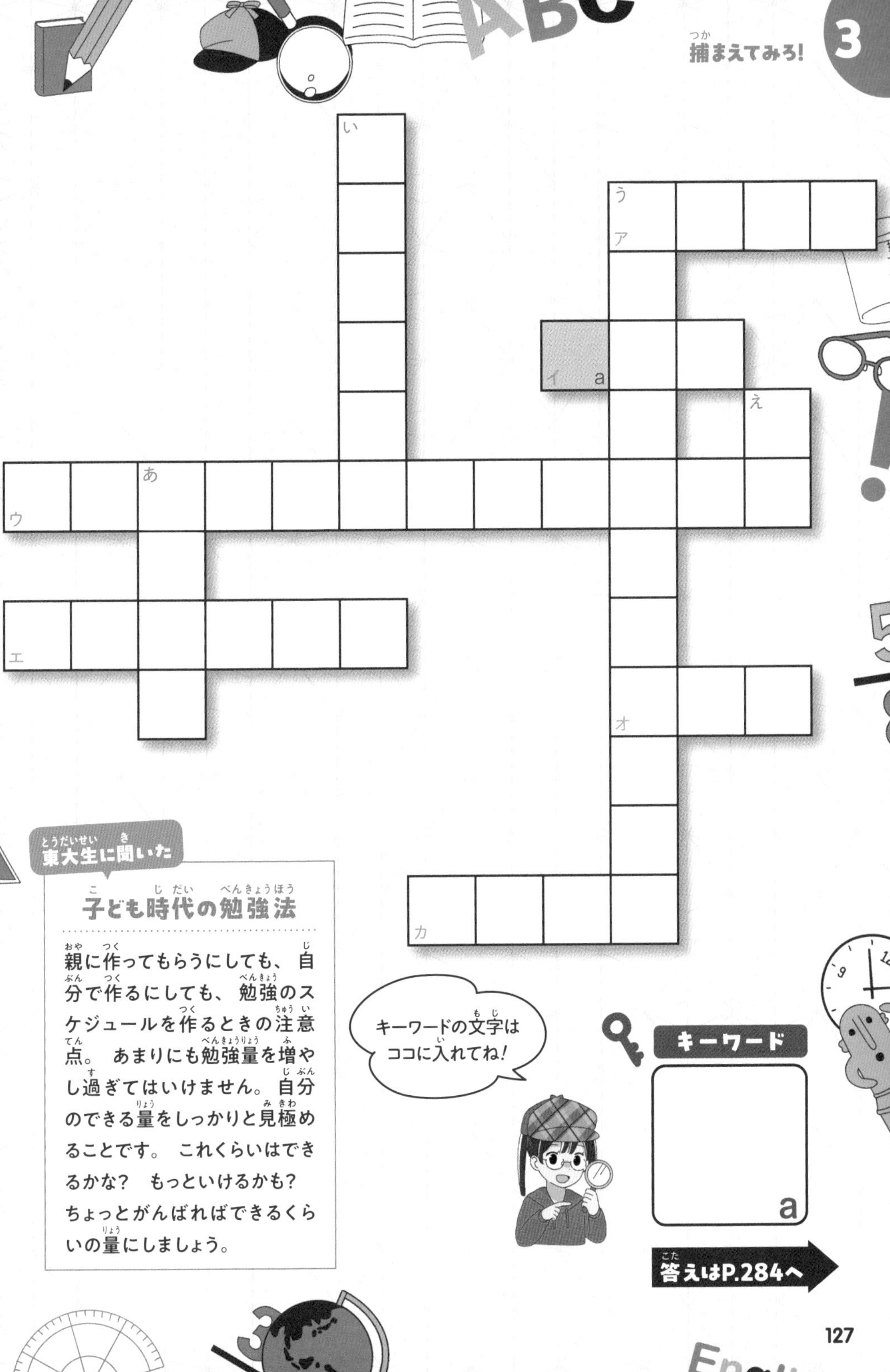

東大生に聞いた

子ども時代の勉強法

親に作ってもらうにしても、自分で作るにしても、勉強のスケジュールを作るときの注意点。あまりにも勉強量を増やし過ぎてはいけません。自分のできる量をしっかりと見極めることです。これくらいはできるかな? もっといけるかも? ちょっとがんばればできるくらいの量にしましょう。

答えはP.284へ

Question 58

社会

中部地方

縦のヒントと横のヒントを読んで、クロスワードを埋めてみよう！

縦のヒント

あ 愛知県豊田市でさかんな産業は○○○○○産業だね。

い 江戸時代から400年に渡って多くの金が採掘された金山がある、新潟県に属する島は何？

う 愛知県を中心とした工業地帯を○○○○○○○○○○○○地帯と言います。

え 通称、南アルプスと呼ばれる、長野県、山梨県、静岡県に跨って連なる山脈は○○○○山脈だね。

お 遠洋漁業がさかんな、静岡県の港は○○○港だね。

横のヒント

ア 信濃川の下流域に広がる、稲作がさかんな新潟県の平野を何と言うかな？

イ もともとは木曽三川の下流地域で発達した。水害防止のために、住宅や農地の周りに堤防を配置している地域のことを何と言うかな？

ウ 山梨県の甲府盆地といえば果物の栽培がさかんだね。特に、○○○は国内のおよそ25%のシェアを誇るよ！

エ 愛知県と岐阜県にまたがる平野。古くから稲作がさかんだよ。

オ 白川郷などでよく見られる、屋根に雪が積もりすぎないように三角形状に形作られた屋根のことを○○○○○造りと言うよ。

ア
う
お
イ
あ
ウ
え
エ m
い
オ
キーワード
m
キーワードの文字は
ココに入れてね!
答えはP.284へ

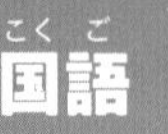

Question 59

国語

四字熟語④

縦のヒントと横のヒントを読んで、クロスワードを埋めてみよう!

縦のヒント

あ 田舎で畑を耕し、〇〇〇〇〇〇〇の生活をしている。
い 人の考えや意見はたくさんあって、〇〇〇〇〇〇〇だ。
う 服装の好みは〇〇〇〇〇〇〇〇で、みんな個性があっていいよね!
え 物事をきっぱりと判断し、結論を出すことを何と言う?
お 彼の意見は最初から最後まで〇〇〇〇〇〇〇している。

横のヒント

ア 彼と彼女は同じ考えをもっていて〇〇〇〇〇〇している。
イ 何度も自分自身に問いかけ、考えを整理することを何と言う?
ウ 学校の先生はいつも忙しそうで、〇〇〇〇〇〇〇〇している。
エ 自分に都合のいいように行動することを何と言う?
オ 彼女の発表は〇〇〇〇〇〇としていてわかりやすい。

東大生に聞いた

子ども時代の勉強法

算数は「楽しむもの」と感じていて、苦もなく自然と成績が伸びました。そろばんは習っていたものの、強制的に勉強させられていなかったのがよかったです。そのおかげで、算数セットに入っているおもちゃの時計などを自ら触って楽しく勉強できていました。

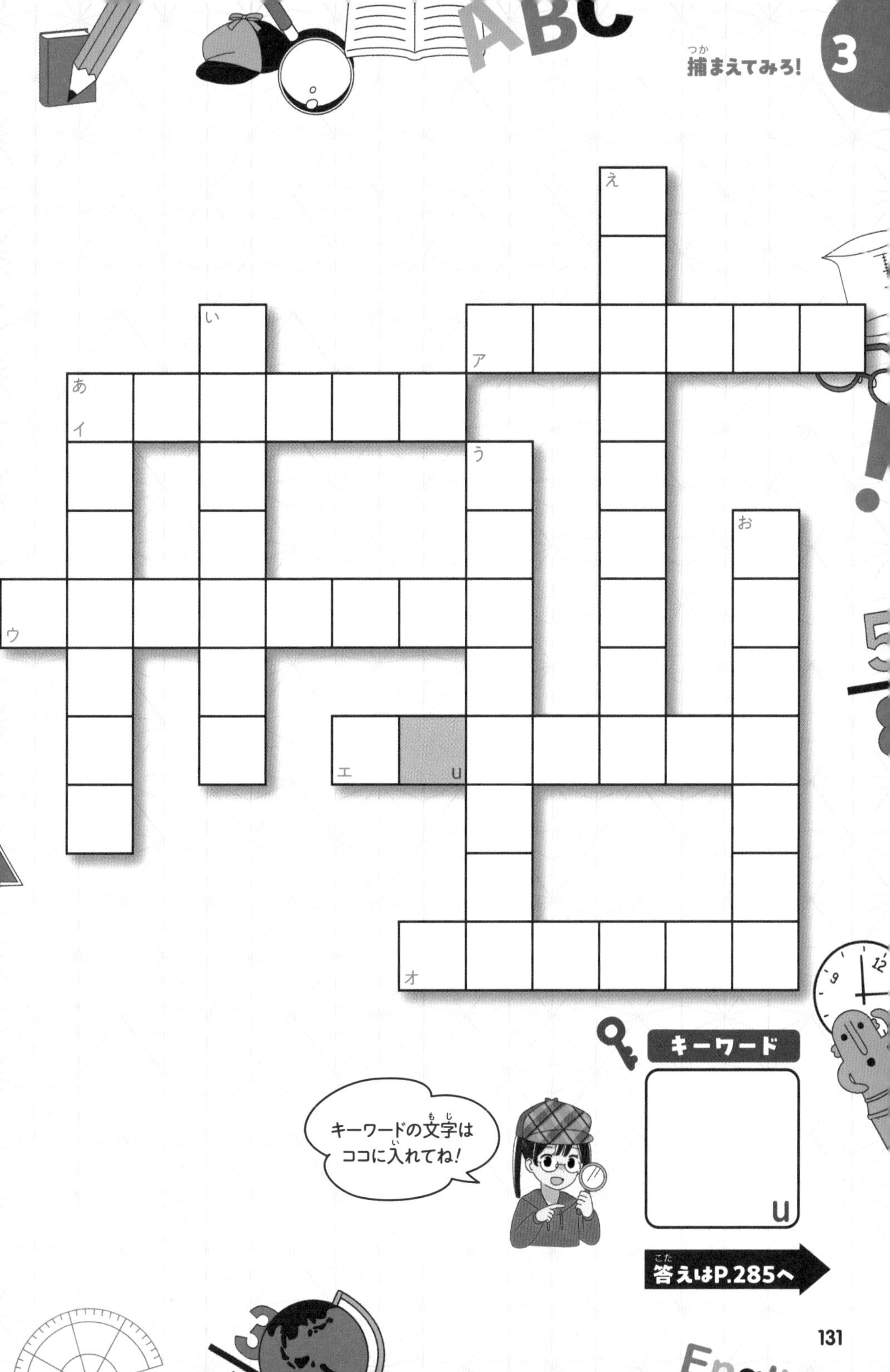
え
い
ア
あ
イ
う
お
ウ
エ
u
オ
キーワード
u
キーワードの文字は
ココに入れてね!

答えはP.285へ

Question 60

理科

流水の働き

縦のヒントと横のヒントを読んで、クロスワードを埋めてみよう！

縦のヒント

あ 川や海が溢れないように岸に設置されているもののことを何と言うかな？　土手とも言うよ。

い 豪雨などで雨がたくさん降った時に、住宅が水に浸かることを何と言うかな？

う 河川が狭い山間地から平坦地に流れ出るときにできる地形のことを何と言うかな？

え 河川の側面に配置される、洪水などを防ぐために設置されるブロックのことを何と言うかな？

お 川が蛇行して流れ、その一部が隔離されてできた湖を、その形にちなんで何と言うかな？

横のヒント

ア 川の流れにより岩石や土砂が積もることを何と言うかな？

イ 風化したり川の流れで削られた岩が、川の流れで運ばれることを何と言うかな？

ウ 激しい川の流れにより、川岸や山肌を削られることでできた谷のことを何と言うかな？

エ 川の流れや雨で岩石が削られることを何と言うかな？

オ 大雨によって河川から水があふれ、氾濫することを何と言うかな？

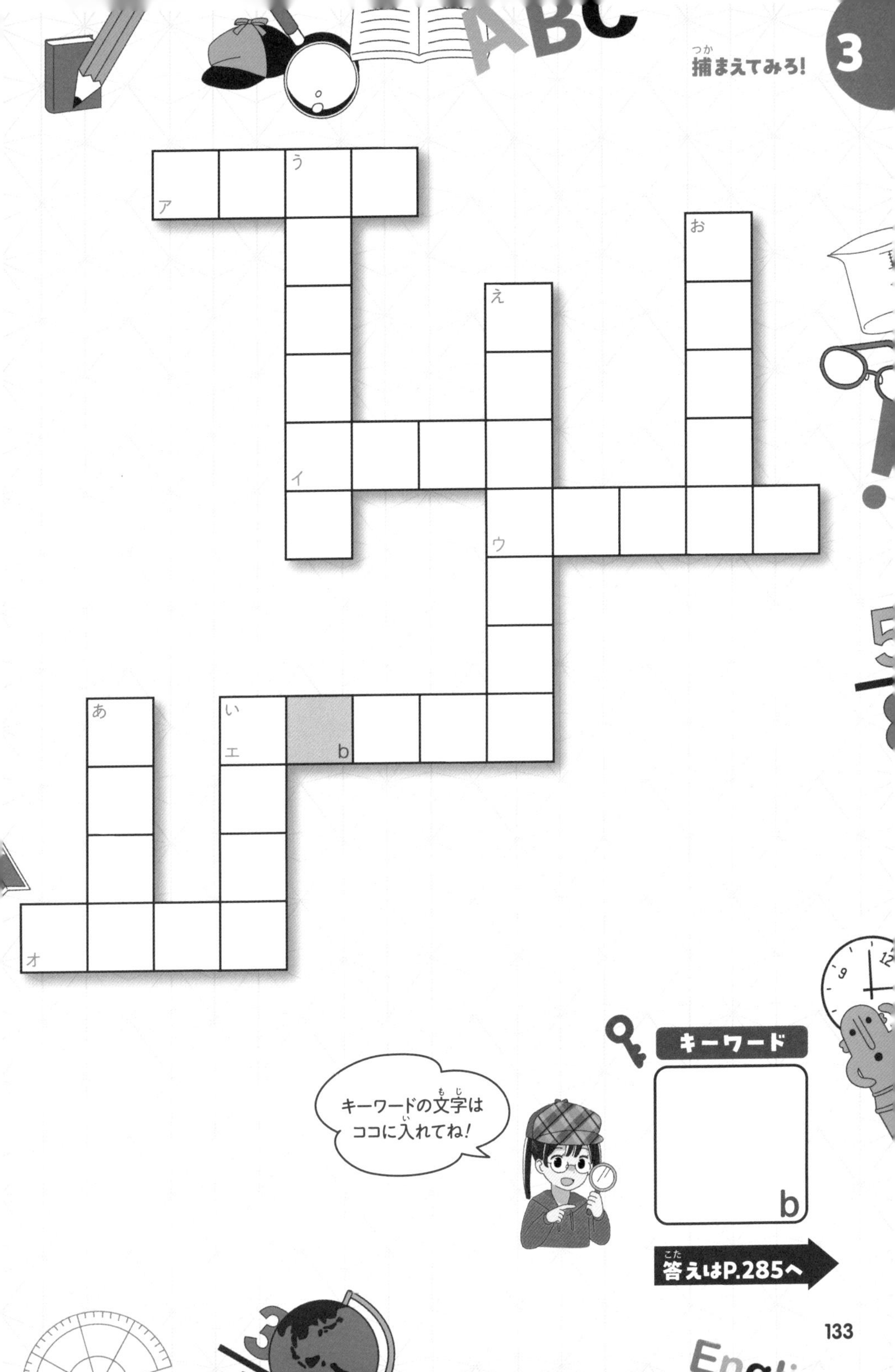

ア
う
お
え
イ
ウ
あ
い
エ
b
オ
キーワード
キーワードの文字はココに入れてね!
b

答えはP.285へ

関東地方（かんとうちほう）

縦（たて）のヒントと横（よこ）のヒントを読（よ）んで、クロスワードを埋（う）めてみよう！

縦（たて）のヒント

あ 東京（とうきょう）や横浜（よこはま）を中心（ちゅうしん）とした工業地帯（こうぎょうちたい）を○○○○工業地域（こうぎょうちいき）と言（い）うね。

い 日本一（にほんいち）の流域面積（りゅういきめんせき）を誇（ほこ）り、関東（かんとう）の1都（と）5県（けん）にまたがる川（かわ）は○○川（かわ）だね。

う 東京都（とうきょうと）や神奈川県（かながわけん）でさかんな産業（さんぎょう）。というのも、東京都（とうきょうと）は日本（にほん）の文化（ぶんか）の中心（ちゅうしん）でもあるので、雑誌（ざっし）や書籍（しょせき）の販売数（はんばいすう）が多（おお）いからだよ。

え 日本（にほん）でトップの貿易総額（ぼうえきそうがく）の空港（くうこう）としても知（し）られる、関東（かんとう）にある空港（くうこう）は何（なに）かな？

横（よこ）のヒント

ア 砺波平野（となみへいや）などによくみられる、風対策（かぜたいさく）のために家屋（かおく）の周（まわ）りに植（う）えられている樹木（じゅもく）のことを何（なん）と言（い）うかな？

イ 一日（いちにち）あたりの乗降客数（じょうこうきゃくすう）が最（もっと）も多（おお）い駅（えき）。近（ちか）くに東京都庁（とうきょうとちょう）があるね。

ウ キャベツの促成栽培（そくせいさいばい）で有名（ゆうめい）な群馬県（ぐんまけん）の村（むら）は何村（なにむら）かな？

エ 東京（とうきょう）の北（きた）にある、衛星都市（えいせいとし）の役割（やくわり）を担（にな）う県（けん）。最近（さいきん）では、スーパーアリーナなどが建設（けんせつ）されたね。

オ 沖合漁業（おきあいぎょぎょう）がさかんな、千葉県（ちばけん）の港（みなと）は○○○○港（こう）だね。

カ 関東平野（かんとうへいや）にある、火山灰（かざんばい）が積（つ）もってできた地層（ちそう）のことを何（なん）と言（い）うかな？

答えはP.286へ

Question 62

社会

東北地方

縦のヒントと横のヒントを読んで、クロスワードを埋めてみよう！

縦のヒント

あ 青森県から秋田県にまたがり、世界自然遺産に登録されている山地を何と言うかな？

い 東北地方で唯一の政令指定都市はどこかな？

う せまい湾がノコギリの刃のようにギザギザな形の海岸を何と言うかな？

え 秋田平野や仙台平野でさかんにおこなわれているものは何かな？

お 青森県の陸奥湾では○○○○○の養殖がさかんだよ。

横のヒント

ア 東北地方で春から夏にかけて発生する冷たく湿った東向きの風を○○○と言うよ。

イ 都道府県別収穫量で青森県が圧倒的な一位を誇る果物は何かな？

イウ 青森県北部の太平洋に面した半島を○○○○半島と言うよ。

エ コメ作りがさかんな山形県の平野を○○○○○平野と言うよ。

オ 岩手県から宮城県に広がる海岸のことを何と言うかな？

絶対に見つけてやるんだから！

答えはP.286へ

Question 63

英語

アルファベットのサイコロ②

左はあるサイコロの展開図です。このサイコロを番号の順番に転がすとサイコロの出た目の文字は何かな？

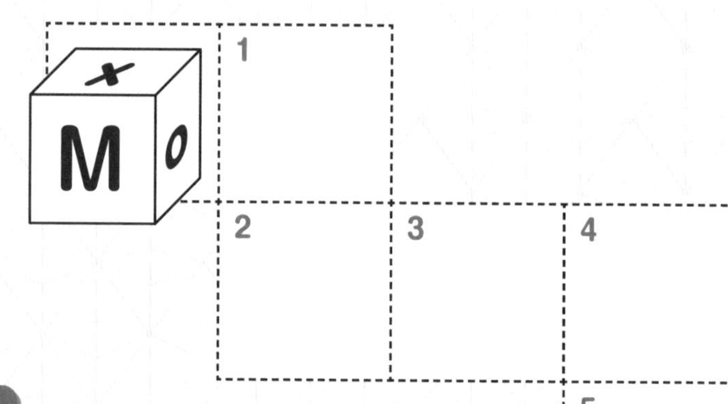

サイコロの展開図

キーワード

答え

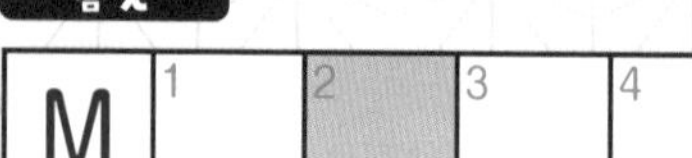

答えはP.287へ

Question 64

算数

ピタゴラスからの挑戦状⑥

数字カード、記号カードをそれぞれクロスワードの空いているマスに入れて、等式が正しくなるようにしましょう。

C			1			4
			=			
			2			
			1			

選択肢の数字・記号カード

3 5 5 ＋ － ＝

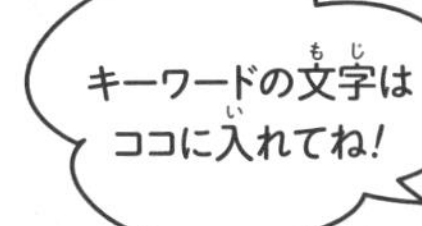

キーワード

C

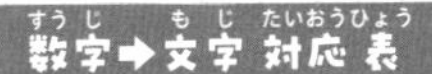

1	2	3	4	5	6	7	8	9
い	に	さ	し／ょ	ご	ろ	な	は	く

答えはP.287へ

Question 65

国語

カタカナ語①

縦のヒントと横のヒントを読んで、カタカナ語（外来語）で何というか考えてみよう！

あ 自ら進んで社会活動に参加すること、また、その活動をすること。

い 他者を魅了する才能や、それを持っていること。

う 物事の質や品質のこと。

え 情報の伝達手段や媒体のこと。

横のヒント

ア 経験や仕事の経歴のこと。

イ 語彙、語彙力のこと。

ウ 強い印象や衝撃のこと。

エ 退職することや、途中で辞退すること。

オ 人からの助言や参考になる意見のこと。

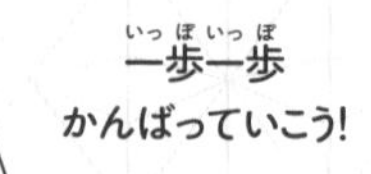

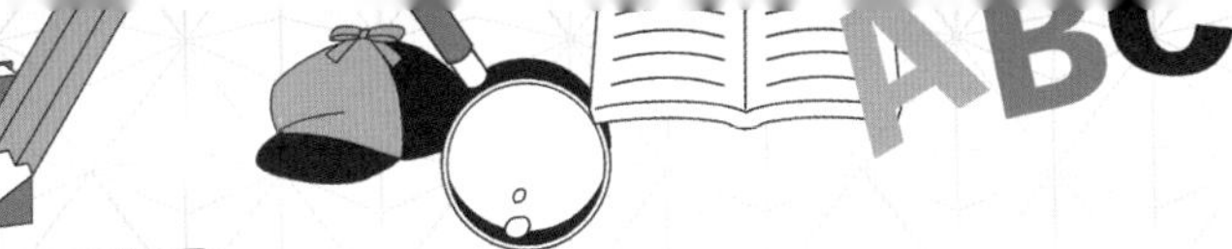

子ども時代の勉強法

耳にタコができるほど言われた言葉、「解けなかった問題は、次の日に絶対にもう一度解け」。解けたらよし、解けなかったらまた次の日に解くを繰り返しました。この勉強のおかげで算数の知識は全く抜けのない状態で中学校に行けました。

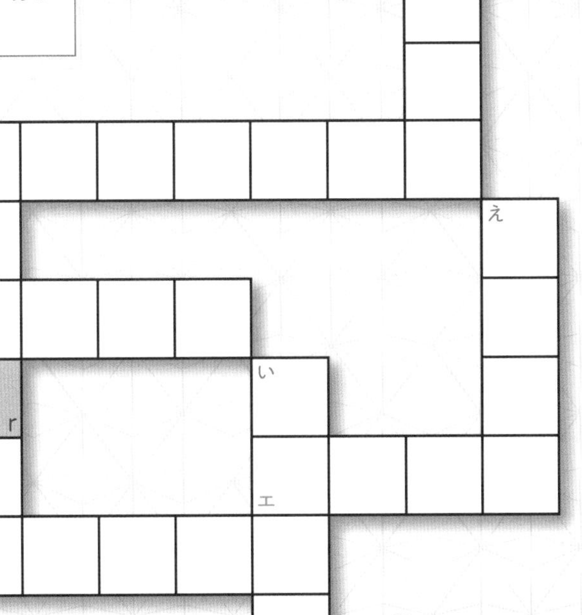

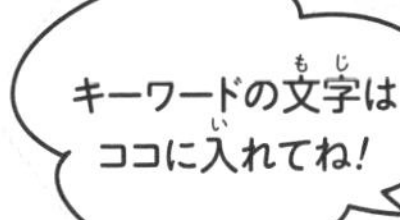

答えはP.288へ

Question 66

理科

天気①

縦のヒントと横のヒントを読んで、クロスワードを埋めてみよう！

縦のヒント

あ 温度によって変わる、空気中に含むことができる水の量だよ。

い 冬から春にかけての季節の変わり目に初めて吹く、暖かい南風のことを何と言うかな？

う 寒気が暖気を押して進むときにできる前線を○○○○前線と言います。

え 上向きの大気の流れのことを○○○○○○気流といいます。

横のヒント

ア 日本の北東側に位置する気団で、やませの原因にもなっている気団を○○○○○○○気団と言います。

イ 気圧を表す単位だよ。1気圧＝1013○○○○○○○だね。

ウ 6月頃に発生する停滞前線で、雨がたくさん降る原因になるものは何かな？

エ 日本の気象衛星の名前だよ。ゴッホの絵でも有名だね。

オ とても激しい風を伴う熱帯低気圧で、日本だと気象災害の原因になることも多いよ。

カ 夏の季節風はどの方向から吹くかな？

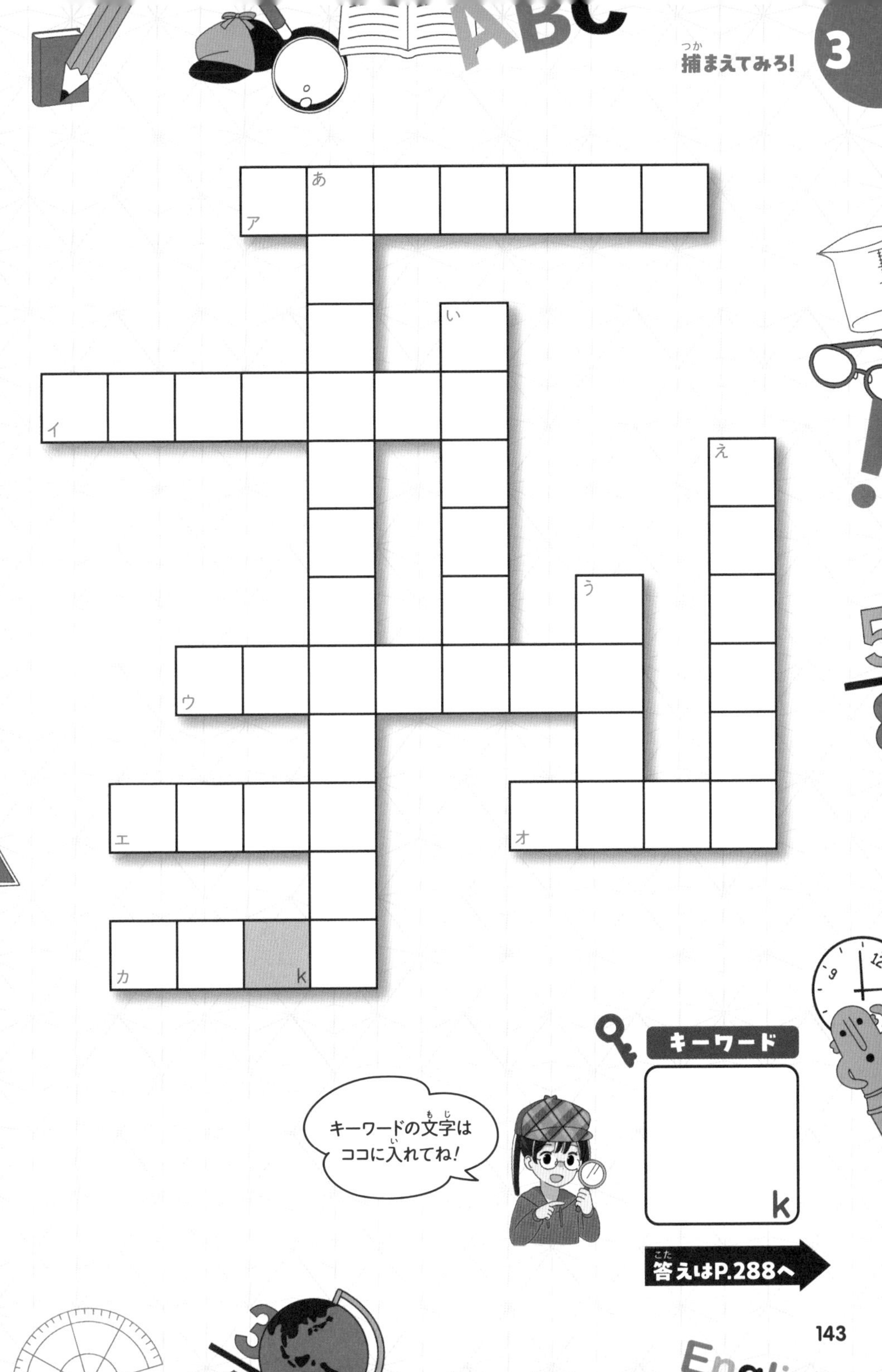

ア
あ
い
イ
え
う
ウ
エ
オ
カ
k
キーワード
k
キーワードの文字はココに入れてね!

答えはP.288へ

Question 67

社会

北海道地方

縦のヒントと横のヒントを読んで、クロスワードを埋めてみよう！

縦のヒント

あ ほかの土地から作物の成長に適した土を運び入れることを何と言うかな？

い 阿寒湖で多くみられる、丸い形をした藻のことを何と言うかな？

う 世界自然遺産に登録されている、北海道の東部に位置する半島は〇〇〇〇半島です。

え 北海道東部に位置し、火山灰に覆われており酪農がさかんな台地の名前は？

横のヒント

ア 日本一透き通っている湖として有名な北海道の湖は何かな？

イ 明治時代、北海道の開拓や有事の際の警備などを目的として配備された人々を何と言うかな？

ウ 北海道最大の平野であり、稲作がさかんな平野は、〇〇〇〇平野だね。

エ 北海道の北東部に位置する山地。特に、針葉樹林が多く生えていることで有名だよ。

オ 日本最大のカルデラ湖だよ！

カ 北海道の南の先端に位置する都市。その立地から、日米和親条約で開港されたことでも有名だよ。

い ア　え

イ

ウ

あ エ　V

う オ

カ

答(こた)えはP.289へ

Question
68

社会

世界地理

縦のヒントと横のヒントを読んで、クロスワードを埋めてみよう！

縦のヒント

あ 貿易国同士で、輸入と輸出のバランスが崩れることで生じる、利害関係問題のことを俗に何と言うかな？

い アメリカの西海岸に広がる、IT企業が集まっている地区の総称を何と言うかな？

う 世界でも有数の石油原産国で、首都はリヤドだよ！

え 緯度0度線のことを別名で何と言うかな？

お ヨーロッパの国やロシアなどが属する大陸は○○○○○大陸だね。

か 世界で一番小さい国は、○○○○市国だね！

横のヒント

ア 地球の北側半分のことを何と言うかな？

イ 日本・中国・インド・タイなどの国が属する地域のことを何と言うかな？

ウ オーストラリア・ニュージーランド・ツバル・フィジーなどの国が属する地域のことを何と言うかな？

エ 中国の正式名称は○○○○○○○○共和国と言います。

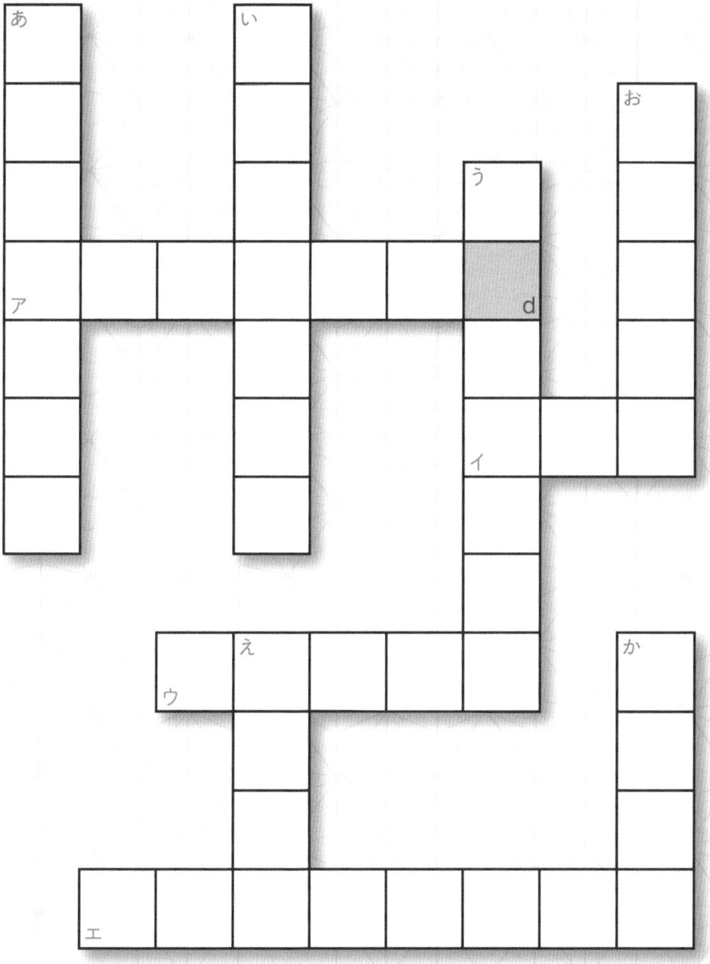

あ			い					
							お	
						う		
ア						d		
						イ		
		ウ	え				か	
	エ							

Question 69

国語

カタカナ語②

縦のヒントと横のヒントを読んで、カタカナ語（外来語）で何というか考えてみよう！

縦のヒント

あ 人と意見や気持ちを交わすこと。

い 創作活動などの表現の動機となる考えやモノのこと。

う 現実のこと。

え 誇りや、自尊心のこと。

お 精神的な負荷のこと。

横のヒント

ア 費用や経費のこと。

イ 語句や表現など微妙な意味合いのこと。

ウ お世話のこと。

エ ある仕事を専門的に行うこと。またはその人のこと。

オ もともとは複雑という意味だったが、現代では劣等感を表すために使われている言葉。

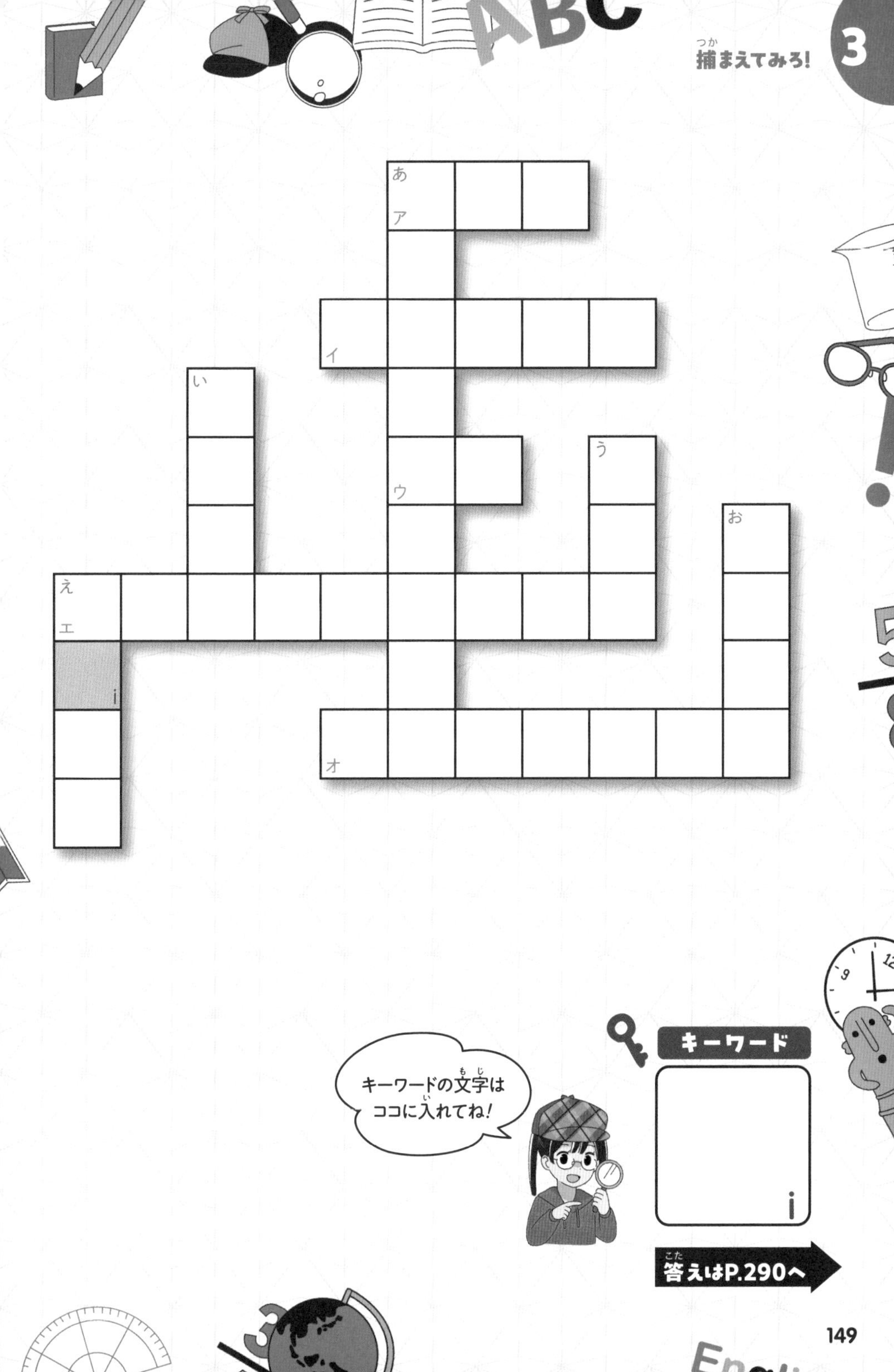
あ
ア
イ
い
ウ
う
お
え
エ
i
オ
キーワードの文字はココに入れてね!
キーワード
i

答えはP.290へ

Question 70

理科

天気②

縦のヒントと横のヒントを読んで、クロスワードを埋めてみよう！

縦のヒント

あ 正式名称を地域気象観測システムといい、日本の気象状況の観測や管理を行うシステムは何かな？

い 日本から見て、西側に高気圧、東側に低気圧がある気圧配置のことを何と言うかな？

う 暗灰色をしていて、雨や雪を降らせる原因となる雲のことを何と言うかな？

え 日が出ているのに◯◯が降ることを、狐の嫁入りというね。

お 空気が冷えていって、水蒸気が凝縮し始める温度のことを◯◯◯と言います。

横のヒント

ア 北半球と南半球ともに、緯度が30～60度の地域で恒常的に西から東に向いて吹く風のことだよ。

イ 山のように盛り上がった形をしている、白くて雨や雷の原因になる雲のことを何と言うかな？

ウ 周囲よりも気圧が高い状態を指すよ。

エ 日本の南西側に位置する気団で、温暖で乾燥した気団を◯◯◯◯◯気団と言います。

オ 冬の季節風はどの方向から吹くかな？

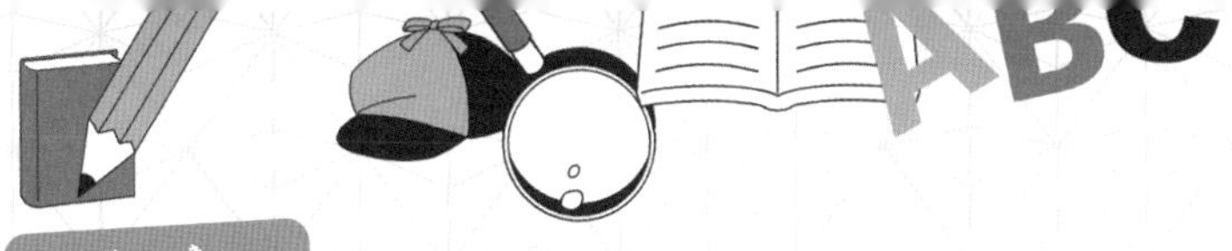

東大生に聞いた

子ども時代の勉強法

「勉強しなさい」と言われたことがないので、そんな言葉がこの世に存在することが驚きです。勉強は自分の責任でするものですし、それで成績が悪いのも自分のせいだと考えていました。自己責任の考え方は、成績を伸ばすために役に立つと思います。

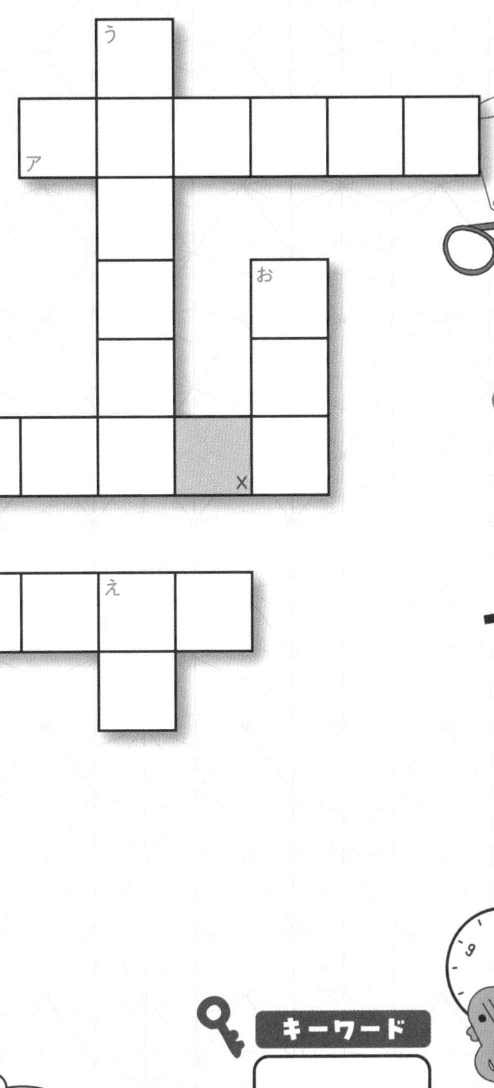

キーワードの文字はココに入れてね!

キーワード

×

答えはP.290へ

Question 71

社会

旧石器から古墳時代

縦のヒントと横のヒントを読んで、クロスワードを埋めてみよう！

縦のヒント

あ 大阪府堺市にある、仁徳天皇のお墓として伝わる古墳を何と言うかな？

い 湿気や害虫から、収穫した作物を守るために床を高くした、作物の保管設備を何と言うかな？

う おもに祭りに使われていた右の絵の青銅器を〇〇〇〇と言うよ。

え 古墳時代や奈良時代の跡が残る、佐賀県の遺跡。

お 縄文時代の集落跡が残る、青森県の遺跡。

横のヒント

ア 古墳時代に朝鮮半島から日本へ移り住んだ人のことを、〇〇〇人と言うね。

イ 縄文時代から古墳時代に多く見られた住居を〇〇〇〇〇〇住居と言うね。

ウ 円形の古墳と方形の古墳を組み合わせた形の古墳を何と言うかな？

エ 中国の皇帝から、倭の国の国王に向けて贈られたとされている印のこと。

オ 5世紀後半に存在した倭の国の国王を何と言うかな？

あ
い
う
え
お
ア
イ
ウ
エ
オ
e
何か手がかりはないかな？
キーワード
キーワードの文字はココに入れてね！
e

答えはP.291へ

Question 72

社会

飛鳥・奈良時代

縦のヒントと横のヒントを読んで、クロスワードを埋めてみよう！

縦のヒント

あ 奈良時代に施行された法律で、自分で開拓した土地（開墾地）を自分で所有することを認めたのは何という法律かな？

い 聖徳太子が定めた憲法は、〇〇〇〇〇〇〇〇の憲法と言うね。

う 世界最古の木造建築物として世界遺産に登録されている、奈良県のお寺は何かな？

え 645年に中臣鎌足らが行った政治改革を、〇〇〇の改新と言うね。

お 天智天皇の即位前の名前を〇〇〇〇〇〇〇皇子と言うね。

か 奈良県にある、仏具・文章など様々な宝物が収められている倉庫は何かな？

横のヒント

ア 現存する日本最古の歴史書。

イ 聖徳太子が定めた位階の制度のことだよ。

ウ 聖徳太子の本名のことだよ。

エ 奈良県にある、聖武天皇が建立したお寺。大仏が有名で、世界遺産にも登録されているね。

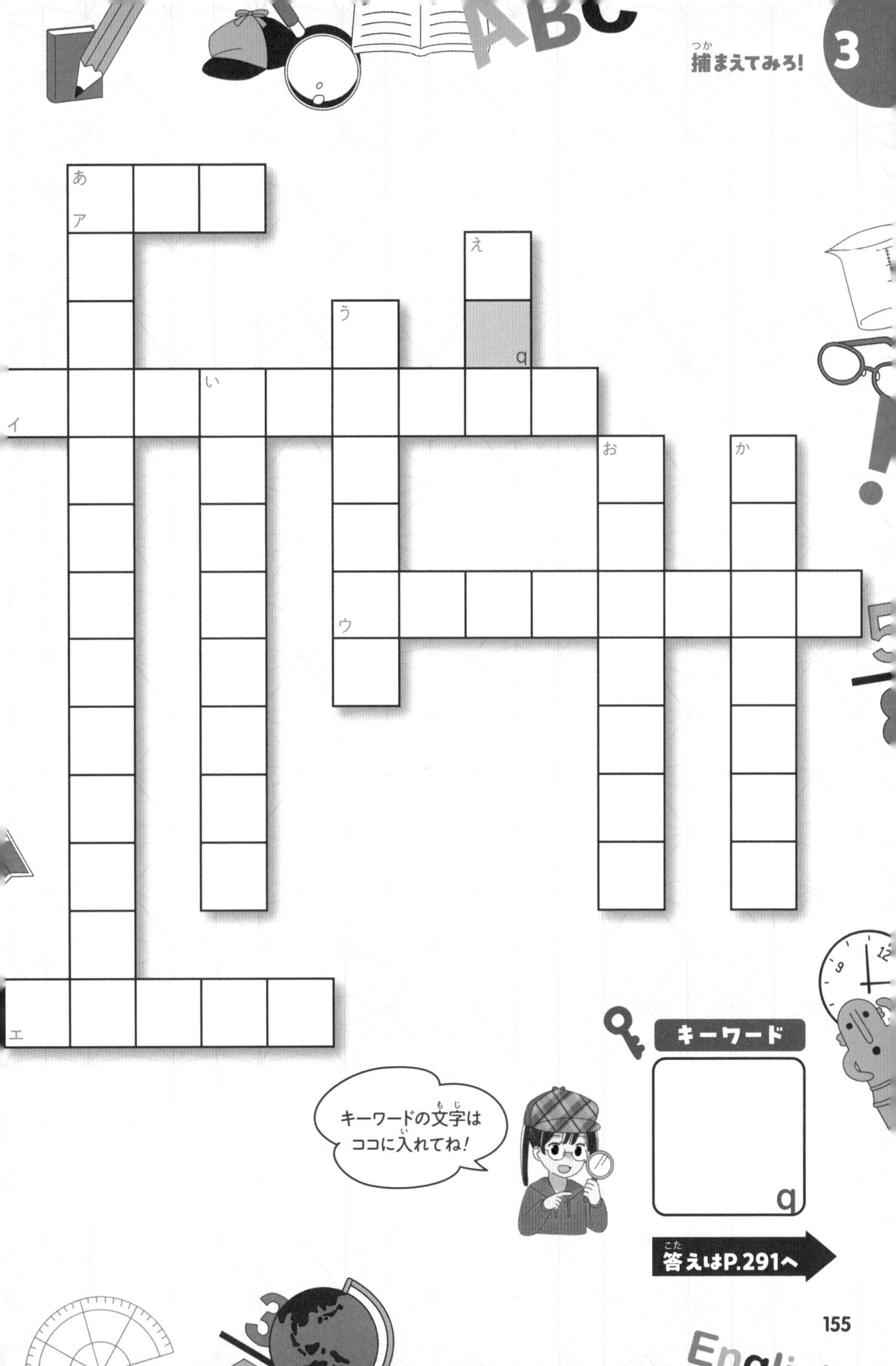

あ
ア
え
う
q
い
イ
お
か
ウ
エ
キーワード
q
キーワードの文字は
ココに入れてね！

答えはP.291へ

事件の謎を解くキーワード

クロスワードを解いて見えてきたキーワードを入れてみよう！

キーワード

P.127_a	P.133_b	P.139_c	P.147_d	P.153_e	P.117_f
P.119_g	**P.135_h**	**P.149_i**	**P.124_j**	**P.143_k**	**P.138_l**
P.129_m	**P.137_n**	**P.113_o**		**P.123_p**	**P.155_q**
			を		
P.141_r	**P.121_s**	**P.115_t**	**P.131_u**	**P.145_V**	**P.125_W**
P.151_x					

暗号

CWAXTCASHXCIHXCA　ITXCSCUMXO
SXUXGU　SXOBXANXI　IXRUYXO

答え

答えはP.317へ

「う～んと…つまり…えぇっ!?　どういうことなの!?」

理科を好きになるには?

理科という科目を勉強する目的は、**「自分の生きている世界の仕組みを知る」**というところにあります。そのため、理科で習う内容は日常生活と密接につながっています。

みなさんは夜に星空を眺めたことがありますか？　都会などでも、明るい星であればいくつかは見えるはずです。理科を勉強する前は「星って綺麗だな」以上のことを考えることはあまりなかったと思います。しかし、理科で星座を習うと、「あの明るい星はシリウスだ！」「空の低いところにさそり座がある！」と様々なことに気づけるようになります。

このように、**今まで気づけなかった物事によりたくさん気づけるようになるのが理科の１番の魅力**です。そのため、「自分の目で見たり触れたりしてみる」ということが理科を楽しむ上でとても大事になります。

理科にはてこ・中和反応・植物などの様々な分野があります。その度に覚えることも考え方も変わってしまい、楽しむ余裕なんてほとんどないですよね。しかし、理科で様々なことを勉強するからこそ、日常の中で気づけることもどんどん増えていくのです。

自分で見たり触れたりする方法は、日常生活で様々な気づきを見つけることだけではありません。科学館や植物園など、理科で勉強した内容を体験することができる施設に行ってみることも理科を楽しむ方法の一つです。実際に出かけることができなくても、図鑑やテレビ、インターネットなどを活用すれば自分の目でみることができるので、ぜひ試してみてください。

事件簿4

行方不明の秘密

今日は明日香と海斗がお茶をする約束の日。喫茶店「ポロン」で2人で仲良くお茶をすることにしました。

「海斗はここは初めてだっけ？　ここはね、ショートケーキがおいしいんだよ。クリームがたっぷりでいいんだよね～。使っている牛乳は鮮

度が落ちないように毎朝搾りたてを地元の酪農家さんから直接買い取ってるらしくて…」

「そうなんだ！ だから、こんなにおいしいんだね。」

その時、ポロンには、常連でケーキ事件にも巻き込まれた田中さんも座っていた。

小指を立てながら、紅茶を飲み、鼻をこする海斗をみて、田中さんは“あること”に気づく。

小説家でもある彼は喫茶店での人間観察を趣味にしていた。“あること”に気づいたのも日々のそういう活動からだ。

トイレに行ってから戻ると、2人はもう出た後のようだった。

彼は会計を済ませると、駆け足でポロンを後にした。

〜数日後〜

明日香はいつものように、ポロンでケーキを食べている。すると、店長がため息をつきながら外を見ている。

「どうしたの店長？」

「ああ、明日香ちゃん、最近田中さんがずいぶん顔を見せてないんだよね…どこかに行くときはいつも声をかけてくれるんだけどな…」

「これは事件の匂いがするわね！ 早速、聞き込み調査よ！」

Question 73

国語

カタカナ語③

縦のヒントと横のヒントを読んで、カタカナ語（外来語）で何というか考えてみよう！

縦のヒント

あ 実態のない架空のもの。

い 文句や苦情のこと。

う 新たなシステムを導入すること。

え 状態を最新のものにすること。

お 内容や中身のこと。

横のヒント

ア 元気で活発なこと。

イ 設計や図案のこと。

ウ 少しずつ増していくこと。

エ 性格や特徴のこと。

オ 生まれや起源のこと。

東大生に聞いた

子ども時代の勉強法

いわゆる「受験」が始まったのは、小学校４年生の時でした。そこの塾は宿題の量が非常に多く、こなすだけでも一苦労でした。ですので、「勉強のリズム」を作るように意識して、学校から帰ってきたら夕飯まで勉強というように決めていました。

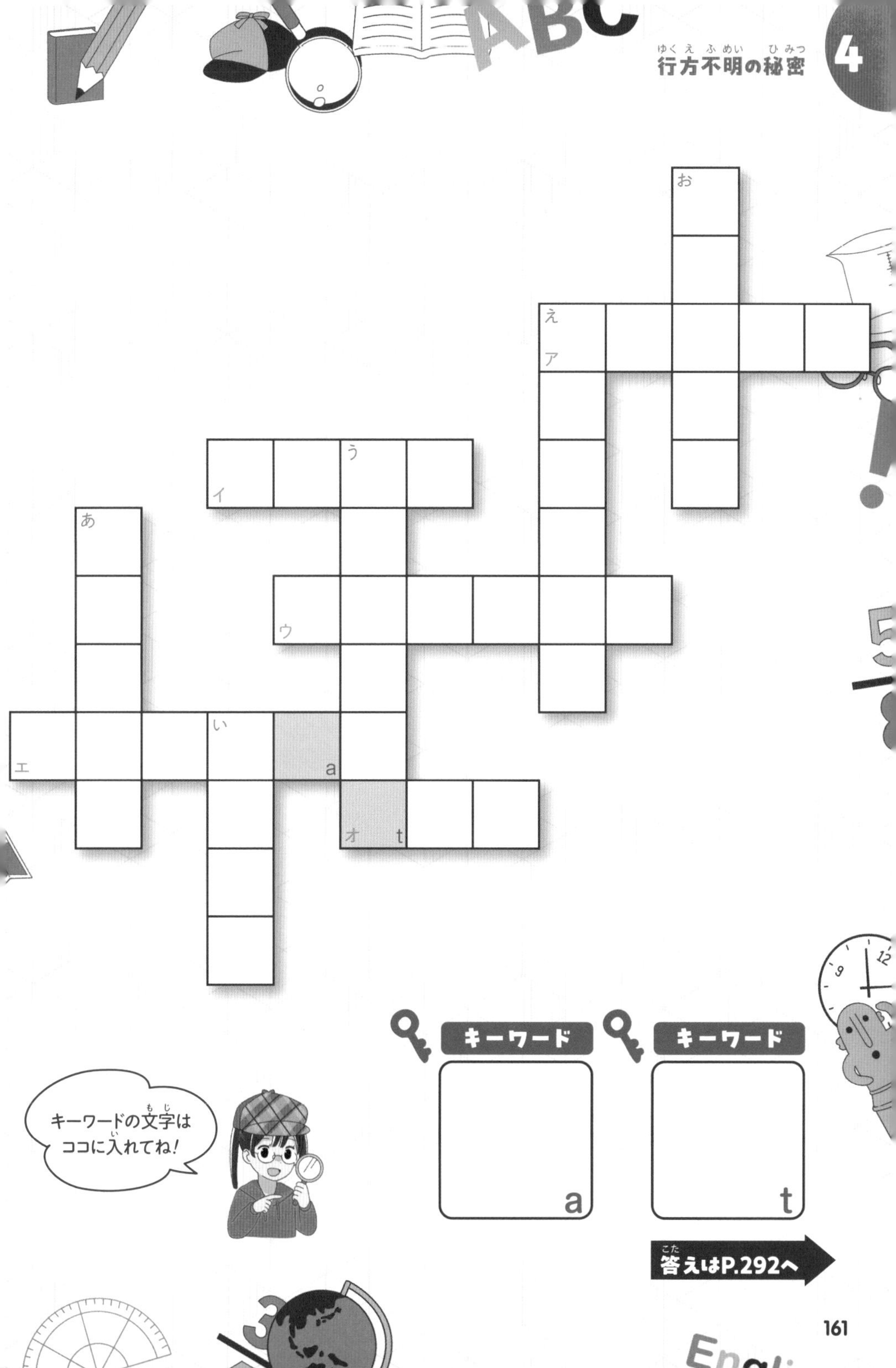
お
え
ア
う
イ
あ
ウ
い
エ
a
オ
t
キーワード
a
キーワード
t
キーワードの文字はココに入れてね！

答えはP.292へ

Question
74

社会

平安時代

縦のヒントと横のヒントを読んで、クロスワードを埋めてみよう！

縦のヒント

あ 平安時代に完成された貴族の住宅様式のことを○○○○造と言うよ。

い 平安時代中期に、藤原氏が摂政・関白となって行った政治のことだよ。

う 平氏の全盛期を築き、1167年に太政大臣となった武将は誰かな？

え 平安時代中期の政治家で、1016年に摂政となり長く政治の実験をにぎったのは誰かな？

お 平安時代末期に拡張された、今は兵庫県の神戸港となっている港の名前は何だろう？

横のヒント

ア 平安時代中期から後期にかけて発達した、日本の風土に合った貴族文化を何文化と言うかな？

イ 日本で古くから行われている、5音と7音の組み合わせによる定型詩は何だろう？

ウ 紫式部が書いた世界最古の長編物語を何と言うかな？

エ 天皇が位を譲ってからも上皇として政治の実権をにぎり、行われていた政治を何と言うかな？

オ 1156年に起こった、武士の実力が示されるきっかけとなった戦乱は何の乱かな？

東大生に聞いた

子ども時代の勉強法

幼少期から褒められた思い出しかありません。本を読んでも、ゲームをしても、家の手伝いをしても褒められました。めったに怒られないものですから、何をしてもうまくいくと自信がつきました。いまだに、自分がやれば大抵のことはうまくいくと思えています。

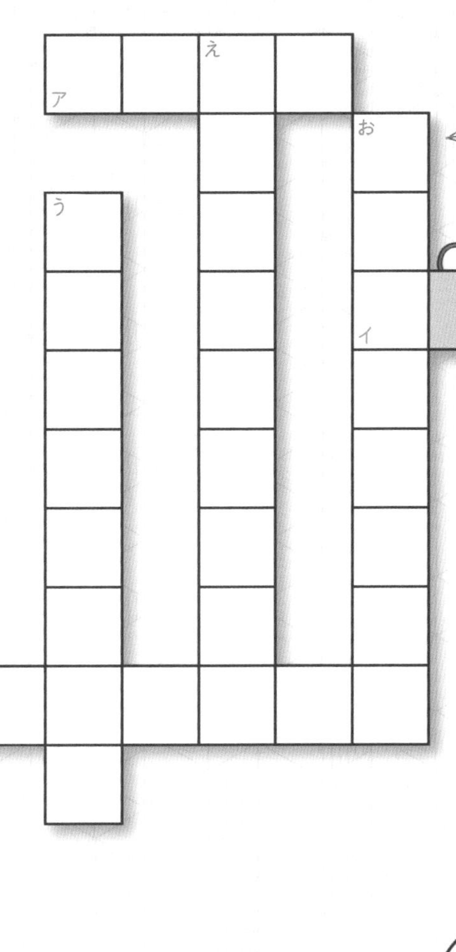

答えはP.292へ

Question 75

理科

地層・化石①

縦のヒントと横のヒントを読んで、クロスワードを埋めてみよう！

あ 関東地方の台地を広くおおっている火山灰の層のことを何と言うかな？

い 海岸沿いに沿って広がる階段状の地形のことを何と言うかな？

う 新生代に栄えたとされる右の図のような塔状の巻貝の名前は何かな？

え 岩や火山灰や動植物の死がいなどが堆積し、層状になったもののことを何と言うかな？

お 堆積岩の一つで、直径が2mm以上のものを○○岩と言います。

か 海面に対して陸地が下がる運動のことを何と言うかな？

横のヒント

ア アンモナイトは生きた○○○と言われているね。

イ
ウ 火山が噴火したときに出る灰のことを何と言うかな？

ウ 新生代に栄えたとされるこの生き物の名前は何かな？

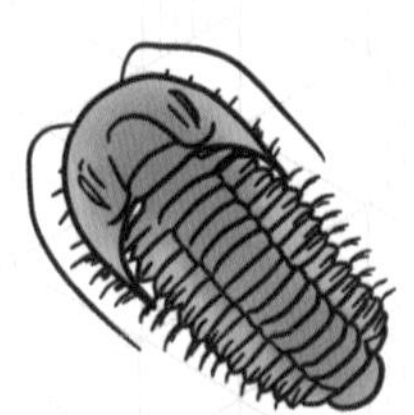

エ ○○○○○○○が出土すると、それが出土した地層がいつの時代にできたものかわかるね。

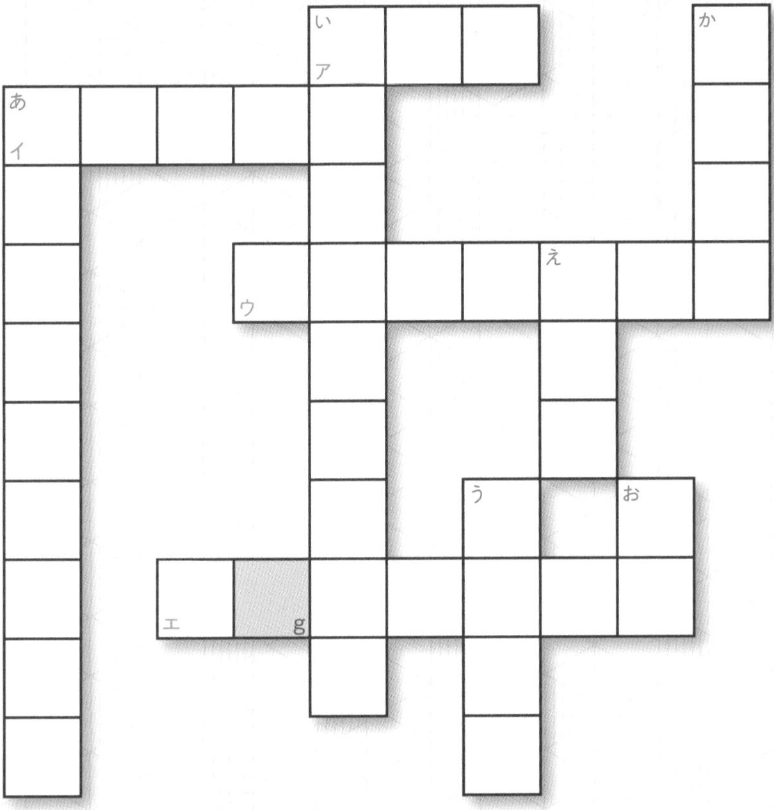

東大生(とうだいせい)に聞(き)いた

子(こ)ども時代(じだい)の勉強法(べんきょうほう)

「ゲーム」を毛嫌(けぎら)いする親御(おやご)さんは多(おお)いですが、意外(いがい)と学(まな)ぶところは多(おお)いもの。自分(じぶん)を鍛(きた)えていって、わからないことがあれば試行錯誤(しこうさくご)して、時(とき)には調(しら)べて突破(とっぱ)する。この流(なが)れは勉強(べんきょう)と変(か)わりありません。ゲームの繰(く)り返(かえ)しから学(まな)べることがあるかもしれませんよ。

答(こた)えはP.293へ

Question 76

理科

地層・化石②

縦のヒントと横のヒントを読んで、クロスワードを埋めてみよう！

縦のヒント

あ 地層が、地殻変動などによって強い力がかかることで、波打ったように曲がった構造になったものを何と言うかな？

い 下の地層と上の地層が、連続してたい積していないような地層の重なり方を何と言うかな？

う マグマが固まってできる岩石のことを○○○岩と言うね。

え 深成岩の、石を構成する組織の大きさがそろっていて、これは○○○○○○○○組織と呼ばれているよ。

横のヒント

ア 深成岩の中で、白っぽい色をしている岩は○○○岩だね。

イ 中生代に生息した、オウムガイに似た生物は何かな？

ウ 資源採掘や地質の構造の調査のために円柱状の機械で地面に穴を開けることを何と言うかな？

エ 図のような断層のずれを何と言うかな？

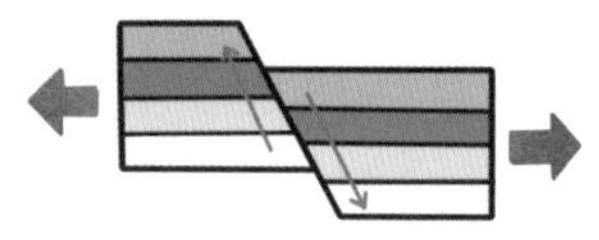

オ 図のような断層のずれを何と言うかな？

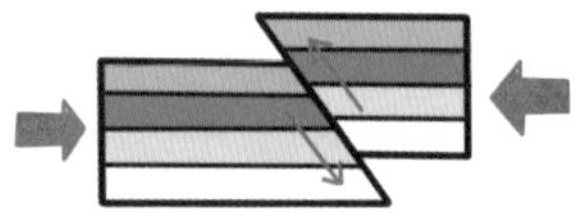

カ 陸地が海面より上がる地面の運動を何と言うかな？

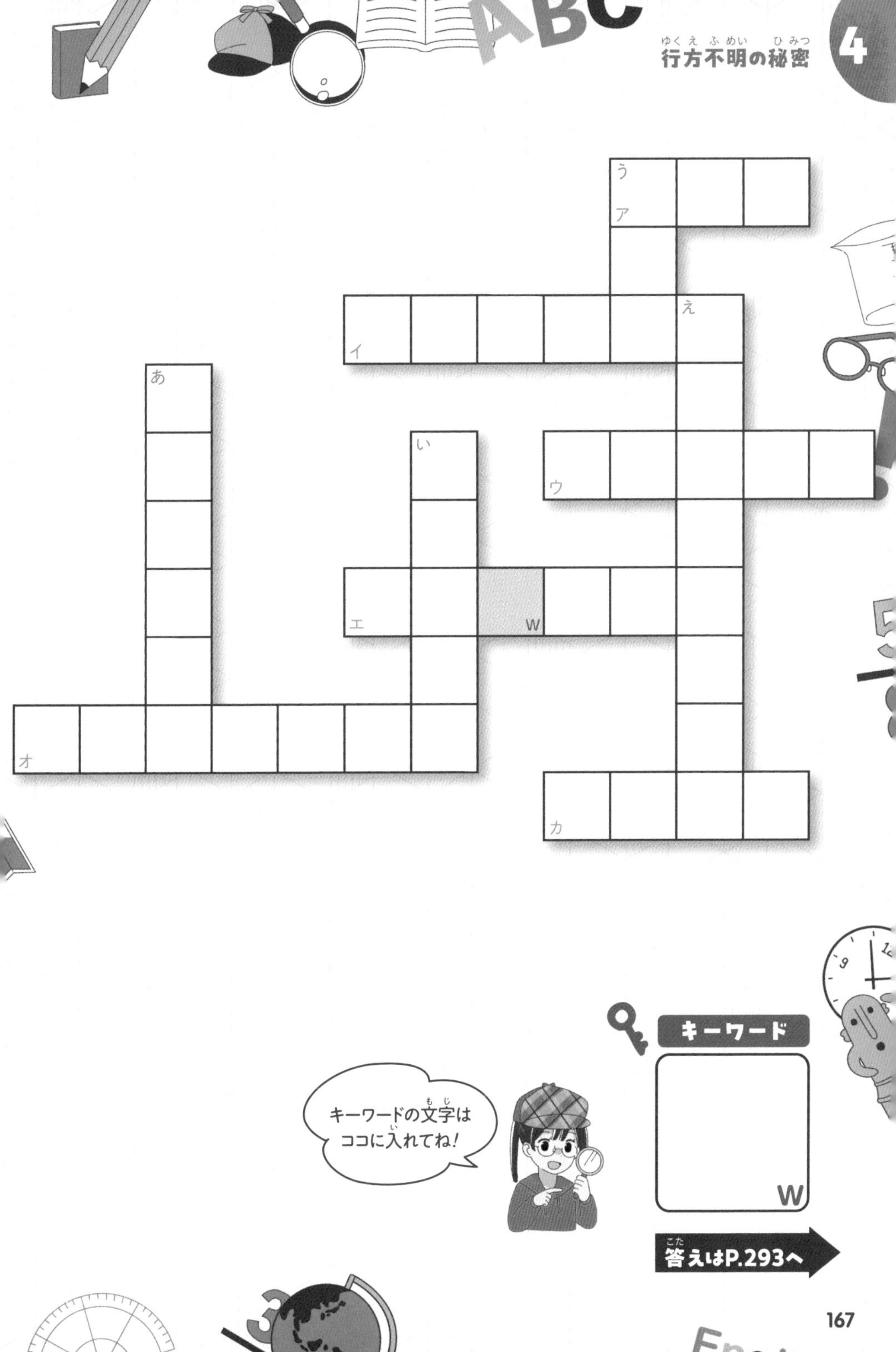
う
ア
え
イ
あ
い
ウ
エ
W
オ
カ
キーワード
W
キーワードの文字はココに入れてね！

答えはP.293へ

Question 77

国語

カタカナ語④

縦のヒントと横のヒントを読んで、カタカナ語（外来語）で何というか考えてみよう！

縦のヒント

あ 過程のこと。

い 模擬実験のこと。

う 物語や話のこと。

え 選択肢や選択できるもののこと。

お 感性や才能のこと。

横のヒント

ア 状況のこと。

イ 珍しいこと。

ウ 理論のこと。

エ 共有すること。

オ 変化や変更のこと。

田中さんはどこに行ったのかな？

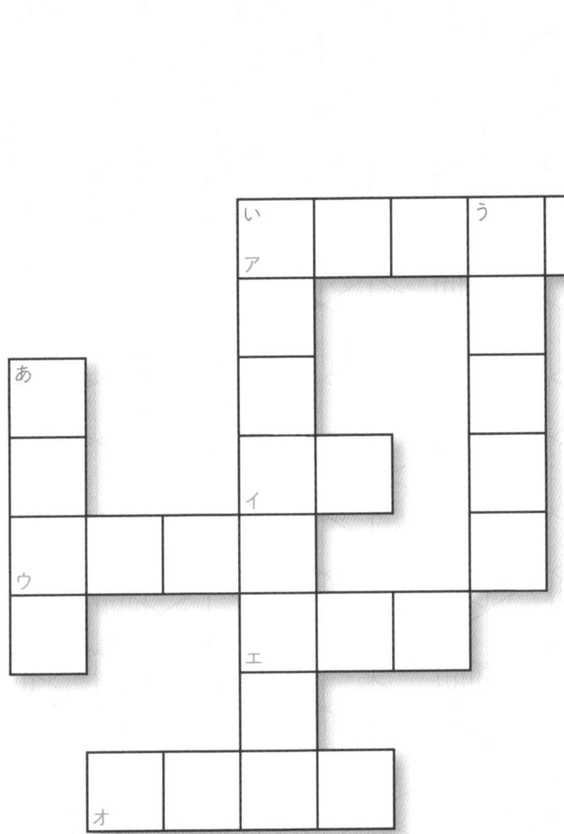

東大生に聞いた

子ども時代の勉強法

お金を使わないでいろいろな本が読める図書館や図書室は天国でした。小学校6年生の時には、図書室の小説をあらかた読み終わっていたと思います。それなりの時間はかかりましたが、時間をかける価値はありました。

キーワード

キーワードの文字はココに入れてね！

答えはP.294へ

Question 78

理科

地震・火山①

縦のヒントと横のヒントを読んで、クロスワードを埋めてみよう！

あ 火山が噴火したときに出る灰のことを何と言うかな？

い 地震のはじめに起こる小さなゆれのことを何と言うかな？

う 大きな地震のあとに続く小さな地震のことを何と言うかな？

え 地震によって地中の土砂が液体と混ざり合って地表に出てくる現象のことを何と言うかな？

横のヒント

ア 地震が発生した場所から特定の地点までの距離を何と言うかな？

イ プレートの一つで、北アメリカ大陸から日本列島北東部を含むプレートを〇〇〇〇〇〇プレートと言います。

ウ 地震などの影響により、ずれている地層のことを何と言うかな？

エ プレートの一つで、ロシアや中国、日本の大部分を含むプレートを〇〇〇〇〇プレートと言います。

オ 火山が噴火する際に噴出される、小さな穴がたくさん開いた石のことを何と言うかな？

カ 地球の内部のマグマが噴火によって地上に噴出され固まったもののことを何と言うかな？

答えはP.294へ

Question
79

英語

アルファベットのサイコロ③

下はあるサイコロの展開図です。このサイコロを番号の順番に転がすとサイコロの出た目の文字は何かな？

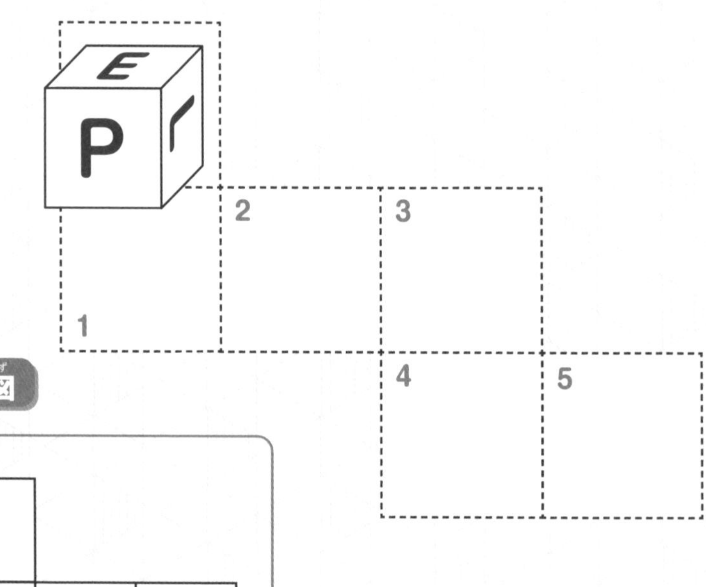

サイコロの展開図

答え

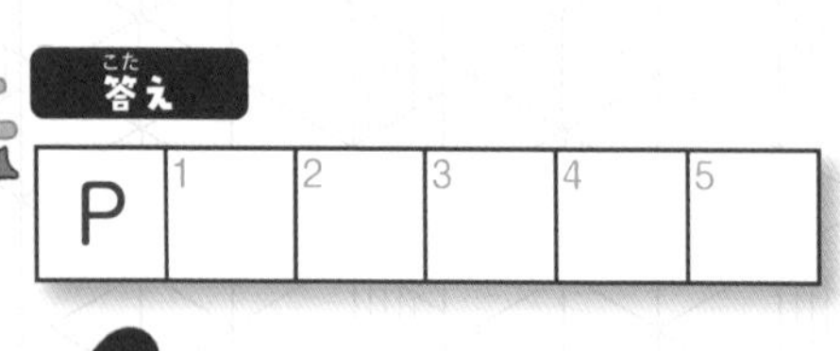

答えはP.295へ

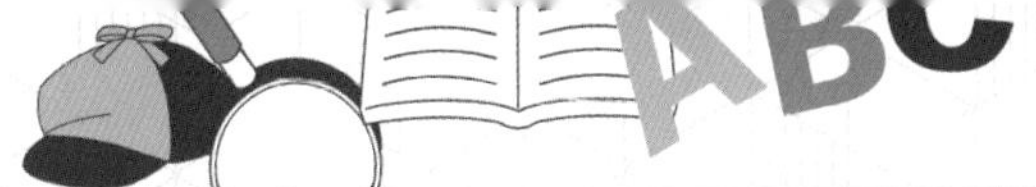

Question 80

算数

ピタゴラスからの挑戦状⑦

数字カード、記号カードをそれぞれクロスワードの空いているマスに入れて、等式が正しくなるようにしましょう。

横: 1 □ × □ = 6 □

縦: (d) × □ − 4 = □

横: □ + 3 = □

選択肢の数字・記号カード

0	1	2	3
4	5	6	7

キーワード

d

数字→文字 対応表

1	2	3	4	5	6	7	8	9
い	に	さ	し／ょ	ご	ろ	な	は	く

答えはP.295へ

Question 81

理科

地震・火山②

縦のヒントと横のヒントを読んで、クロスワードを埋めてみよう！

縦のヒント

あ 鹿児島県にある成層火山で、現在も噴火活動が継続している火山を○○○○○火山と言います。

い 地震などの影響により、ずれている地層のことを何と言うかな？

う 地震のはじめに起こる小さなゆれが持続する時間のことを何と言うかな？

え 火山が噴火する際に噴出され、二酸化硫黄なども含まれる気体を何と言うかな？

お プレートの一つで、日本の南に位置するプレートを○○○○○海プレートといいます。

横のヒント

ア 地震の種類の一つで、私たちが住んでいるところの真下で発生するものを、○○○○○○地震と言います。

イ 地震の規模を表す数値で、単位がMのものは何かな？

ウ 駿河湾沖から九州にかけての海底に連なる、深さおよそ4000mの細長い溝のことを何と言うかな？

エ 火山が噴出する際に、高熱の岩や破片が流れる現象を何と言うかな？

オ 地震が発生した際、断層の破壊が最初に始まる地球内部の点のことを何と言うかな？

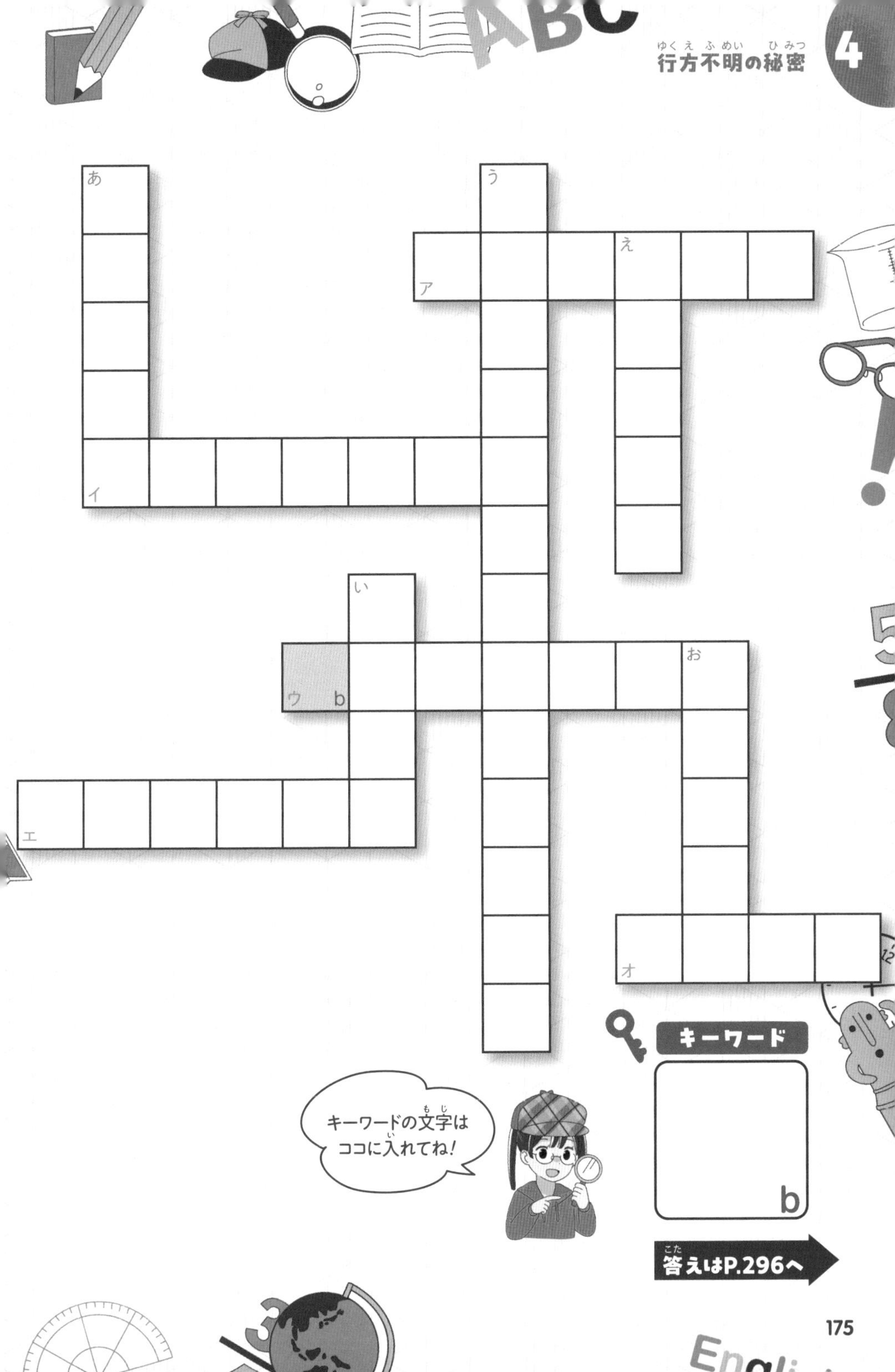

あ
う
ア
え
イ
い
ウ b
お
エ
オ
キーワード
b
キーワードの文字はココに入れてね！

答えはP.296へ

鎌倉時代（かまくらじだい）

縦（たて）のヒントと横（よこ）のヒントを読（よ）んで、クロスワードを埋（う）めてみよう！

縦（たて）のヒント

あ 大乗仏教（だいじょうぶっきょう）のもっとも重要（じゅうよう）とされる経典（きょうてん）の一（ひと）つで、天台宗（てんだいしゅう）や日（にち）蓮宗（れんしゅう）でも用（もち）いられているのは何（なん）だろう？

い 幕府（ばくふ）の代表者（だいひょうしゃ）に与（あた）えられた職名（しょくめい）で、略（りゃく）して将軍（しょうぐん）と言（い）われる称（しょう）号（ごう）は何（なに）かな？

う 運慶（うんけい）・快慶（かいけい）が東大寺南大門（とうだいじなんだいもん）に作（つく）ったものが特（とく）に有名（ゆうめい）な、仏法（ぶっぽう）の守護神（しゅごしん）である2体（たい）の像（ぞう）を何（なん）と言（い）うかな？

え 鎌倉幕府（かまくらばくふ）が京都（きょうと）に設置（せっち）した、朝廷（ちょうてい）・公家（くげ）の監視（かんし）や行政（ぎょうせい）、裁判（さいばん）、軍事（ぐんじ）を行（おこな）う役職（やくしょく）の名前（なまえ）は何（なん）だろう？

横（よこ）のヒント

ア モンゴル帝国第（ていこくだい）5代（だい）の皇帝（こうてい）で、元（げん）の世祖（せいそ）と言（い）われているのは誰（だれ）かな？

イ 1232年（ねん）に定（さだ）められた武士（ぶし）の最初（さいしょ）の法律（ほうりつ）のことを○○○○○式目（しきもく）と言（い）うよ。

ウ 御家人（ごけにん）の生活苦（せいかつく）を救（すく）うために幕府（ばくふ）が出（だ）す、売買（ばいばい）や貸（か）し借（か）りの契約（けいやく）を無効（むこう）にする法令（ほうれい）を○○○○令（れい）と言（い）うよ。

エ 将軍（しょうぐん）とそれに仕（つか）える御家人（ごけにん）との主従関係（しゅじゅうかんけい）を表（あらわ）す言葉（ことば）を「御恩（ごおん）と○○○○」と言（い）うよ。

オ 鎌倉幕府（かまくらばくふ）において、将軍（しょうぐん）を補佐（ほさ）して政治（せいじ）を行（おこな）う職（しょく）を何（なん）と言（い）うかな？

カ 1185年（ねん）に現在（げんざい）の山口県（やまぐちけん）で行（おこな）われた、源氏（げんじ）・平氏（へいし）の最後（さいご）の戦（たたか）いは何（なん）だろう？

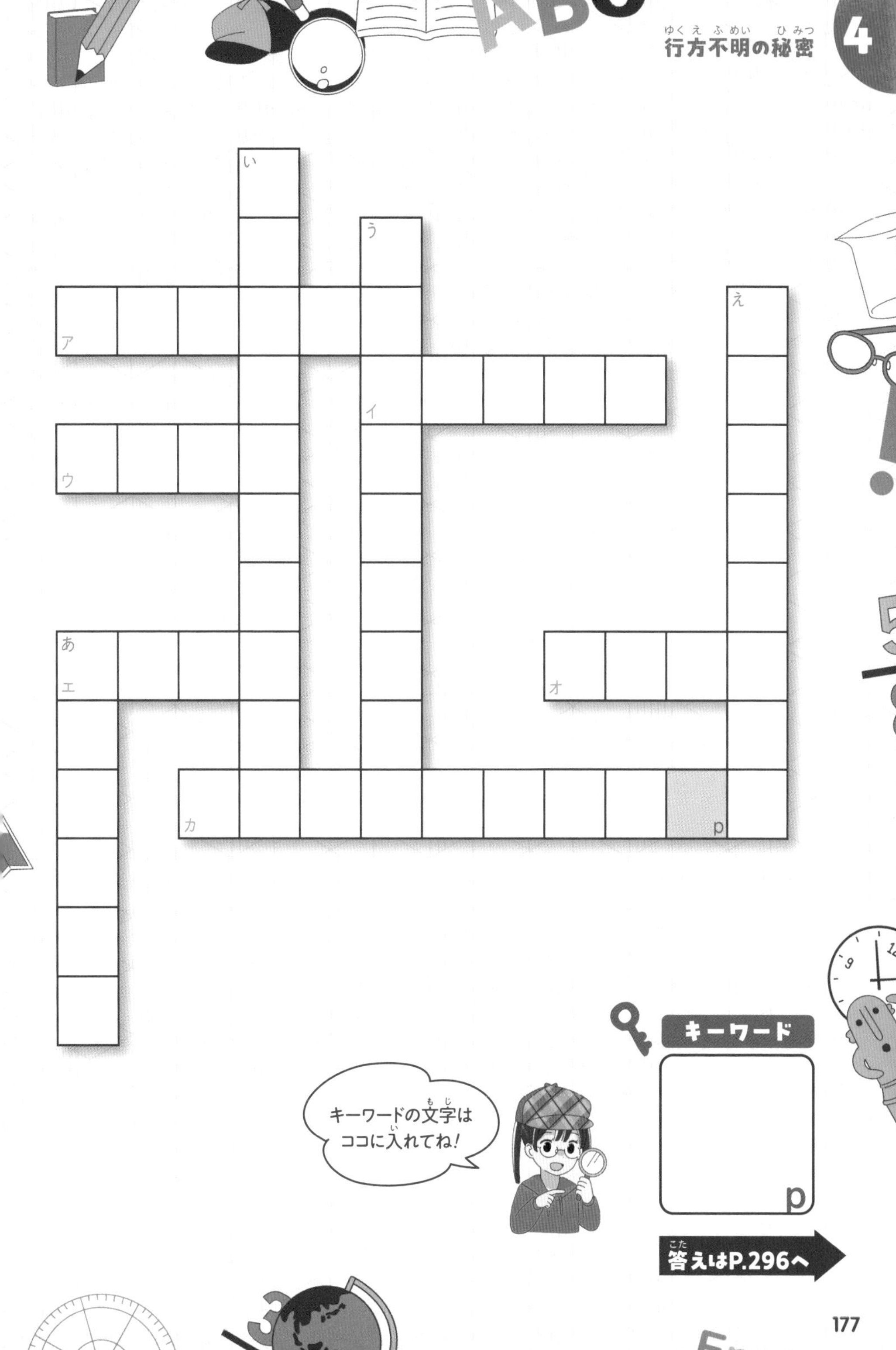
い
う
え
ア
イ
ウ
あ
エ
オ
カ
p
キーワード
p
キーワードの文字はココに入れてね!

答えはP.296へ

カタカナ語⑤

縦のヒントと横のヒントを読んで、カタカナ語（外来語）で何というか考えてみよう！

縦のヒント

あ 逆説のこと。

い 仕組みのこと。

う 世代のこと。

え 立場や立ち位置のこと。

横のヒント

ア 完全に遂行すること。また、体を使った芸術表現などのこと。

イ 二つの相反する事柄に挟まれること。

ウ 混ぜ合わせること。

エ 一方的な評価のこと。

オ 議論のこと。

カ 精神のこと。

東大生に聞いた

子ども時代の勉強法

私は小さなころから読書が好きでした。とにかくいろいろな本を読み漁っていましたが、今振り返ると、そこまで意味を理解できていなかった気がします。受ける印象だけで本を読み進めていました。感想文などでアウトプットを約束づけると、それを避けられるかもしれません。

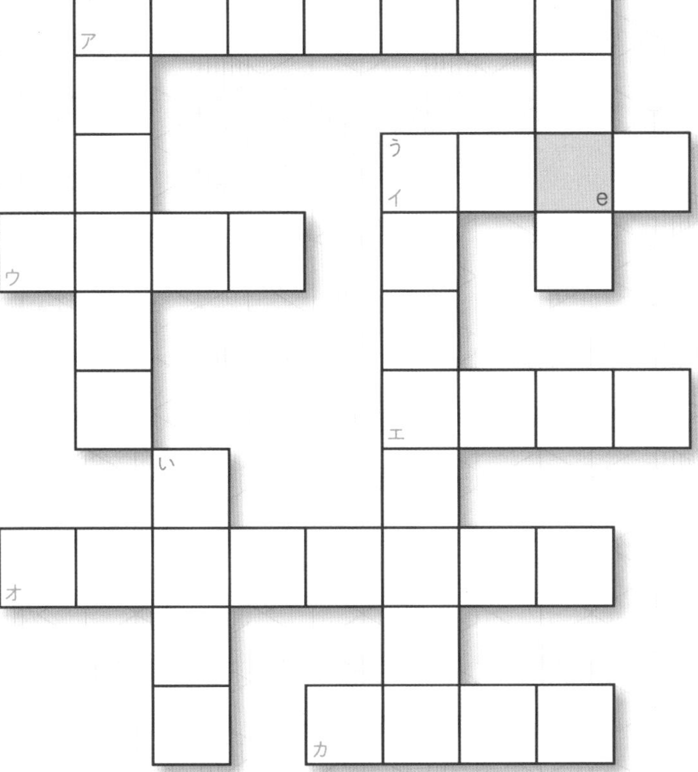

キーワードの文字はココに入れてね！

答えはP.297へ

Question
84

理科

水の状態変化

縦のヒントと横のヒントを読んで、クロスワードを埋めてみよう！

縦のヒント

あ 熱いものと冷たいものを接触させたときに、熱が移動する現象のことを何と言うかな？

い 気体状態の水のことを何と言うかな？

う 液体を温めたとき、その内部から気泡が発生するようになる現象のことだよ。

え 水の○○○○は0℃だね！

横のヒント

ア ビーカーの水を加熱すると、温められた水がビーカーの中で○○○○○して全体が温まっていくね。

イ 個体・液体・気体の3つの状態を合わせて何と言うかな？

ウ 空気を温めると、その空気は○○○○○して体積が増えるね。

エ 液体が、その表面で気化する現象のことだよ。

オ 水の○○○○は100℃だね！

カ 下図の目に見える液体の水のことを何と言うかな？

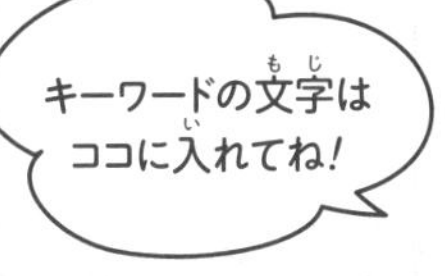

子ども時代の勉強法

勉強が終わったら、しっかりたくさん遊びましょう。子どもにとって、勉強は仕事と一緒。働くだけでは生きていけません。しっかり休んで、しっかり遊んで、楽しくハッピーな毎日でした。

答えはP.297へ

Question 85

社会

室町時代

縦のヒントと横のヒントを読んで、クロスワードを埋めてみよう！

縦のヒント

あ 1467年から11年間にわたって続いた、京都で行われた戦乱を何と言うかな？

い 墨だけで描かれた東洋独特の絵画は何かな？　日本では雪舟が大成させたよ。

う 1488年に現在の石川県で起きた一揆を何と言うかな？　以降約100年間にわたって国を支配したよ。

え 後醍醐天皇が鎌倉幕府を倒した後に、天皇を中心に行った政治を何と言うかな？

お 畿内地方を中心に形成された農民の自治組織は何だろう？

か 室町時代に、日本と明の間で行われた貿易を「○○○○貿易」というよ。

横のヒント

ア 室町幕府の第6代将軍である足利義教が暗殺された、1441年に起こった戦乱は何だろう？

イ 日本で、朝廷が吉野と京都の2つに分かれた争乱の時代を「○○○○○○○時代」と言うよ。

ウ 足利義満が、京都北山の別荘に造営した建物は何だろう？

エ 能と能の間に演じられる、武士や僧を風刺した軽い喜劇は何かな？

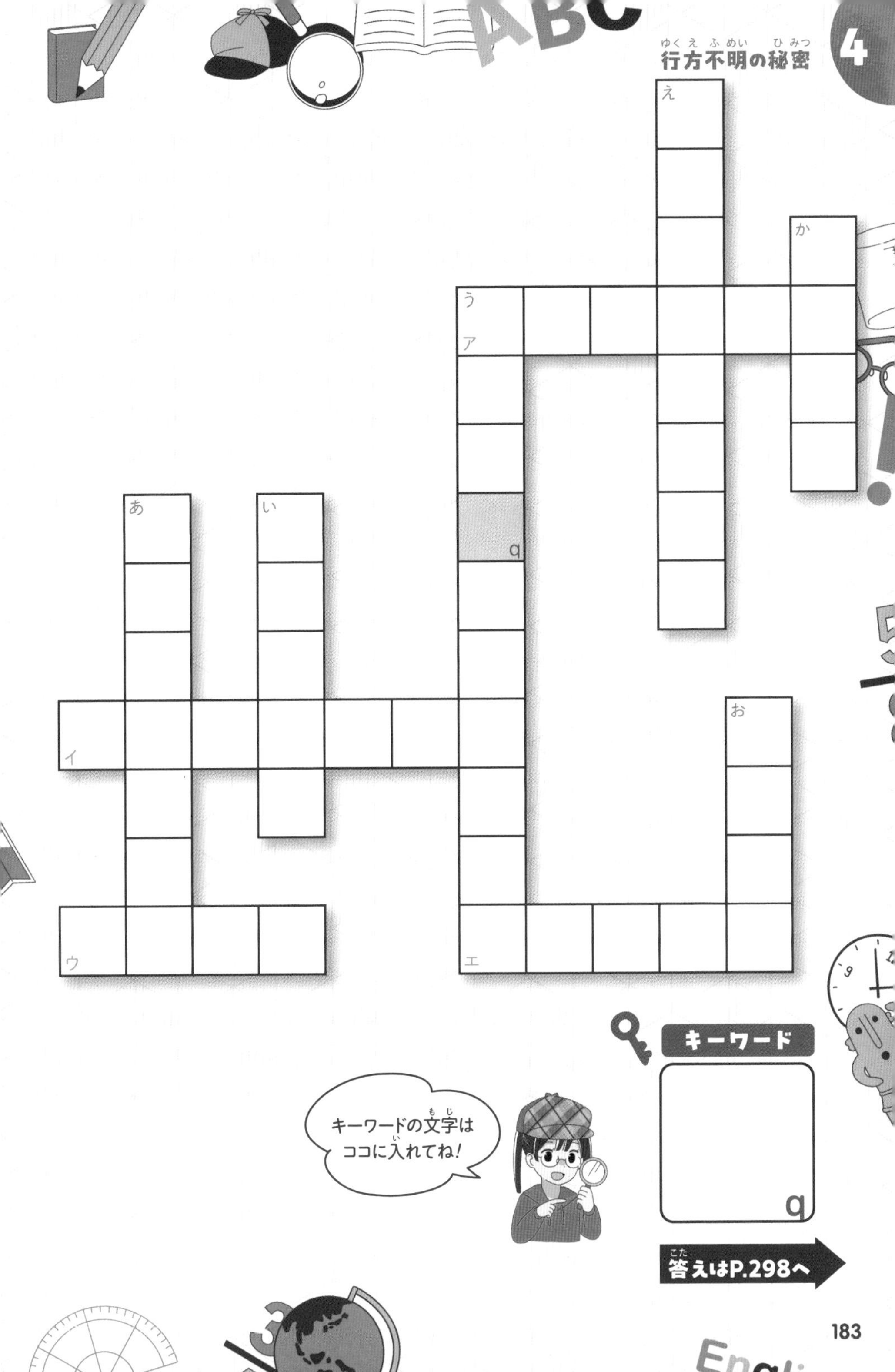

え
か
う
ア
あ
い
q
イ
お
ウ
エ
キーワード
q
キーワードの文字は
ココに入れてね!

答えはP.298へ

Question
86

社会

戦国・安土桃山時代

縦のヒントと横のヒントを読んで、クロスワードを埋めてみよう！

縦のヒント

あ 日本にキリスト教を伝えた、スペインの宣教師は誰かな？

い 武士と農民の身分を明確に分け、それによって住む土地なども分けられたよ。このことを何と言うかな？

う 大名の住む城の周りに発展した町のことを何と言うかな？

え 江戸時代に流行した演劇だよ。

お 1575年に起きた戦いで、織田・徳川の連合軍が武田軍を破ったよ。火縄銃が使われた戦いとして有名なこの戦いを〇〇〇〇の戦いと言うね。

か 豊臣秀吉などに仕えた茶人だよ。

横のヒント

ア 国内の経済を活性化させるために大名が発令した政策は〇〇〇〇〇〇〇令だね。

イ 農民の一揆を防止し、身分を固定するために豊臣秀吉が行った政策を何と言うかな？

ウ 16世紀に行われた、スペイン人やポルトガル人が日本に来ることで行われた貿易のことを何と言うかな？

エ 豊臣秀吉が全国的に行った検地のことだよ。これにより全国各地の生産量を把握できるようになったね。

い
か
ア
あ
う
え
イ
お
ウ
エ
h
キーワード
h
キーワードの文字はココに入れてね!
答えはP.298へ

Question 87

英語

アルファベット足し算・引き算①

アルファベットの足し算・引き算をしよう！　単語カードから、アルファベットを抜いたり足したりすると、もうひとつの単語が見つかるよ。

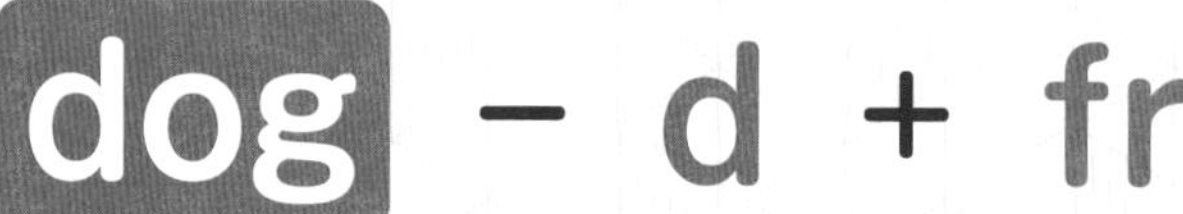

答え

=

答え

=

答えはP.299へ

ピタゴラスからの挑戦状(ちょうせんじょう)⑧

数字(すうじ)カード、記号(きごう)カードをそれぞれクロスワードの空(あ)いているマスに入(い)れて、等式(とうしき)が正(ただ)しくなるようにしましょう。

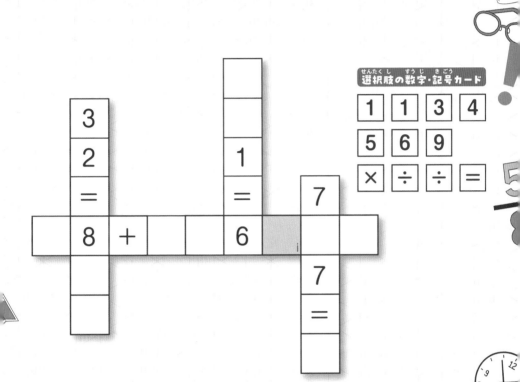

					□			
	3				□			
	2				1			
	＝				＝		7	
□	8	＋	□	□	6	□ i	□	□
	□						7	
	□						＝	
							□	

選択肢(せんたくし)の数字(すうじ)・記号(きごう)カード

1　1　3　4
5　6　9
×　÷　÷　＝

数字(すうじ)→文字(もじ)対応表(たいおうひょう)

1	2	3	4	5	6	7	8	9
い	に	さ	し／ょ	ご	ろ	な	は	く

キーワード

i

Question 89

国語

類義語・対義語①

左右の言葉が＝で示されているときは「類義語」を、⇔で示されているときは「対義語」の関係になるようにクロスワードを埋めてみよう！

縦のヒント

あ ○○○○○＝美点

い ○○○○○＝進歩

う ○○○＝時刻

え ○○○○＝方法

お ○○○○○＝運命

横のヒント

ア ○○○○○⇔悪評

イ ○○○○○⇔延長

ウ ○○○○○⇔理性

エ ○○○○⇔応答

オ ○○○○⇔単純

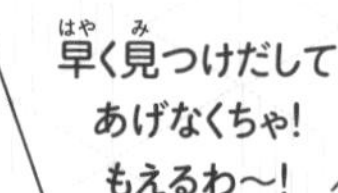

早く見つけだして
あげなくちゃ!
もえるわ〜!

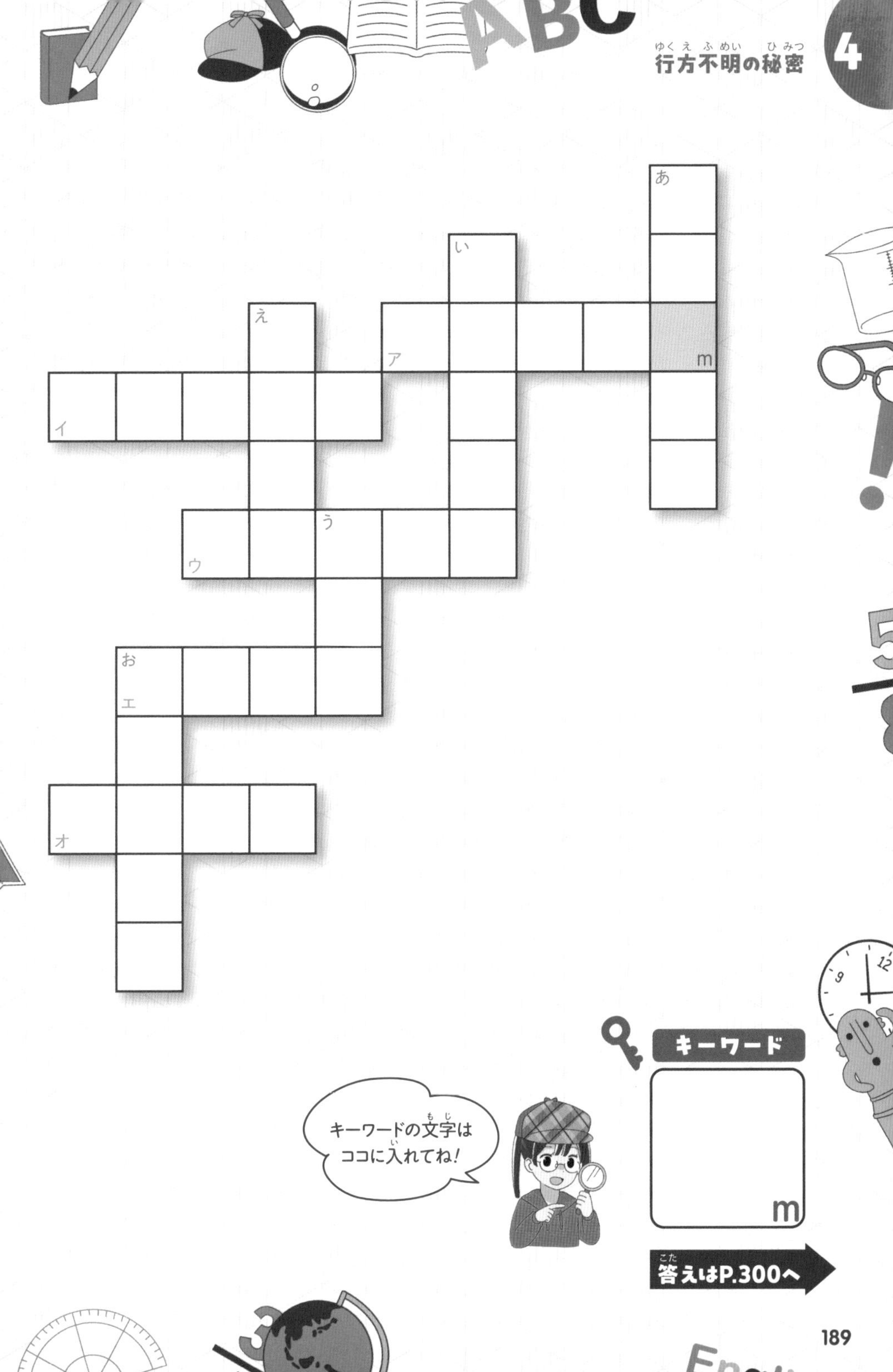
あ
い
え
ア
m
イ
ウ
う
お
エ
オ
キーワード
キーワードの文字はココに入れてね!
m

答えはP.300へ

水溶液と濃度（すいようえきとのうど）

縦（たて）のヒントと横（よこ）のヒントを読（よ）んで、クロスワードを埋（う）めてみよう！

縦（たて）のヒント

あ 水（みず）にこれ以上（いじょう）、物質（ぶっしつ）が溶（と）けなくなった状態（じょうたい）のことを何（なん）と言（い）うかな？

い コップの水（みず）を放置（ほうち）しておくとなくなる現象（げんしょう）を何（なん）と言（い）うかな？

う ろ紙（し）を用（もち）いて、水（みず）に溶（と）け切（き）らなかった物質（ぶっしつ）をこし取（と）る方法（ほうほう）を何（なん）と言（い）うかな？

え 食塩（しょくえん）の重（おも）さ/食塩水（しょくえんすい）の重（おも）さの値（あたい）を何（なん）と言（い）うかな？

お 物質（ぶっしつ）がたくさん溶（と）けた溶液（ようえき）の温度（おんど）を下（さ）げると結晶（けっしょう）が出現（しゅつげん）する現象（げんしょう）を何（なん）と言（い）うかな？

横（よこ）のヒント

ア 食塩（しょくえん）やミョウバンのように、水（みず）に溶（と）かすもののことを何（なん）と言（い）うかな？

イ 酸（す）っぱい液体（えきたい）は○○○○の液体（えきたい）だね！

ウ 温度（おんど）を上（あ）げると溶（と）けにくくなるのは気体（きたい）と固体（こたい）のどっちかな？

エ 100gの水（みず）に溶（と）かせる物質（ぶっしつ）の限界（げんかい）の量（りょう）のことを何（なん）と言（い）うかな？

オ 食塩（しょくえん）のことを別名（べつめい）で何（なん）と言（い）うかな？

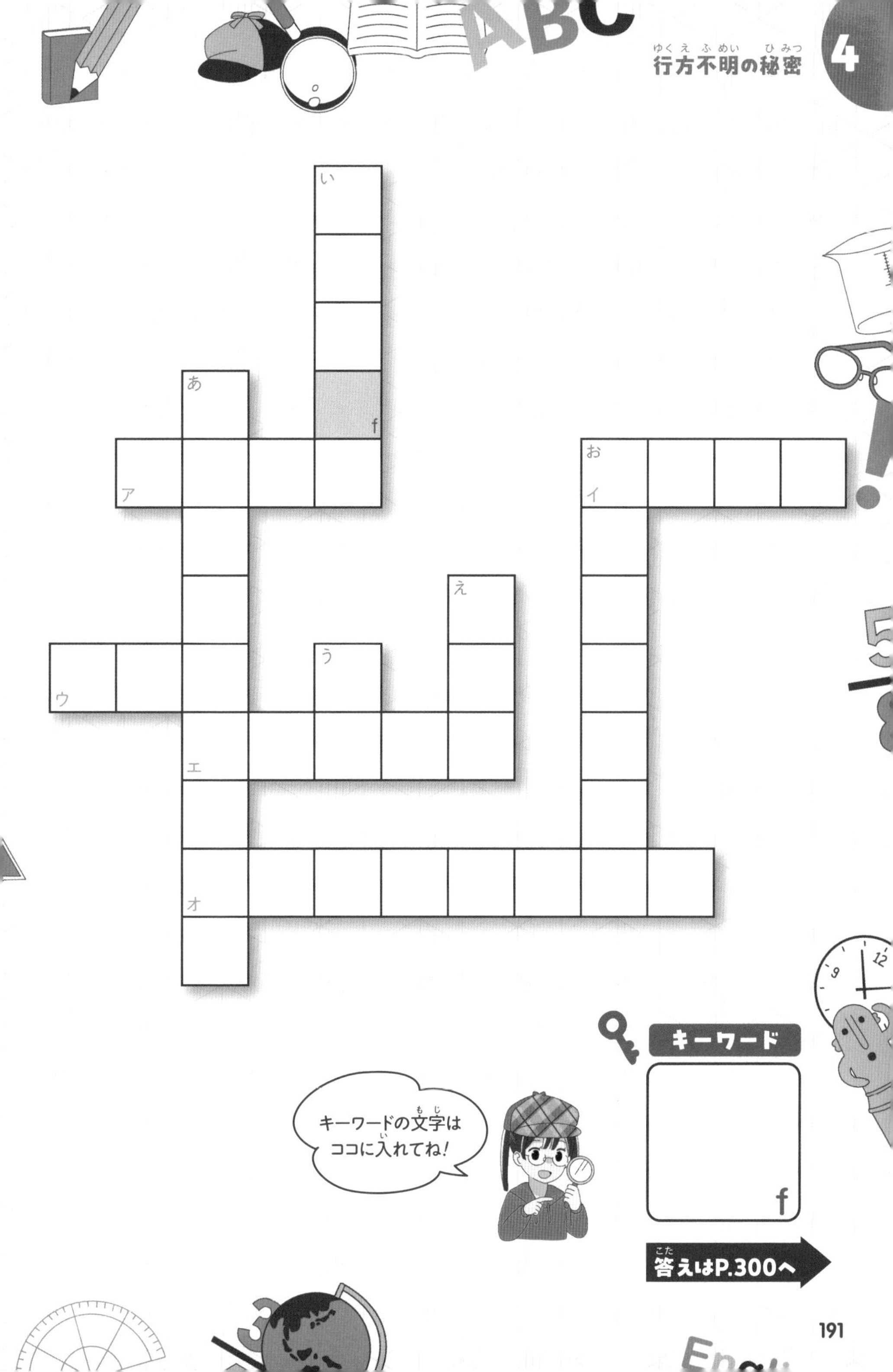
い
あ
f
ア
お
イ
え
う
ウ
エ
オ
キーワード
f
キーワードの文字はココに入れてね!

答えはP.300へ

社会（しゃかい）

江戸時代（えどじだい）①

縦（たて）のヒントと横（よこ）のヒントを読（よ）んで、クロスワードを埋（う）めてみよう！

縦（たて）のヒント

あ 江戸幕府（えどばくふ）が大名統制（だいみょうとうせい）のために、1615年（ねん）に初（はじ）めて出（だ）された法令（ほうれい）は何（なに）かな？

い 大名（だいみょう）を統制（とうせい）するために、諸大名（しょだいみょう）を1年交代（ねんこうたい）で江戸（えど）に住（す）まわせた制度（せいど）は何（なん）だろう？

う 17世紀（せいき）から定期的（ていきてき）に、李氏朝鮮（りしちょうせん）から江戸幕府（えどばくふ）に送（おく）られた使節（しせつ）は何（なに）かな？

え 奥羽地方（おううちほう）の日本海岸（にほんかいがん）から津軽海峡（つがるかいきょう）を経（へ）て江戸（えど）に続（つづ）く航路（こうろ）を「○○○○○○航路（こうろ）」と言（い）うよ。

お 1637年（ねん）に、現在（げんざい）の熊本県（くまもとけん）である肥後（ひご）の農民（のうみん）が起（お）こした戦（たたか）いを何（なん）と言（い）うかな？

横（よこ）のヒント

ア 武芸（ぶげい）を身（み）につけ軍事（ぐんじ）にたずさわる人（ひと）を何（なん）と言（い）うかな？

イ 将軍（しょうぐん）や大名（だいみょう）が朱肉（しゅにく）の印（しるし）を押（お）して使用（しよう）した公文書（こうぶんしょ）のことは何（なん）だろう？

ウ 岐阜県南西端（ぎふけんなんせいたん）の町（まち）で、1600年（ねん）の戦乱（せんらん）の戦場（せんじょう）となった場所（ばしょ）は何（なに）かな？

エ 江戸時代（えどじだい）に、各藩（かくはん）が年貢米（ねんぐまい）や特産物（とくさんぶつ）などを保管（ほかん）した倉庫（そうこ）は何（なん）だろう？

オ 江戸時代（えどじだい）の代表的（だいひょうてき）な金鉱山（きんこうざん）で豊臣氏（とよとみし）や江戸幕府（えどばくふ）が開発（かいはつ）したのはどこだろう？

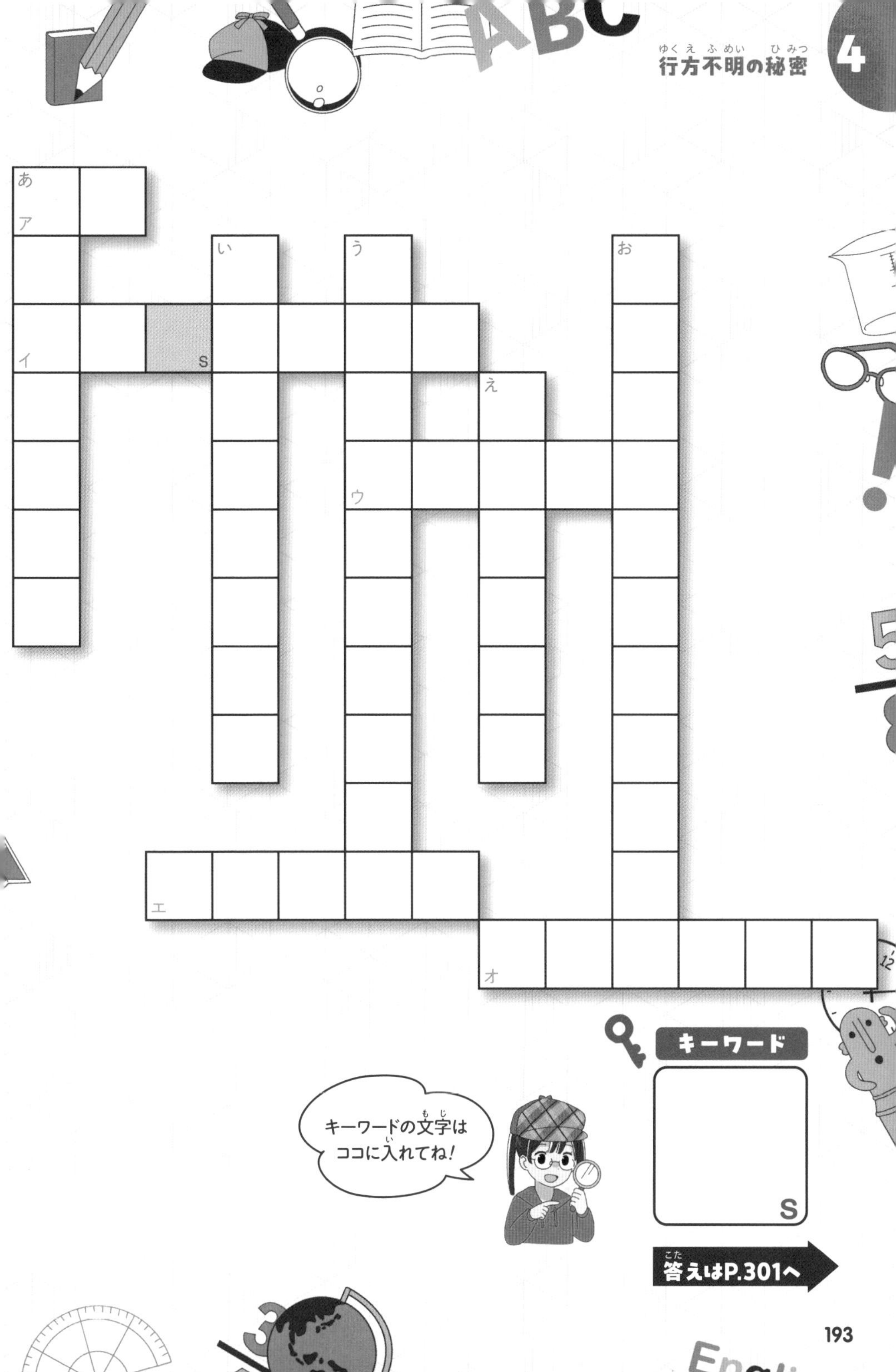
あ
ア
い
う
お
イ
S
え
ウ
エ
オ
キーワード
S
キーワードの文字は
ココに入れてね！

答えはP.301へ

Question 92

社会

江戸時代②

縦のヒントと横のヒントを読んで、クロスワードを埋めてみよう！

縦のヒント

あ ききんに苦しむ人々を救おうと大阪で一揆を起こした、江戸時代後期の儒学者は誰かな？

い 解体新書を出版した、江戸時代中期の医師、蘭学者は誰だろう？

う 読み書きそろばんを教える庶民の教育施設のことを何と言うかな？

え 1782～87年にわたり、主に東北地方で大きな被害を与えた全国的なききんを「○○○○のききん」と言うよ。

お 1742年に完成された江戸幕府の基本法典を「○○○○御定書」と言うよ。

横のヒント

ア 江戸幕府第8代将軍で享保の改革を実行したのは徳川○○○○だね。

イ 江戸時代にオランダ語によって西洋の学術や文化を研究した学問は何だろう？

ウ 享保の改革で設置された、幕府政治に関する民間の意見を聞くための投書箱は何かな？

エ 江戸時代前期の浄瑠璃・歌舞伎脚本作者で、元禄時代の3大作家の1人は誰だろう？

オ 江戸時代に流行した、庶民の風俗をえがいた絵画を何と言うかな？

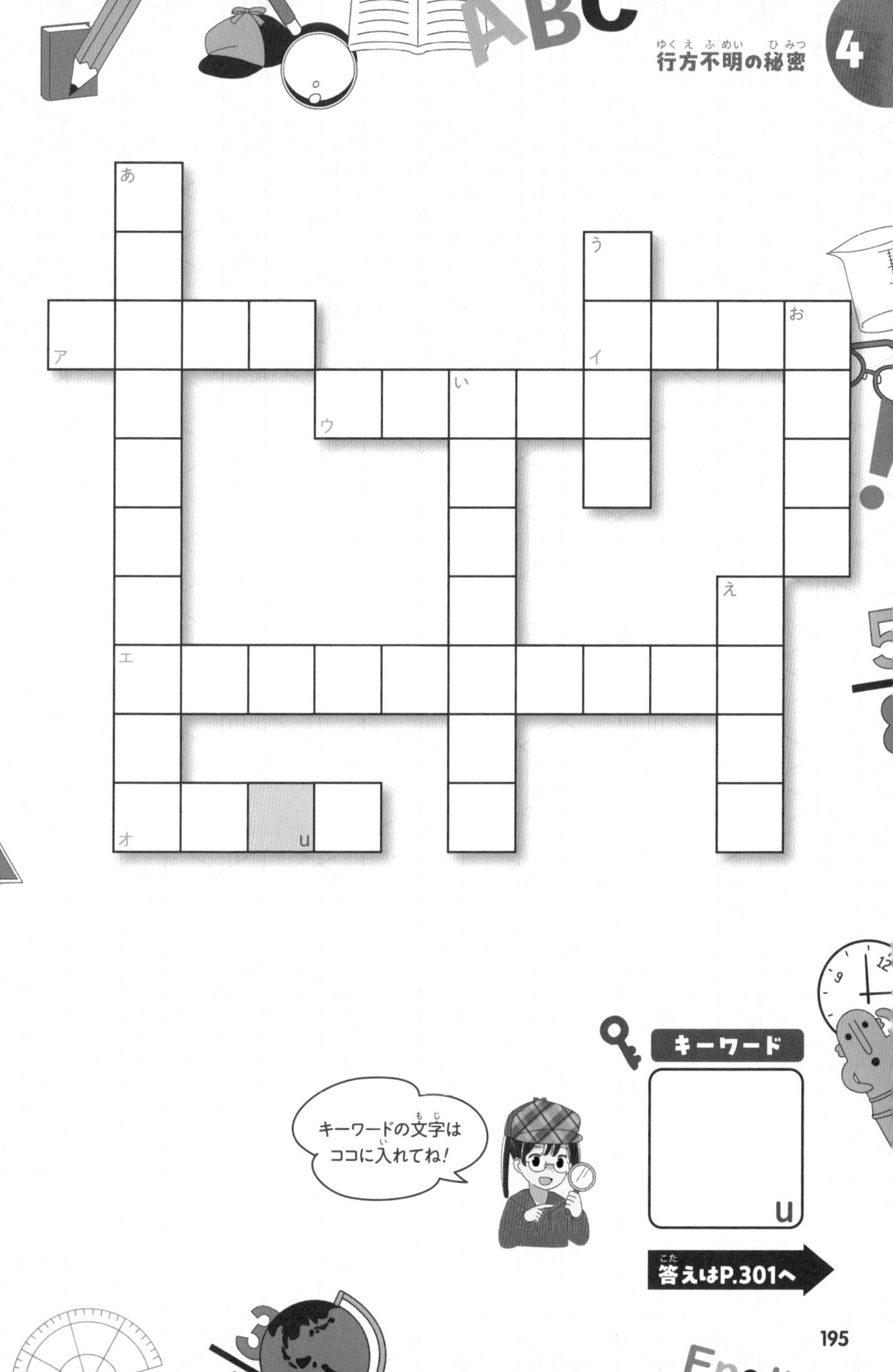
あ
う
ア
イ
お
ウ
い
え
エ
オ
u
キーワードの文字はココに入れてね！
キーワード
u

答えはP.301へ

国語（こくご）

類義語・対義語②（るいぎご・たいぎご）

左右（さゆう）の言葉（ことば）が＝で示（しめ）されているときは「類義語（るいぎご）」を、⇔で示（しめ）されているときは「対義語（たいぎご）」の関係（かんけい）になるようにクロスワードを埋（う）めてみよう！

縦（たて）のヒント

あ ○○○○＝水準（すいじゅん）

い ○○○○○＝便利（べんり）

う ○○○○＝興味（きょうみ）

え ○○○○○＝総力（そうりょく）

お ○○○○＝収入（しゅうにゅう）

横（よこ）のヒント

ア ○○○○⇔招集（しょうしゅう）

イ ○○○○⇔自転（じてん）

ウ ○○○○○⇔強硬（きょうこう）

エ ○○○○⇔自然（しぜん）

オ ○○○○○⇔主食（しゅしょく）

あと4問（もん）！
がんばるわよ！

		い				え					
				う ア							
	イ										
あ									お		
ウ		V				オ					
エ											

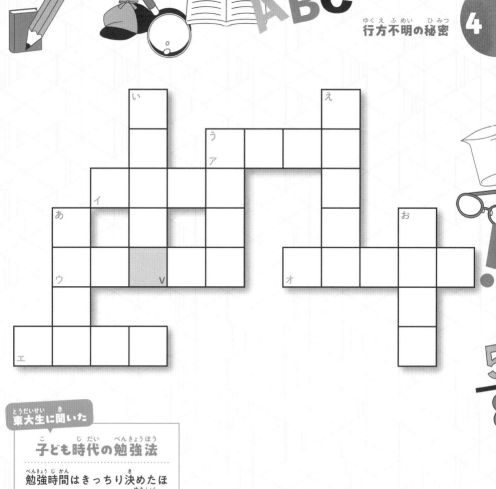

東大生に聞いた

子ども時代の勉強法

勉強時間はきっちり決めたほうがいいでしょう。「夕食までに宿題を済ませる」など約束をして、これを毎日守るようにしていました。学習は一日にしてならず、毎日の積み重ねによるものですからね。

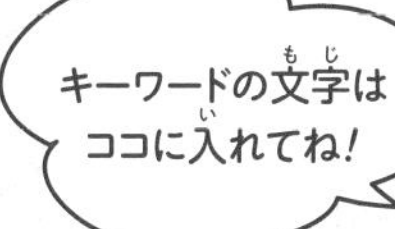

答えはP.302へ

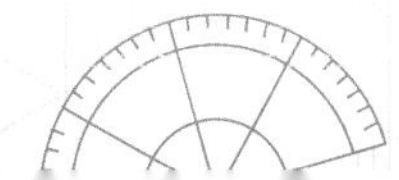

Question
94

燃焼

縦のヒントと横のヒントを読んで、クロスワードを埋めてみよう!

縦のヒント

あ 炎の一番外側の部分を何と言うかな。

い 木材を○○○○○という方法で熱すると、木タールなどが発生するよ。

う 木材を材料として作る炭を何と言うかな。

え 化学式CO_2で表される物質を何と言う?

お 金属を燃焼したら、金属○○○○○になるね。

横のヒント

ア 木材からできる刺激臭のする液体で、除草剤にも使われるよ。

イ この温度に到達すると、物質に火がつくよ。

ウ スチールウールを燃やすと黒くぼろぼろになってしまうね。これは、鉄が何に変化したからかな?

エ ろうそくは実は固体の部分じゃなくて○○○になったものが燃えているんだ。

オ ものが燃えることを化学用語で○○○○○と言うよ。

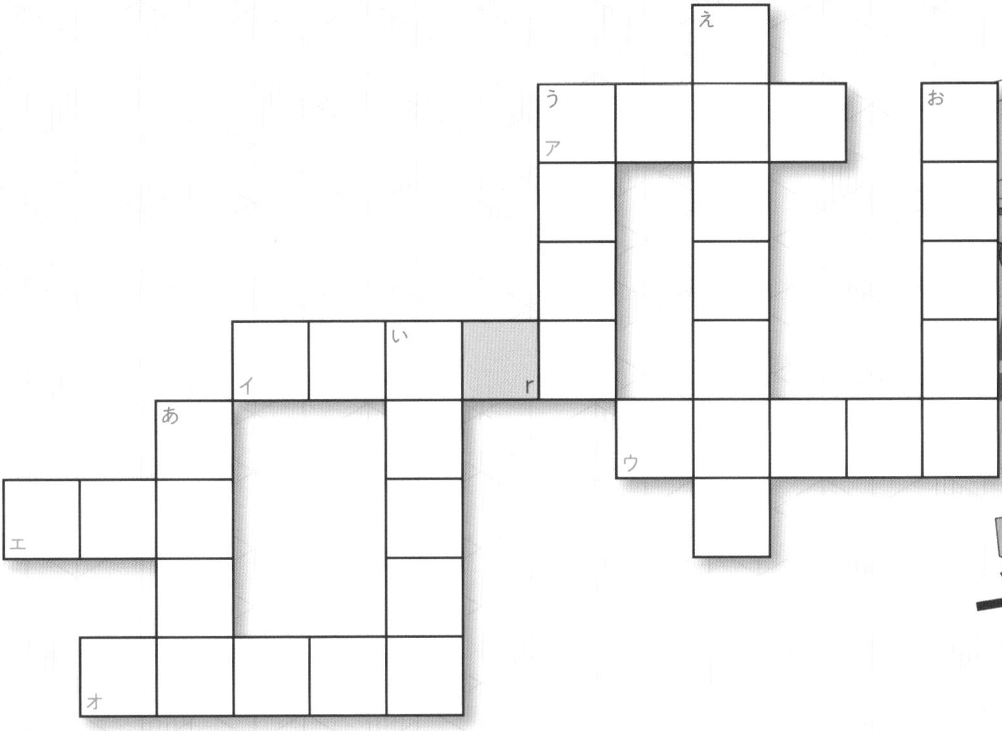

キーワードの<ruby>文字<rt>もじ</rt></ruby>は
ココに<ruby>入<rt>い</rt></ruby>れてね!

<ruby>子<rt>こ</rt></ruby>ども<ruby>時代<rt>じだい</rt></ruby>の<ruby>勉強法<rt>べんきょうほう</rt></ruby>

<ruby>小<rt>ちい</rt></ruby>さいころ、<ruby>友人<rt>ゆうじん</rt></ruby>と<ruby>鬼<rt>おに</rt></ruby>ごっこをしたりかくれんぼをしたりすることが<ruby>何<rt>なに</rt></ruby>よりも<ruby>楽<rt>たの</rt></ruby>しみでした。<ruby>友人<rt>ゆうじん</rt></ruby>と<ruby>遊<rt>あそ</rt></ruby>んだ<ruby>日々<rt>ひび</rt></ruby>は、<ruby>振<rt>ふ</rt></ruby>り<ruby>返<rt>かえ</rt></ruby>っても<ruby>取<rt>と</rt></ruby>り<ruby>返<rt>かえ</rt></ruby>せません。<ruby>友達<rt>ともだち</rt></ruby>からの<ruby>誘<rt>さそ</rt></ruby>いは<ruby>積極的<rt>せっきょくてき</rt></ruby>に<ruby>受<rt>う</rt></ruby>けておいたほうが、いいかもしれませんよ。

キーワード

r

<ruby>答<rt>こた</rt></ruby>えはP.302へ

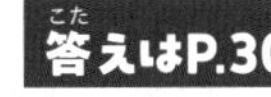

Question 95

社会

江戸時代③

縦のヒントと横のヒントを読んで、クロスワードを埋めてみよう！

縦のヒント

あ 鹿児島県西部の旧国名で倒幕運動の中心となったのはどこだろう？

い 1854年に日米和親条約を受けて開港された、静岡県にある都市はどこかな？

う 天皇を尊び、外国勢力を追い払うという意味である反幕府運動の名前を「〇〇〇〇〇〇〇〇運動」と言うよ。

え 輸入した品物にかけられる税金のことを何と言うかな？

お 1825年に江戸幕府が出した、外国船に対する法令は何だろう？

横のヒント

ア 1867年に朝廷が発表した宣言を「〇〇〇〇〇〇〇の大号令」と言うよ。

イ 1860年に、井伊直弼が暗殺された事件は何だろう？

ウ 幕末に、薩摩藩と長州藩が結んだ軍事同盟は何かな？

エ 1853年にペリーが来航したことが開港のきっかけとなった、現在神奈川県に位置する貿易港はどこだろう？

オ 徳川慶喜が政権を朝廷に返上したことを何と言うかな？

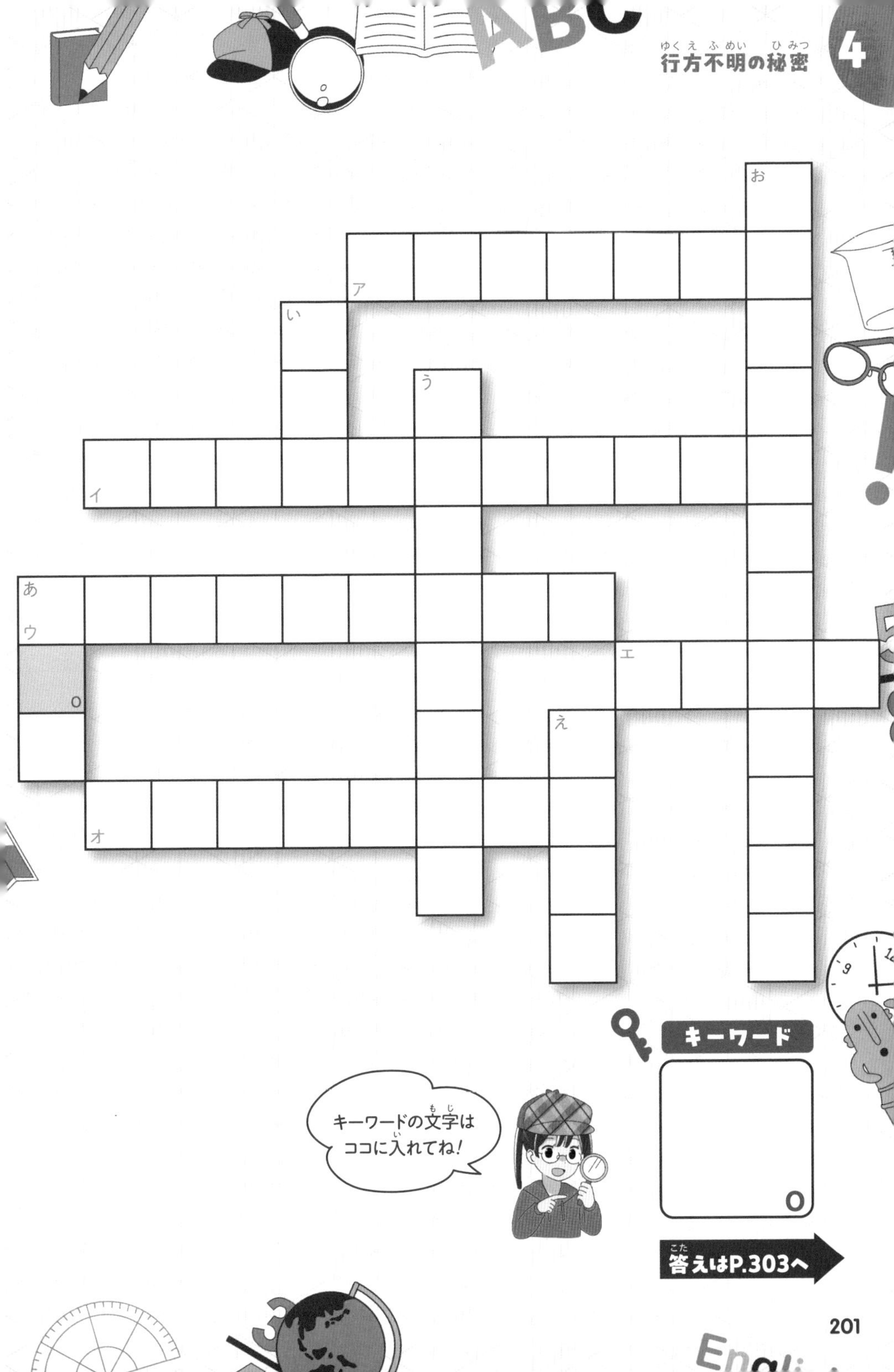
お
ア
い
う
イ
あ
ウ
エ
o
え
オ
キーワード
o
キーワードの文字は
ココに入れてね！

答えはP.303へ

Question
96

社会

明治維新と文明開化

縦のヒントと横のヒントを読んで、クロスワードを埋めてみよう！

縦のヒント

あ 公家出身の政治家で欧米使節団の大使となったのは誰かな？

い 1875年に日本とロシアの間で結ばれた国境確定条約を「○○○○○○○○○○○○条約」と言うよ。

う 1869年に和泉要助らが発明した、お客さんを乗せて走る二輪車を何と言うかな？

え 明治維新の際に行われた、土地の課税方法の改革は何だろう？

横のヒント

ア 殖産興業政策によって建てられた、群馬県にある官営工場を何と言うかな？

イ 「学問のすゝめ」を書いた明治時代の思想家・教育家は誰かな？

ウ 明治維新の後に、かつての武士階級に与えられた身分の呼び名を何と言うかな？

エ 明治政府が国力を充実させるために、産業の育成や軍備の強化をはかった政策は何だろう？

オ 北海道の開拓や旧武士たちの救済を目的にもうけられた農兵は何かな？

カ ヨーロッパの兵制を参考にして定められた、国民の兵役についての法令を何と言うかな？

答えはP.303へ

事件の謎を解くキーワード

クロスワードを解いて見えてきたキーワードを入れてみよう!

キーワード

P.161_a	P.175_b	P.163_c	P.173_d	P.179_e	P.191_f
P.165_g	**P.185_h**	**P.187_i**	**P.181_j**	**P.171_k**	**P.169_l**
P.189_m	**P.203_n**	**P.201_o**		**P.177_p**	**P.183_q**
			を		
P.199_r	**P.193_s**	**P.161_t**	**P.195_u**	**P.197_v**	**P.167_w**

「……ん？明日香ちゃんじゃないか。どうしたんだい急に」

「もう！田中さんったら、喫茶店のマスターが心配してましたよ！いきなりいなくならないでくださいよ！」

「ハハハ、ごめんね。小説の締め切りが近くてさ。そういえば、何でこの前、明日香ちゃんは松岡さんと一緒にケーキなんか食べてたんだ

い？」

「松岡さんって、この前のケーキ泥棒？　私はあってませんけど…？」

少しの沈黙のあと、明日香はハッとする。

「え！？海斗のこと…！？まさか…今までの事件は彼の仕業だったの！？なんで…」

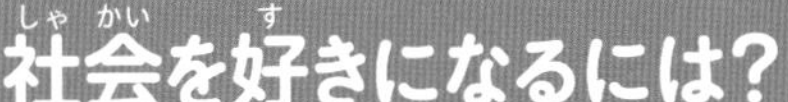

社会を好きになるには？

大人になっていくにつれ、わかることは、**「小学校で習う社会の知識は、生きるための基礎になる」**ということです。

小学校で習う社会は大きく分けて、地理、日本史、公民に分けられます。たとえば、地理で習う日本の都道府県の知識は、旅行先を決めたり、今日本でどんなことが起きているのかを知るための土台になります。

日本史の知識は、今の日本の状況を客観的に知るための、メガネになります。公民の知識は、日本で生活するために必要なことを教えてくれる地図になります。**社会の勉強というのは、将来役立つ道具を集めているような状態**なんです。たとえば、ハサミって、ずっと手元にある必要はないけど、工作をするときに手元にないととても困ってしまいますよね。社会で習う知識も同じで、将来自分がやりたいことを見つけた時、社会の知識がないと何もできずに、せっかくのチャンスを逃してしまいます。

そうはならないように、大人として正しい判断ができるようになるために、使える道具を集める時期というのが、小学校で社会を学ぶ時間なんです。今はそんなことどうでもいいや、と思うかもしれませんが、社会を勉強するということは、皆さんが初めて経験する「将来への投資」なんですよ。

事件簿 5

怪盗Qからの挑戦状！

田中さんとの会話で怪盗Qは海斗であることに気づいた明日香は急いで海斗に電話をかける。

「海斗……あなたは一体何者なの……!?」

「ハハハ!! ようやく正体に気づくとは! 明日香ちゃんもまだまだだね!」

「いま、どこにいるの……!?」

「簡単には教えられないな!　ぼくの居場所を突き止めてみろ!」

「くそー…。こうなったらこの手がかりを元に、アイツを探すしかないわ!」

そのとき、明日香のスマートフォンにメッセージが送られてきた。

この暗号が明日香ちゃんには
解けるかな？

ほつれひよこちこひぶせりねなむと

「海斗のヤツ、一体何考えてるの！」

Question
97

国語

類義語・対義語③

左右の言葉が＝で示されているときは「類義語」を、⇔で示されているときは「対義語」の関係になるようにクロスワードを埋めてみよう！

縦のヒント

あ ○○○○＝著名
ちょめい

い ○○○＝将来
しょうらい

う ○○○○○＝材料
ざいりょう

え ○○○○＝面談
めんだん

お ○○○＝内向
ないこう

横のヒント

ア ○○○○⇔絶対
ぜったい

イ ○○○○⇔悲観
ひかん

ウ ○○○○○⇔並列
へいれつ

エ ○○○○⇔静止
せいし

オ ○○⇔経度
けいど

この問題が
解けるかな？
もんだい

123

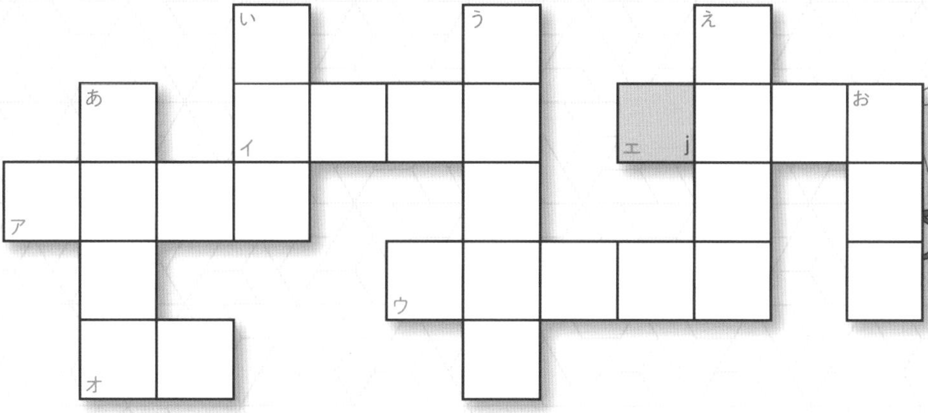

あ い う え お

ア イ ウ エ j オ

答えはP.304へ

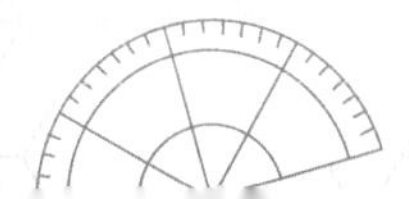

Question 98

社会

自由民権運動・日清日露戦争

縦のヒントと横のヒントを読んで、クロスワードを埋めてみよう！

縦のヒント

あ 明治天皇が国民教育の基本を示した勅語を何と言う？

い 1882年に大隈重信を中心として結成された改進党の正式名称は○○○○○○○○○○だよ。

う 板垣退助、後藤象二郎らが提出した国会開設を要求する意見書を○○○○○○○○○○○建白書と言うよ。

え 1877年に鹿児島の不平士族が西郷隆盛を立てて起こした反乱を○○○○戦争と言うよ。

お 1890年に設立された、議員募集を国民の選挙による議会を何と言うだろう？

か 大日本帝国憲法は、この国の憲法を基にしてつくられたよ。

横のヒント

ア 政府に国会開設を迫り、1881年、10年後に開設を約束させたのは○○○○○○○同盟だね。

イ 1894年から始まった、朝鮮を巡って起きた日本と清の戦争を何と言うかな？

ウ 1894年に朝鮮南部で起きた農民による反乱を何と言うかな？

エ 1904年から始まった日本とロシアの戦争を○○○戦争と言うね。

オ 第二次伊藤博文内閣の外務大臣で、下関条約の調印、三国干渉への対応を行ったのは誰かな？

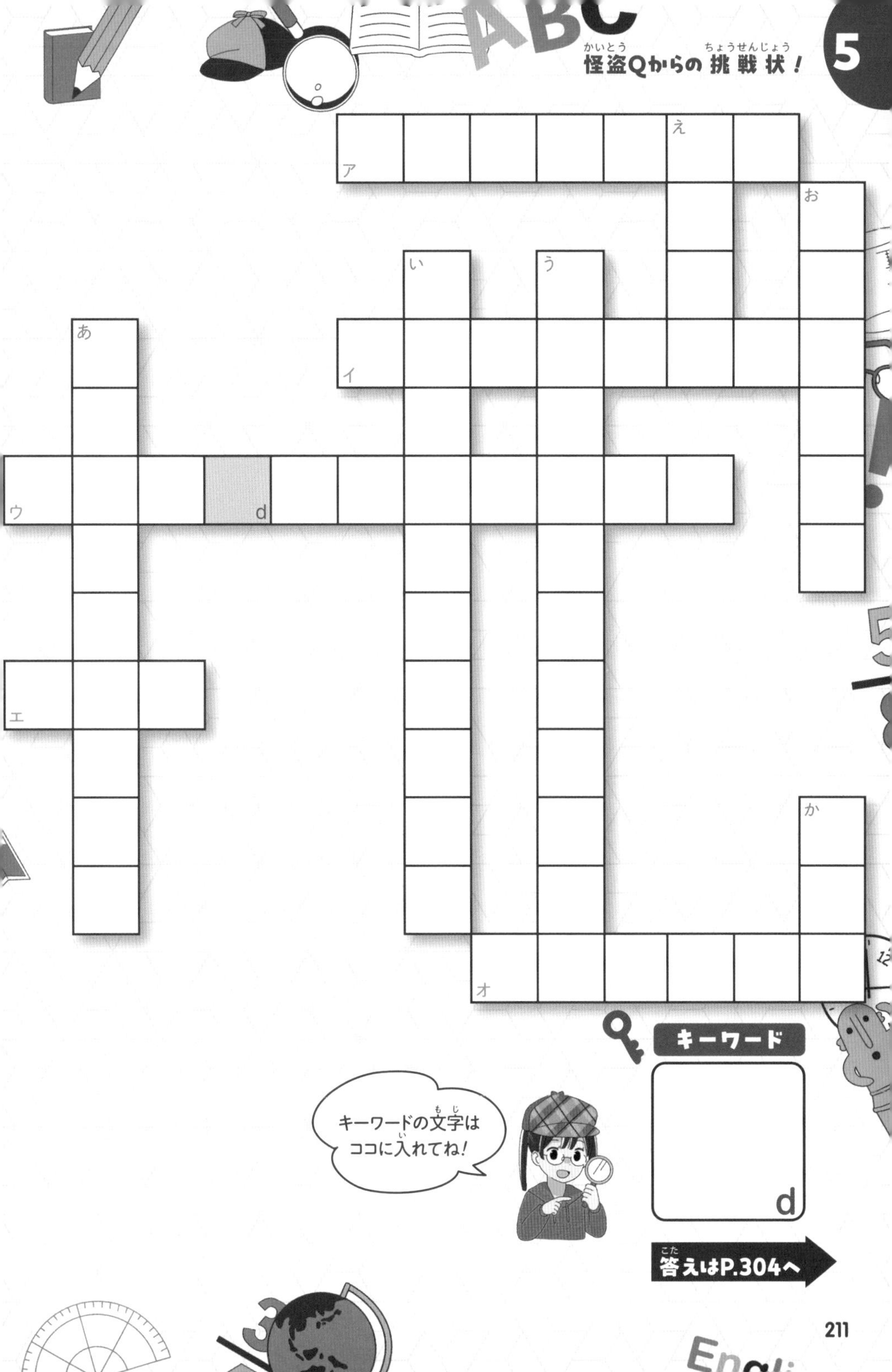
ア
え
お
い
う
あ
イ
ウ
d
エ
か
オ
キーワード
d
キーワードの文字はココに入れてね！

答えはP.304へ

Question 99

理科

気体

縦のヒントと横のヒントを読んで、クロスワードを埋めてみよう!

縦のヒント

あ 水に溶けやすく空気よりも重い気体を集める方法は何かな？

い 薄めたものはオキシドールと呼ばれる、化学式H_2O_2で表される物質を何と言うかな？

う 二酸化炭素を水に溶かすとこれになるよ。何だろう？

え アンモニアや塩素の臭いはどんな臭いかな？

お 炭酸カルシウムを多く含む石。これに塩酸をかけると、二酸化炭素が発生するよ。

横のヒント

ア オキシドールから酸素を発生させる際に、触媒として利用される、マンガンの酸化物は何と言うかな？

イ 塩化水素を水に溶かすとこれになるよ。何だろう？

ウ pHが7よりも大きい液体のことを○○○○○○の液体と言うよ。

エ 水に溶けにくい気体を捕集する方法。

オ pHが7よりも小さい液体のことを○○○○の液体と言うよ。

東大生に聞いた

子ども時代の勉強法

小さい時から父が何度も科学館に連れて行ってくれたことをよく覚えています。特に、ぼくが興味を持った展示については小学校で習うこと以上のことを教えてもらいました。興味を大事にしてくれたからこそ、今でも物理が大好きで得意です。

ABC
怪盗Qからの挑戦状！
5
う
ア
い
q
イ
え
ウ
あ
お
エ
オ
キーワード
キーワードの文字はココに入れてね！
q
答えはP.305へ

Question 100
理科

音と光

縦のヒントと横のヒントを読んで、クロスワードを埋めてみよう！

縦のヒント

あ　モノコードの振幅を大きくすると、音は大きくなるかな？小さくなるかな？

い　図1のここの長さを何と言うかな？

う　スクリーンに映る像のことを○○○○と言うよ

え　図2のここの角を何と言うかな？

お　中央が膨らんでいるレンズを凸レンズ、くぼんでいるレンズを○○○○○と言うよ。

図1

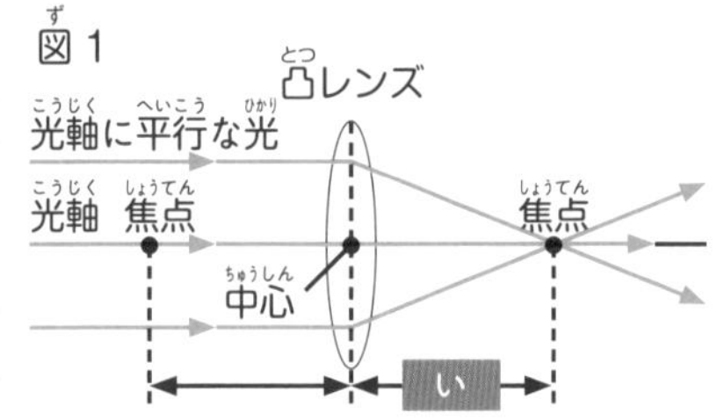

図2

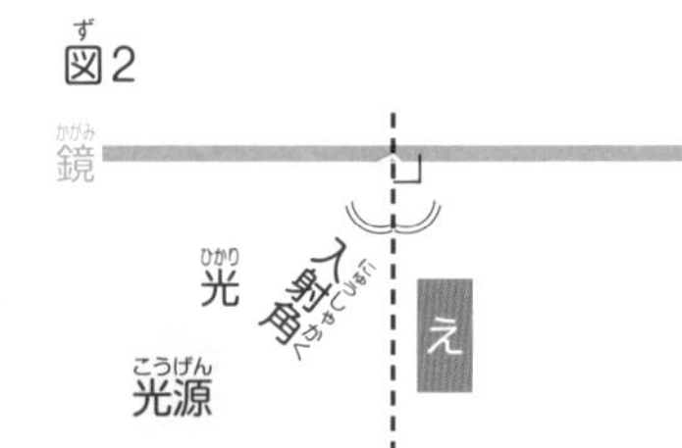

横のヒント

ア　光が同じ物質中では直進するけど、ある物質から別の物質の中に進んでいくときに、折れ曲がることを何と言うかな？

イ　○○○○中では音は伝わらないよ。何かな？

ウ　音は空気を○○○○させることで伝わるよ。

エ　水中から水面にある角度以上で光を入れたときに、光がすべて反射する現象のことを何と言うかな？

オ　虫眼鏡で物を見るとき、私たちは○○○○を見ているよ。

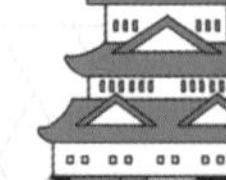

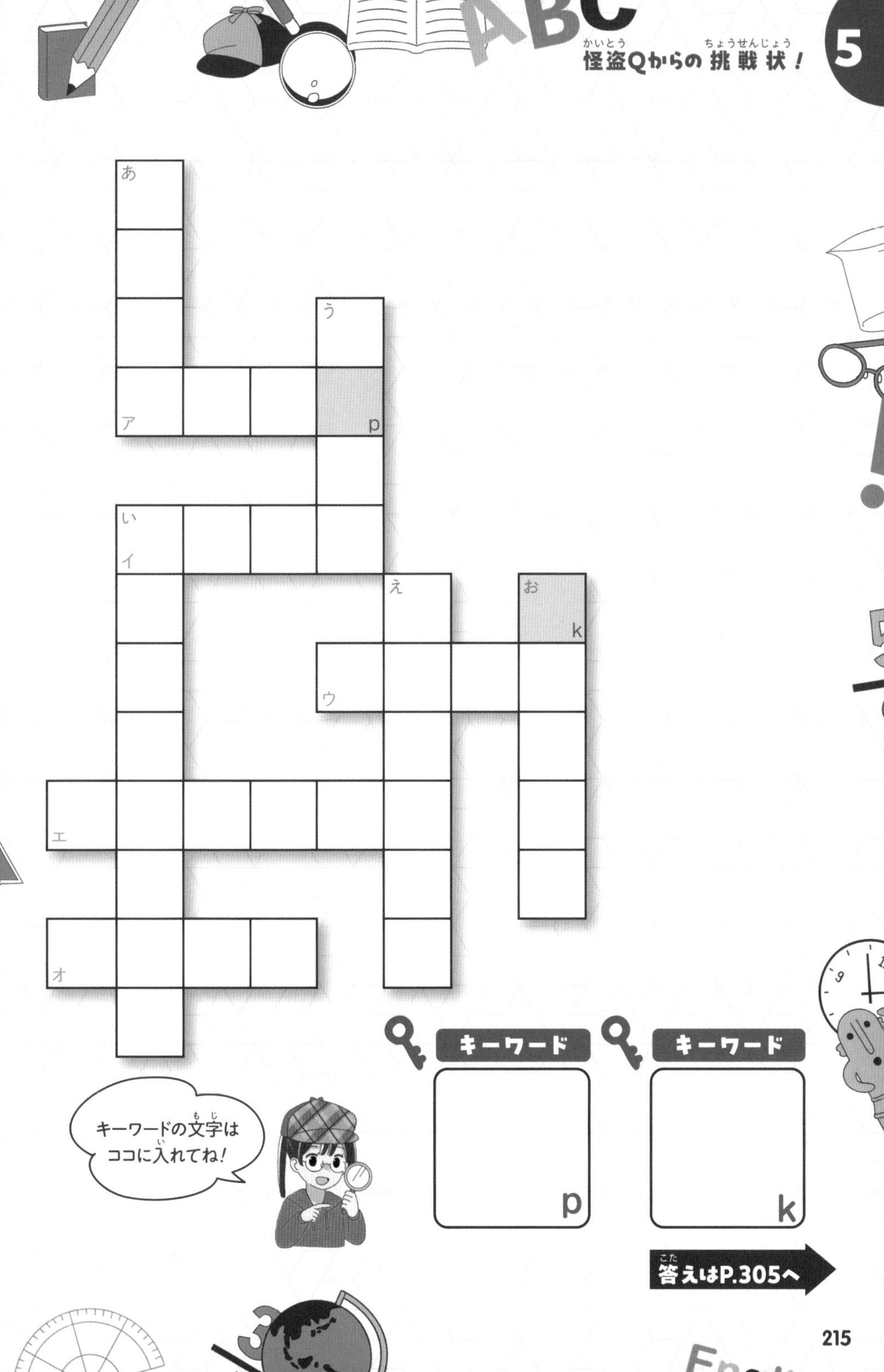
あ
う
ア
p
い
イ
え
お
k
ウ
エ
オ
キーワード
p
キーワード
k
キーワードの文字はココに入れてね！

答えはP.305へ

Question 101

国語

類義語・対義語④

左右の言葉が＝で示されているときは「類義語」を、⇔で示されているときは「対義語」の関係になるようにクロスワードを埋めてみよう！

縦のヒント

あ ○○○○＝体験

い ○○○○○＝音信

う ○○○○○＝永遠

え ○○○＝賛同

お ○○○○＝欠点

横のヒント

ア ○○○⇔義務

イ ○○○⇔重視

ウ ○○○○⇔違法

エ ○○○○○⇔本業

オ ○○○○⇔特殊

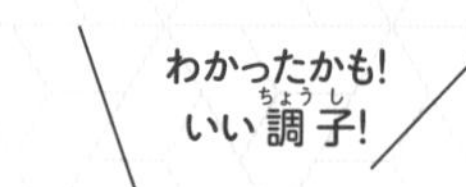

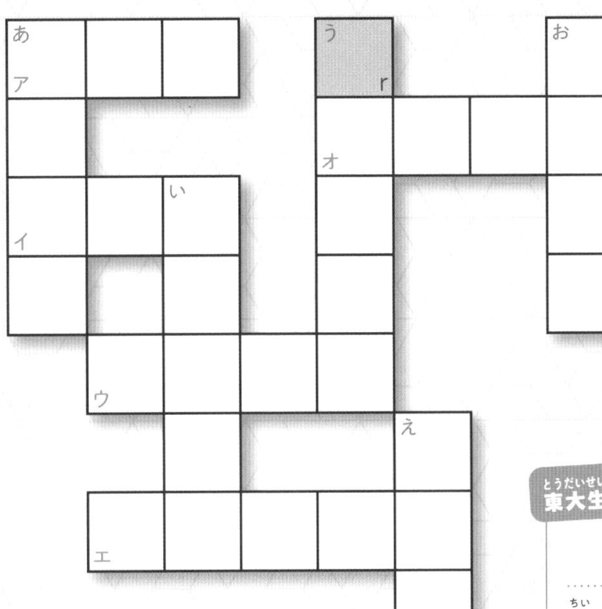

東大生に聞いた

子ども時代の勉強法

小さなころは「博士」とよばれていました。成績が良く、いろいろなことを知っていたからですが、大学生になってから「博士」の重みを知りました。博士になるためには、たくさん論文を読んで、たくさん論文を書いて、努力しなくてはいけません。博士への道のりはまだまだ遠そうです……。

キーワード

r

キーワードの文字はココに入れてね！

答えはP.306へ

Question 102

理科

ばねと振り子と滑車とてこ

縦のヒントと横のヒントを読んで、クロスワードを埋めてみよう！

縦のヒント

あ 揺れている振り子の端から端までの距離のことを何と言うかな？

い 物体が一定の速度で直線的に運動することを〇〇〇〇〇〇〇〇〇〇〇〇〇と言うよ。

う 普通の滑車に比べ、半分の力で物を持ち上げることができるよ。

え 水に浸かるとフワフワした力を感じることがあるよね。これを何と言うかな？

お てこにおいて、力をかける点のことを何と言うかな？

横のヒント

ア バネにかかる力と、バネの伸びる距離が比例するという法則を何と言うかな？

イ 揺れている振り子が、端から端まで移動するのにかかる時間を何と言うかな？

ウ てこにおいて、てこを支える点のことを何と言うかな？

エ 輪軸を使って物を持ち上げる時、輪軸の半径と紐を引く力の強さは〇〇〇〇〇の関係にあるよ。

オ てこにおいて、力が作用する点のことを何と言うかな？

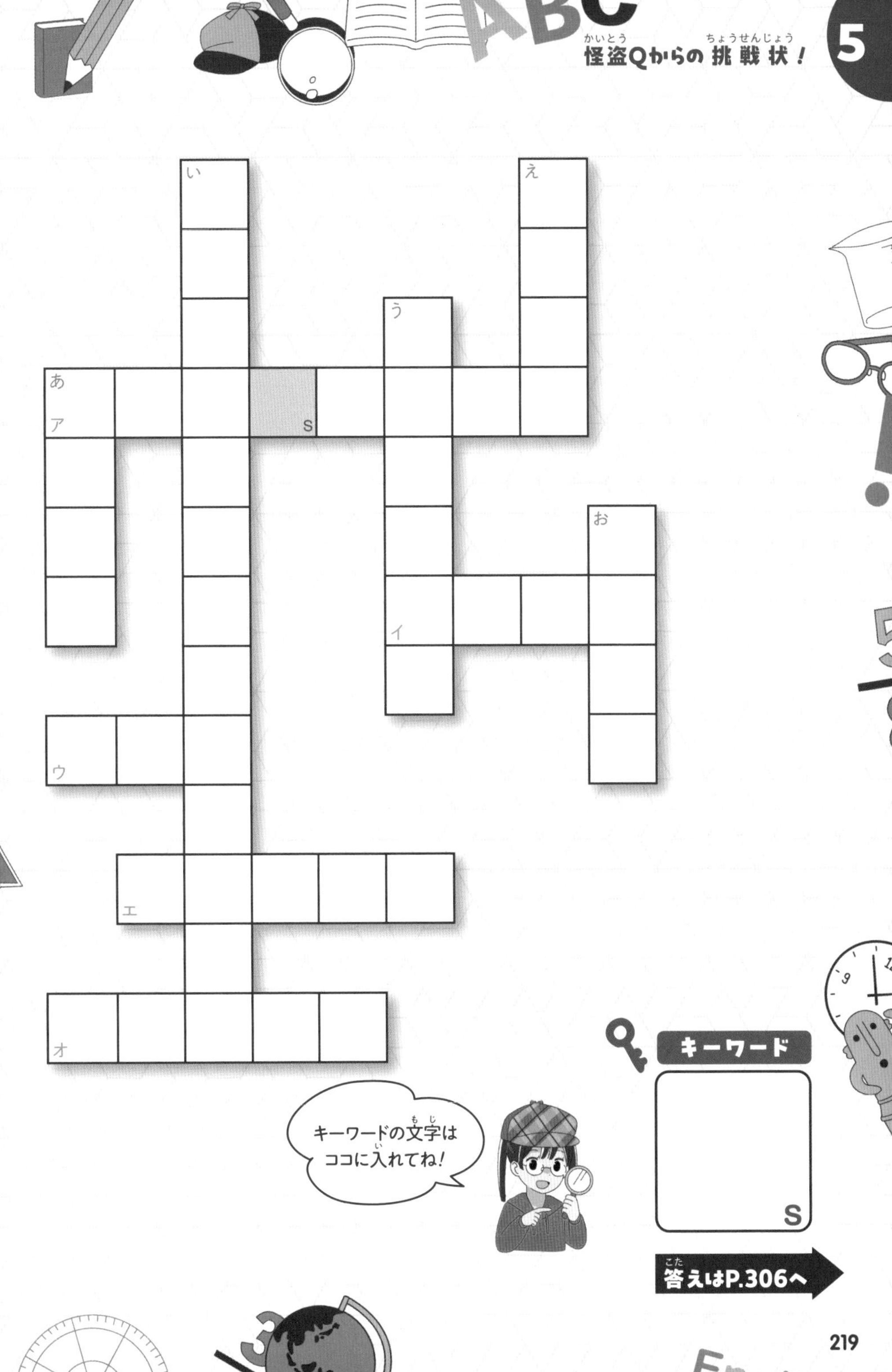
い
え
う
あ
ア
S
お
イ
ウ
エ
オ
キーワードの文字は
ココに入れてね！
キーワード
S

答えはP.306へ

Question
103

英語

アルファベット足し算・引き算②

アルファベットの足し算・引き算をしよう！ 単語カードから、アルファベットを抜いたり足したりすると、もうひとつの単語が見つかるよ。

shadow − dow ＋ re

答え

＝

museum − m − um

答え

＝ 

答えはP.307へ

Question 104

算数

ピタゴラスからの挑戦状⑨

数字カード、記号カードをそれぞれクロスワードの空いているマスに入れて、等式が正しくなるようにしましょう。

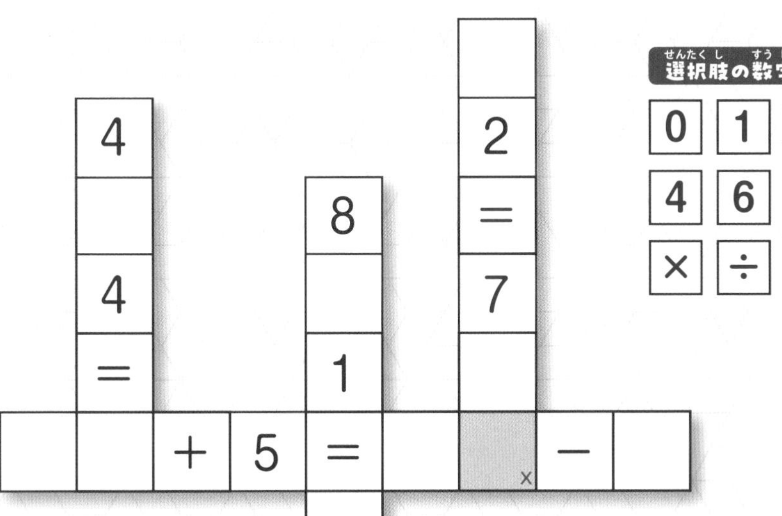

選択肢の数字・記号カード

0 1 2 2

4 6 8

× ÷ ÷

キーワード

×

数字➡文字 対応表

1	2	3	4	5	6	7	8	9
い	に	さ	し／ょ	ご	ろ	な	は	く

答えはP.307へ

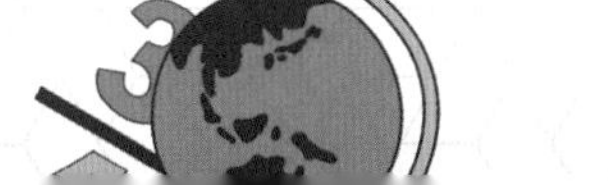

Question 105

社会

近代文化と産業

縦のヒントと横のヒントを読んで、クロスワードを埋めてみよう！

縦のヒント

あ 1901年に九州北部で稼働を開始した、日本で初めての製鉄所は何かな？

い フェノロサに師事し、東京美術学校を設立したのは誰だろう？

う ペスト菌や赤痢アメーバを発見した医学者は誰だろう？

え 6歳の時に岩倉使節団とともに留学し、後に津田塾大学を設立したのは誰だろう？

お 繊維工業や食品工業など軽い製品を作る工業を何と言う？

横のヒント

ア 三井・三菱・住友など産業全体を支配するコンツェルン型の企業集団を何と言う？

イ 自由民権運動で活躍し、足尾銅山鉱毒事件の解決を政府に迫った議員は誰だろう？

ウ 1887年に言文一致体で書かれた小説『浮雲』を発表した小説家は誰だろう？

エ 日本最初の銀行である第一国立銀行を設立したのは誰だろう？

オ 金属工業や機械工業など重い製品を作る工業を何と言う？

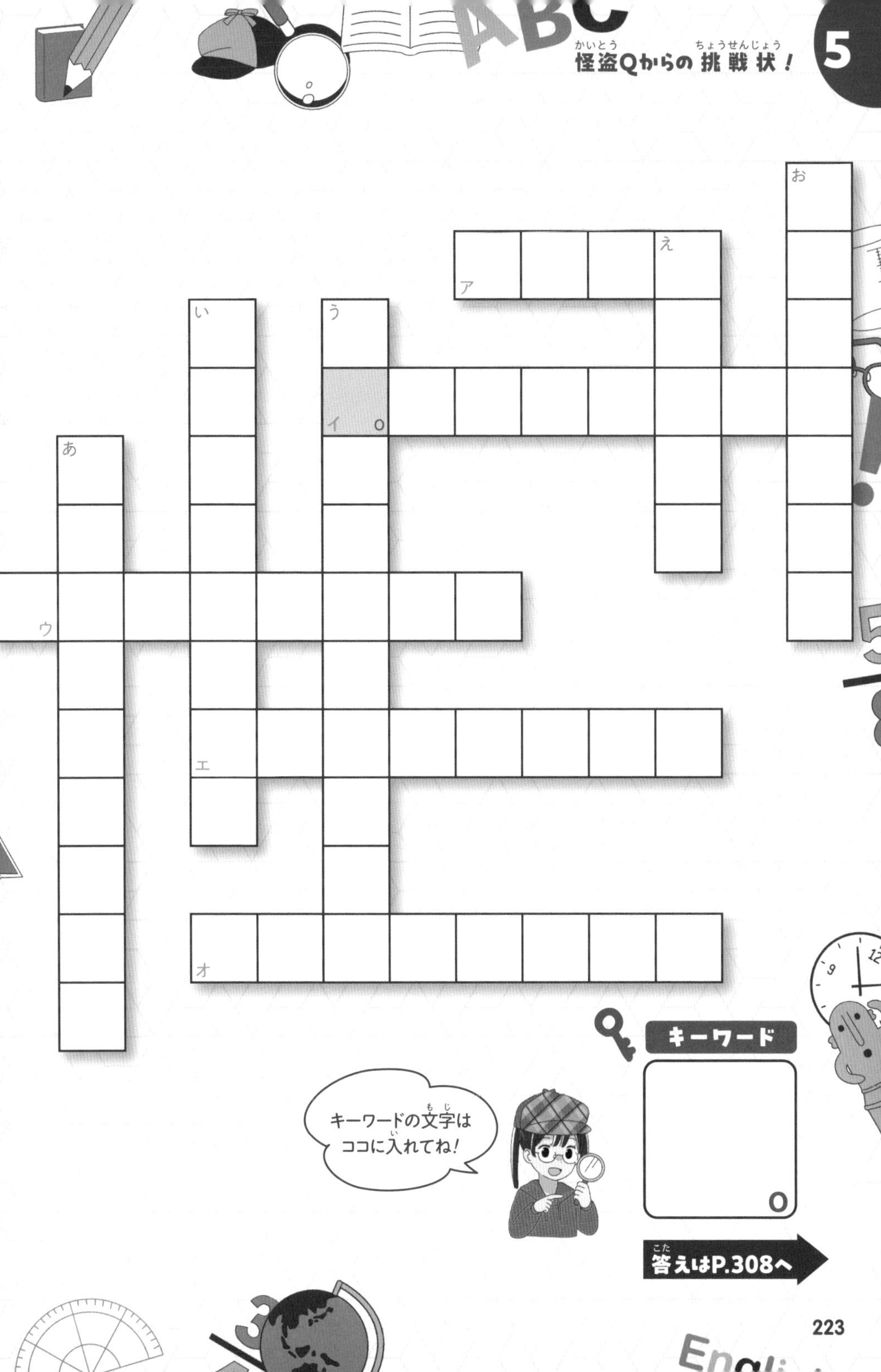
お
え
ア
い
う
イ
o
あ
ウ
エ
オ
キーワード
o
キーワードの文字はココに入れてね！

答えはP.308へ

Question 106

社会

第一次世界大戦

縦のヒントと横のヒントを読んで、クロスワードを埋めてみよう!

縦のヒント

あ 第一次世界大戦中の1915年に、日本が中国(中華民国)に対して突きつけた要求を○○○○○○○○○○の要求と言うよ。

い 1940年、日本・ドイツ・イタリアの間で結んだ軍事同盟を日独伊三国○○○○と言うよ。

う 当初は「平民宰相」として受け入れられたが、最後は東京駅で暗殺されてしまった首相は誰だろう?

え デモクラシーに「民本主義」の訳語をあてたことでも知られる大正時代に活躍した日本の政治学者は誰?

お ソビエトの革命家。1910年代後半ロシア革命を指揮し、世界初の社会主義国家を樹立したのは誰かな?

横のヒント

ア 音声を電波で届ける○○○放送は、1920年にアメリカで始まり、日本でも1925年から開始されたよ。

イ 第一次世界大戦の講和条約を、締結された地名を冠して何と言うかな?

ウ 1925年、社会主義運動や労働運動を禁止する目的で公布された法律は何かな?

エ 大正時代に興った、民衆が民主主義を要求する社会的風潮のことを何と言うかな?

オ 被差別部落の人が差別と貧困からの解放を求めて結成した団体は何かな?

あ い う え お

ア イ ウ エ オ

e

キーワード

e

キーワードの文字はココに入れてね！

答えはP.308へ

Question 107

国語

副詞①

縦のヒントと横のヒントの「○○○」に入る副詞を入れてみよう！

あ ○○○○待っていてください。すぐに戻ります。

い 何があっても私は○○○○あきらめない。

う ここは○○○○本屋でしたが、いまはペットショップになった。

え ○○雨だったら外に遊びに行くのはやめよう。

お テストが近づいている。○○○今日は早く家に帰って勉強しよう。

横のヒント

ア 彼女の意見が○○○○説得力がある。

イ ○○○○海外旅行に行くので、ペットの面倒をみてもらえますか？

ウ お母さんの作る料理は○○○おいしい。

エ テスト勉強をしていなくて○○○○わからない。

オ わからなくても、○○○○簡単な問題からやってみよう。

東大生に聞いた

子ども時代の勉強法

3歳からコンピューターに触っていた私。ひらがなカタカナよりも先にアルファベットを覚えました。いまはスマホの時代ですが、パソコンを定期的に触るのもいい勉強になりますよ。

キーワードの文字はココに入れてね！

答えはP.309へ

Question 108

理科

電流と磁石

縦のヒントと横のヒントを読んで、クロスワードを埋めてみよう！

縦のヒント

あ これをオンやオフにすると電気が流れたり止まったりするよ。
い 電気を通さないもののことを何と言うかな？
う 磁石から発生している磁場を矢印でわかりやすく書いた線を何と言うかな？
え 図1のことを何と言うかな？

横のヒント

ア 細い金属をらせん状に巻いた電子部品だよ。
イ 図1のようなつなぎ方を○○○○○つなぎと言います。
ウ 流れている電流の大きさを計る機器は何だろう？
エ 磁石を用いた、方角を知るための道具のことを○○○○○○と言います。
オ 電気が流れている間だけ磁石になるものを何と言うかな？
カ 日常でよく使う図2で示した電池のことを何と言うかな？

図1　図2

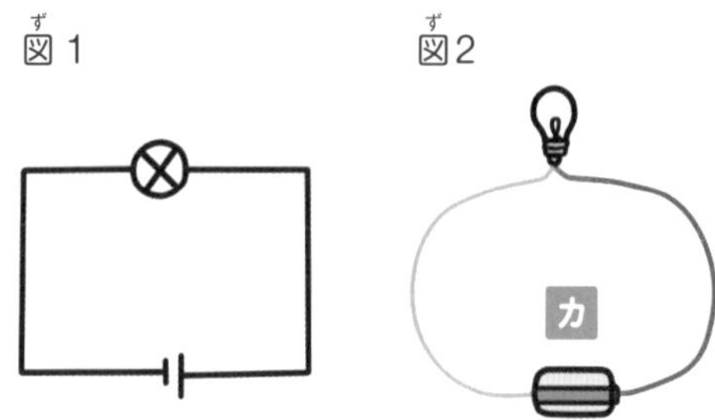

答(こた)えはP.309へ

Question 109

社会

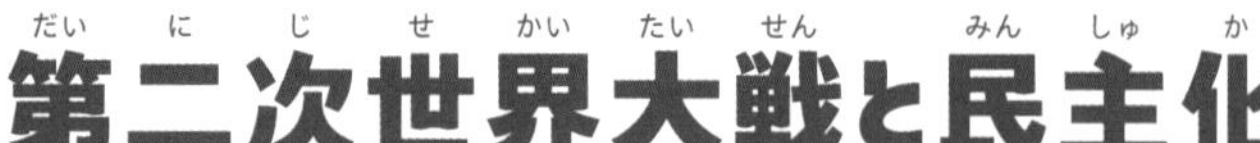

第二次世界大戦と民主化

縦のヒントと横のヒントを読んで、クロスワードを埋めてみよう！

縦のヒント

あ 1951年に発効された、朝鮮の独立承認や第二次世界大戦の戦争状態の終結を盛り込んだ条約を◯◯◯◯◯◯◯◯平和条約と言うよ。

い 人類史上初めて原子爆弾が投下されたのは、日本の◯◯◯◯という場所だよ。

う 1947年、「日本国憲法の精神に則り、教育の目的を明示して、新しい日本の教育の基本を確立するため」に制定された法律は◯◯◯◯◯基本法だね。

え 1945年10月、第二次世界大戦などの反省を踏まえて結成された、国際平和の維持や国際協力を目的とした機関は何かな？

お 1929年にアメリカのニューヨークで株価が大暴落したことを皮切りに発生した、世界的な不景気のことを何と言うかな？

横のヒント

ア 1949年に、労働者の団結権・団体交渉権・ストライキ権を保障し労働者の地位向上を目的とし制定された法律を◯◯◯◯◯◯◯◯法と言うよ。

イ 第二次世界大戦後に西側諸国と東側諸国が、武力を用いずに対立していた状態を何と言うかな？

ウ 20世紀に登場した、全体主義的な独裁体制・思想を何と言う？

エ 第二次世界大戦後、新しい国づくりを目指し、主権在民・基本的人権の尊重・平和主義を元に作られた日本における基本法は何かな？

オ 日本は、第二次世界大戦後の1955〜73年の約20年に渡り高い水準で経済が成長した。このことを何と言うかな？

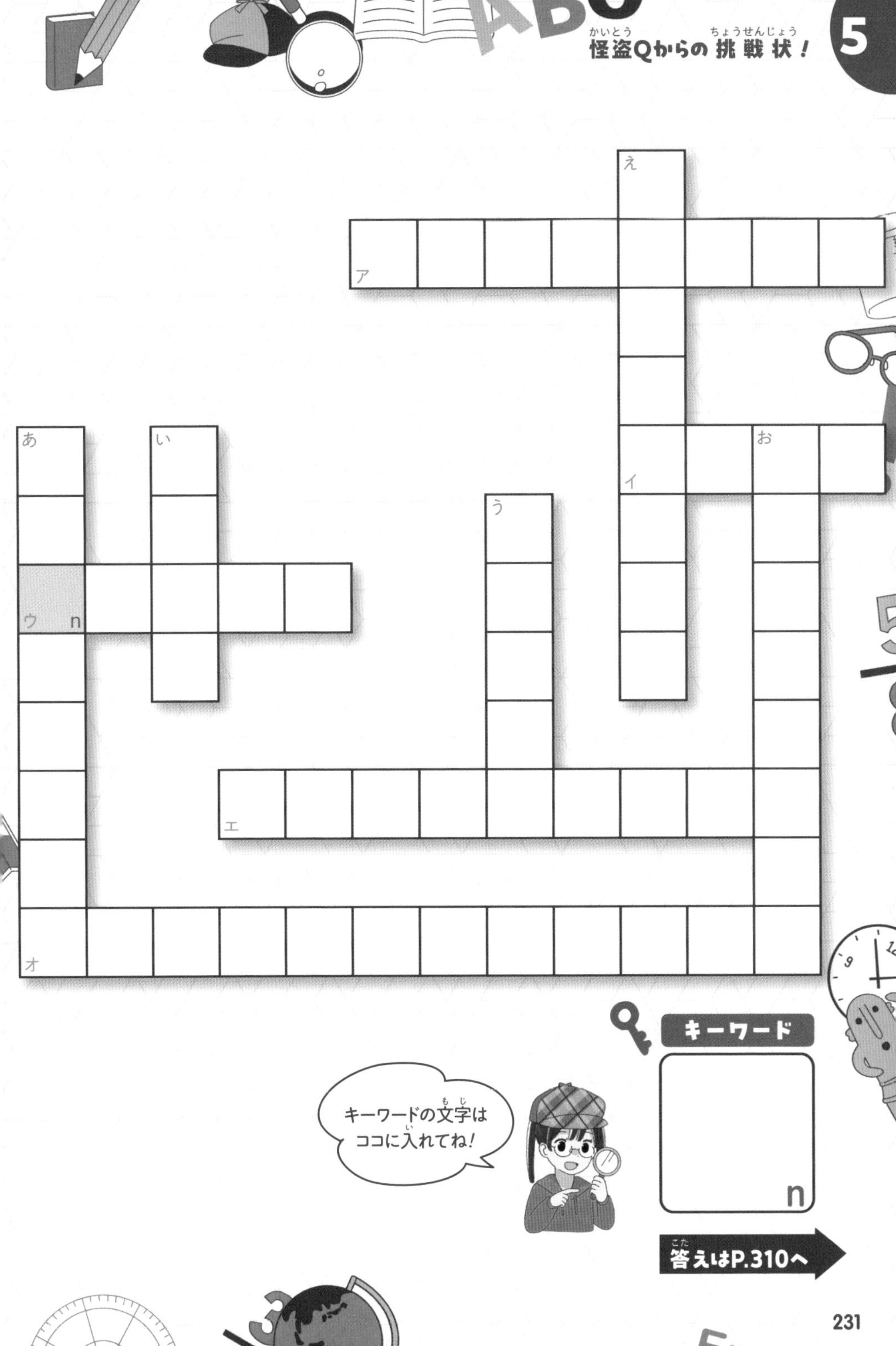
え
ア
あ
い
う
イ
お
ウ n
エ
オ
キーワード
n
キーワードの文字はココに入れてね！

答えはP.310へ

日本国憲法（にほんこくけんぽう）

縦（たて）のヒントと横（よこ）のヒントを読（よ）んで、クロスワードを埋（う）めてみよう！

縦（たて）のヒント

あ 出生率（しゅっしょうりつ）の低下（ていか）に伴（ともな）い人口（じんこう）に占（し）める子（こ）どもの割合（わりあい）が減（へ）り、高齢（こうれい）者（しゃ）の割合（わりあい）が増（ふ）えることを、○○○○○○化（か）と言（い）います。

い 日本国憲法（にほんこくけんぽう）で定（さだ）められている、「人（ひと）が生（う）まれながらにして持（も）っており、誰（だれ）からも侵（おか）されない権利（けんり）」のことを何（なん）と言（い）うかな？

う 年齢（ねんれい）・性別（せいべつ）・文化（ぶんか）・身体（しんたい）の状態（じょうたい）などにかかわらず、誰（だれ）にとっても使（つか）いやすい設計（せっけい）のことを何（なん）と言（い）うかな？

え 日本国憲法（にほんこくけんぽう）で定（さだ）められている、「健康（けんこう）で文化的（ぶんかてき）な最低限度（さいていげんど）の生活（せい）（かつ）を営（いとな）む権利（けんり）」は○○○○権（けん）と言（い）います。

お 労働（ろうどう）に際（さい）して、雇用主（こようぬし）が守（まも）るべき最低限（さいていげん）のルールを示（しめ）した法律（ほう）（りつ）は○○○○○○○法（ほう）だね。

横（よこ）のヒント

ア 訪問販売（ほうもんはんばい）や電話勧誘（でんわかんゆう）で商品（しょうひん）やサービスの契約（けいやく）をした場合（ばあい）、一定（いっ）（てい）条件（じょうけん）の元（もと）で無条件（むじょうけん）に契約（けいやく）を取（と）り消（け）すことができる制度（せいど）を何（なん）と言（い）うかな？

イ 日本国憲法（にほんこくけんぽう）が保障（ほしょう）している権利（けんり）で、職業選択（しょくぎょうせんたく）の自由（じゆう）や財産権（ざいさんけん）の不可侵（ふかしん）を代表（だいひょう）するものを○○○○○○○○の自由（じゆう）と言（い）うよ。

ウ 主権（しゅけん）が国民（こくみん）にある体制（たいせい）のことを何（なん）と言（い）うかな？　対義語（たいぎご）は君主主権（くん）（しゅしゅけん）と言（い）うよ。

エ 国民（こくみん）の三大義務（さんだいぎむ）といえば、納税（のうぜい）の義務（ぎむ）・教育（きょういく）を受（う）けさせる義務（ぎむ）・○○○○の義務（ぎむ）だね。

オ 日本国憲法（にほんこくけんぽう）の基本原理（きほんげんり）の一（ひと）つで、戦争（せんそう）の放棄（ほうき）・戦力（せんりょく）の不保持（ふほじ）・交戦権（こうせんけん）の否認（ひにん）などが盛（も）り込（こ）まれている原理（げんり）は何（なに）かな？

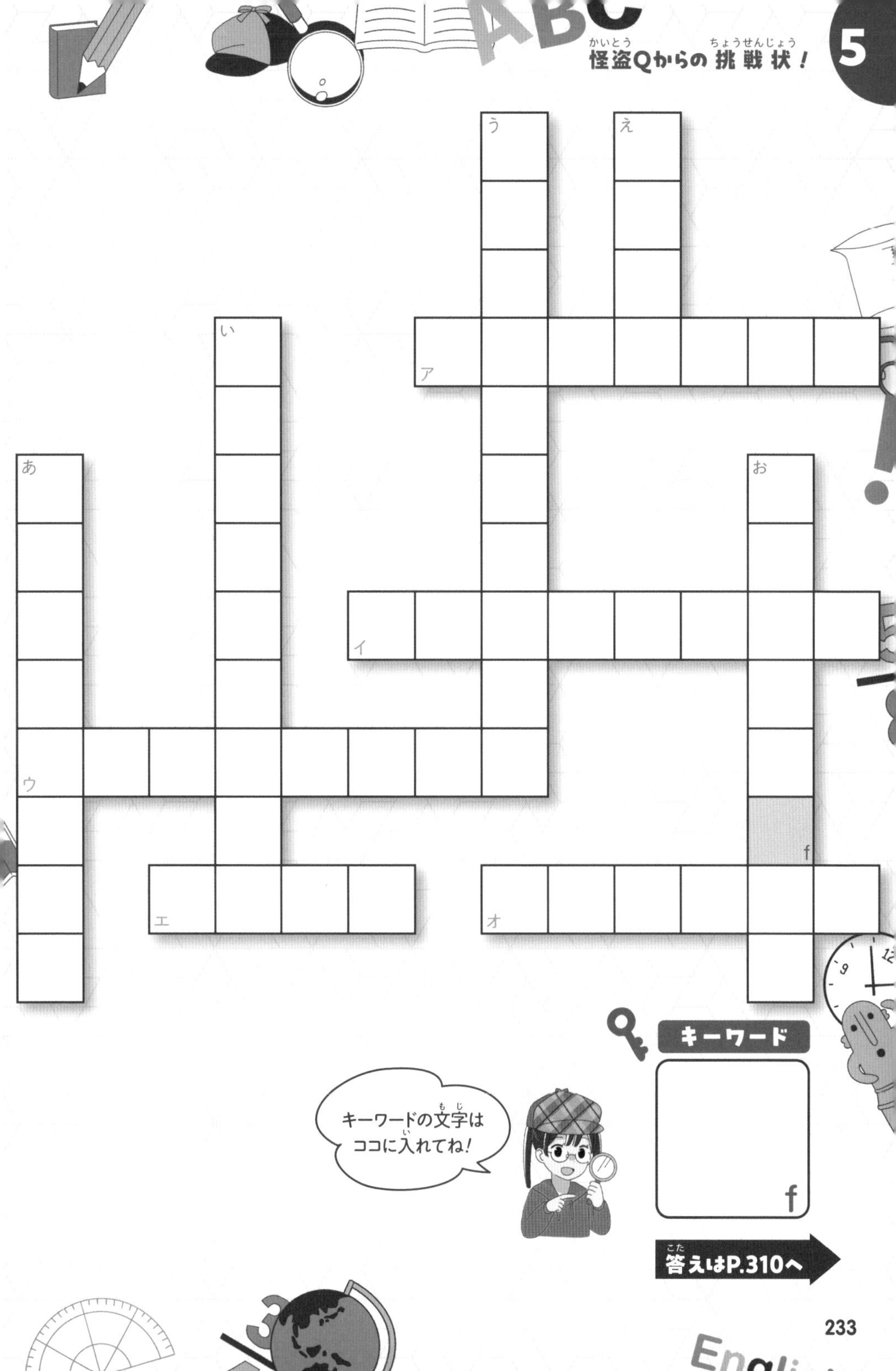
う
え
い
ア
あ
お
イ
ウ
f
エ
オ
キーワード
f
キーワードの文字は
ココに入れてね！

答えはP.310へ

Question 111

英語(えいご)

背(せ)の順(じゅん)ならべ

背(せ)が高(たか)い順(じゅん)にならべかえると単語(たんご)ができるよ。

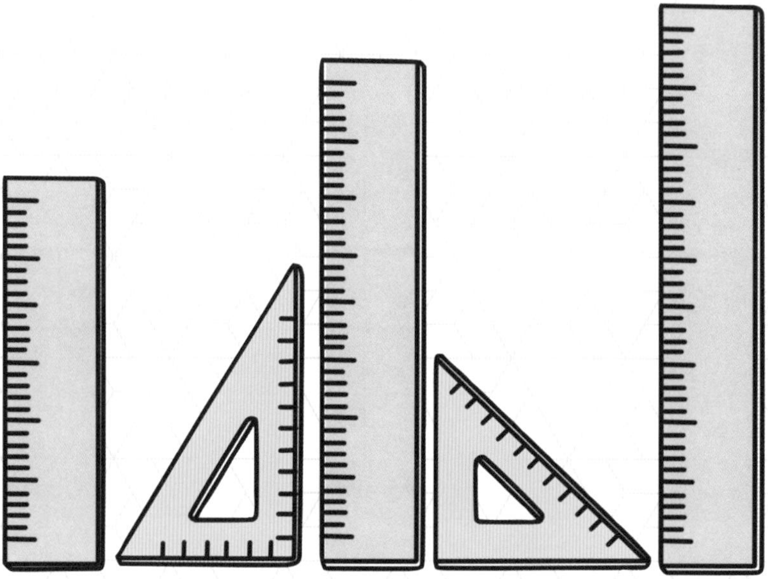

l e u r r

答(こた)え

答(こた)えはP.311へ

ピタゴラスからの挑戦状(ちょうせんじょう)⑩

数字(すうじ)カード、記号(きごう)カードをそれぞれクロスワードの空(あ)いているマスに入(い)れて、等式(とうしき)が正(ただ)しくなるようにしましょう。

g		4	=	9				
						5		
		=			÷	4	−	
		1						
		1						2
						8		=
								8

選択肢(せんたくし)の数字(すうじ)・記号(きごう)カード

0	5	5	6
6	7	8	+
+	+	=	÷

キーワード

g

数字(すうじ)→文字(もじ)対応表(たいおうひょう)

1	2	3	4	5	6	7	8	9
い	に	さ	し/ょ	ご	ろ	な	は	く

答(こた)えはP.311へ

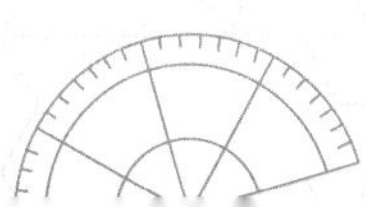

Question
113

国語

副詞②

縦のヒントと横のヒントの「○○○」に入る副詞を入れてみよう！

縦のヒント

あ 友達になるために○○○○と話しかけた。
い 雨が止んだら、空は○○○○晴れ上がり青空が広がった。
う 教室の本棚には本が○○○○と並べられていた。
え 夏は日差しが○○○○と照り付ける。
お ○○○前に行った家族旅行は楽しかったな。

横のヒント

ア 彼の努力は○○○実を結ぶだろう。
イ 次の瞬間、緊張が○○○○と走った。
ウ 問題が簡単で○○○○解けた。
エ 勉強を続ければ○○○○成績はあがります。
オ 八百屋さんには新鮮な野菜が○○○と並んでいる。

なかなかやるじゃない……
むずかしいわね……

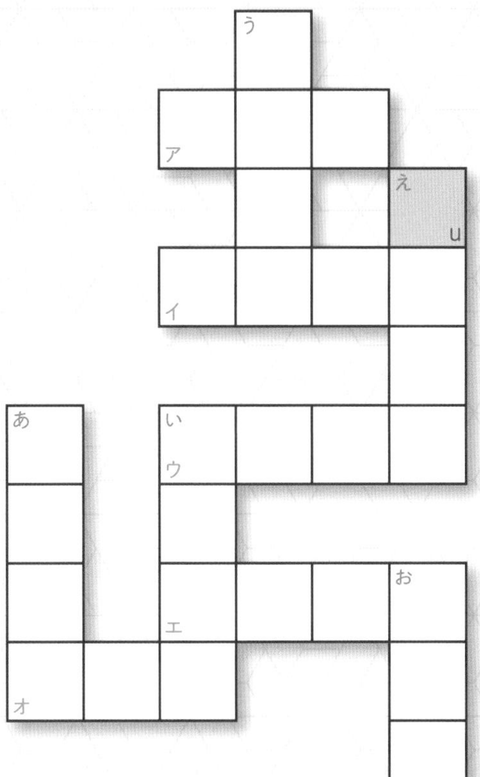

東大生に聞いた

子ども時代の勉強法

小学生のころは教室で本ばかり読んでいた私。「読書＝えらい」と思い込んでいましたが、本当にそうでしょうか。たまに外に出て、みんなで仲良く走り回ると、読書では得られない快感にひたれました。読書もスポーツも、ほどほどにたしなむのがいいですね。

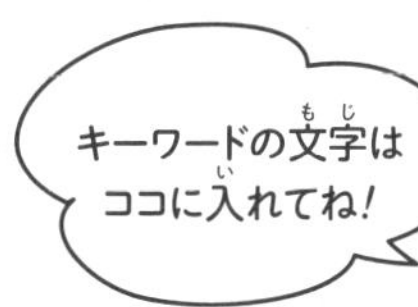

答えはP.312へ

Question
114

理科

電気の利用

縦のヒントと横のヒントを読んで、クロスワードを埋めてみよう！

縦のヒント

あ 豆電球から発生しているものだよ。

い **イ**の電池の発電効率が最も高くなるのは、太陽光を○○○○○に当てたときだね。

う コンセントにつなぐことで、何度も繰り返し使える電池のことを何と言うかな。

え 電気の流れにくさを表す値を○○○○値と言うよ

お 電気を受け取って溜めておいたり、放出したりする電子部品のことを○○○○○○と言うよ。

横のヒント

ア 電極に鉛を用いている、充電が可能な電池は何かな？

イ 光エネルギーを電気に変換する電池を○○○○○と言うよ。

ウ 物質の化学反応を用いて電気のエネルギーを取り出している電池を○○○○○○○○と言うよ。

エ 電磁石の性質を利用して、回転する装置を何と言うかな？

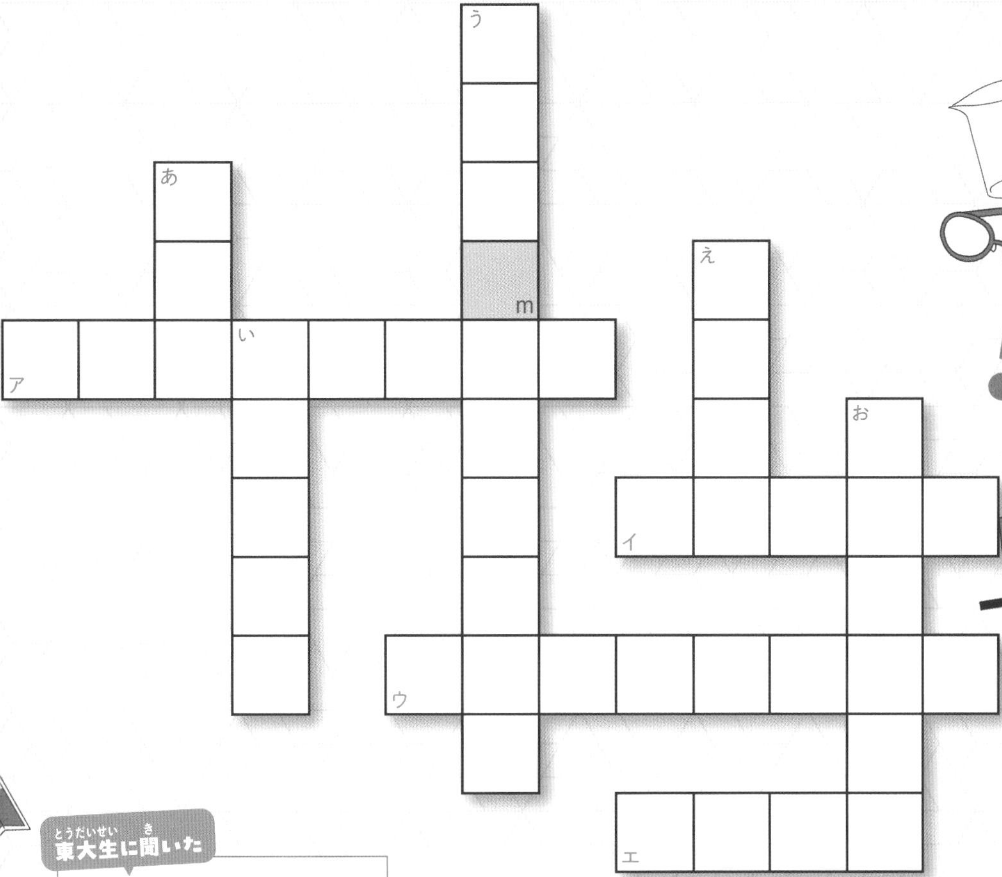

東大生に聞いた

子ども時代の勉強法

プールの授業が大好きでしたが、どうしても朝の検温が苦手でした。当時からどうにも忘れっぽく、毎回検温を忘れては保健室で測らされていました。抜け漏れがないタイプの人に憧れるのは、この思い出から来ているのかもしれません。

答えはP.312へ

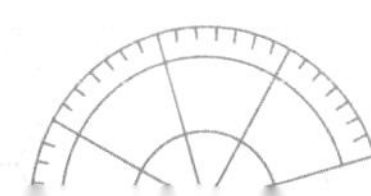

Question

115

社会

三権分立

縦のヒントと横のヒントを読んで、クロスワードを埋めてみよう！

縦のヒント

あ 日本の内閣の首長として、そのほかの大臣を任命したり国会に議題を提出したりする人を何と言うかな？

い 私人同士での争いを解決するための裁判を○○○裁判と言うね。対義語は刑事裁判だよ。

う 衆議院が解散した後の総選挙の日から30日以内に召集され、内閣総理大臣の指名などを行う国会を何と言うかな？

え 三権分立において、裁判所が持つ権利のことを何と言うかな？

横のヒント

ア 国や地方自治体などに勤務し、国民や住民へ向けての公共事業を行う人々を何と言うかな？

イ 内閣を構成する国務大臣が辞職することを内閣○○○○○○と言います。

ウ 三権分立において、国会が持つ権利は○○○○権だよ！

エ 憲法で、国会は「○○○○の最高機関であって、国の唯一の立法機関である」と定められているね。

オ 日本の国会は、衆議院と参議院から成っているけど、このように2つの議院で国会を成す制度のことを○○○○○と言います。

カ 地方議会や国会が、首長や内閣に対して発議するもので、不適任を理由に信任しないと意思表示をすることを何と言うかな？

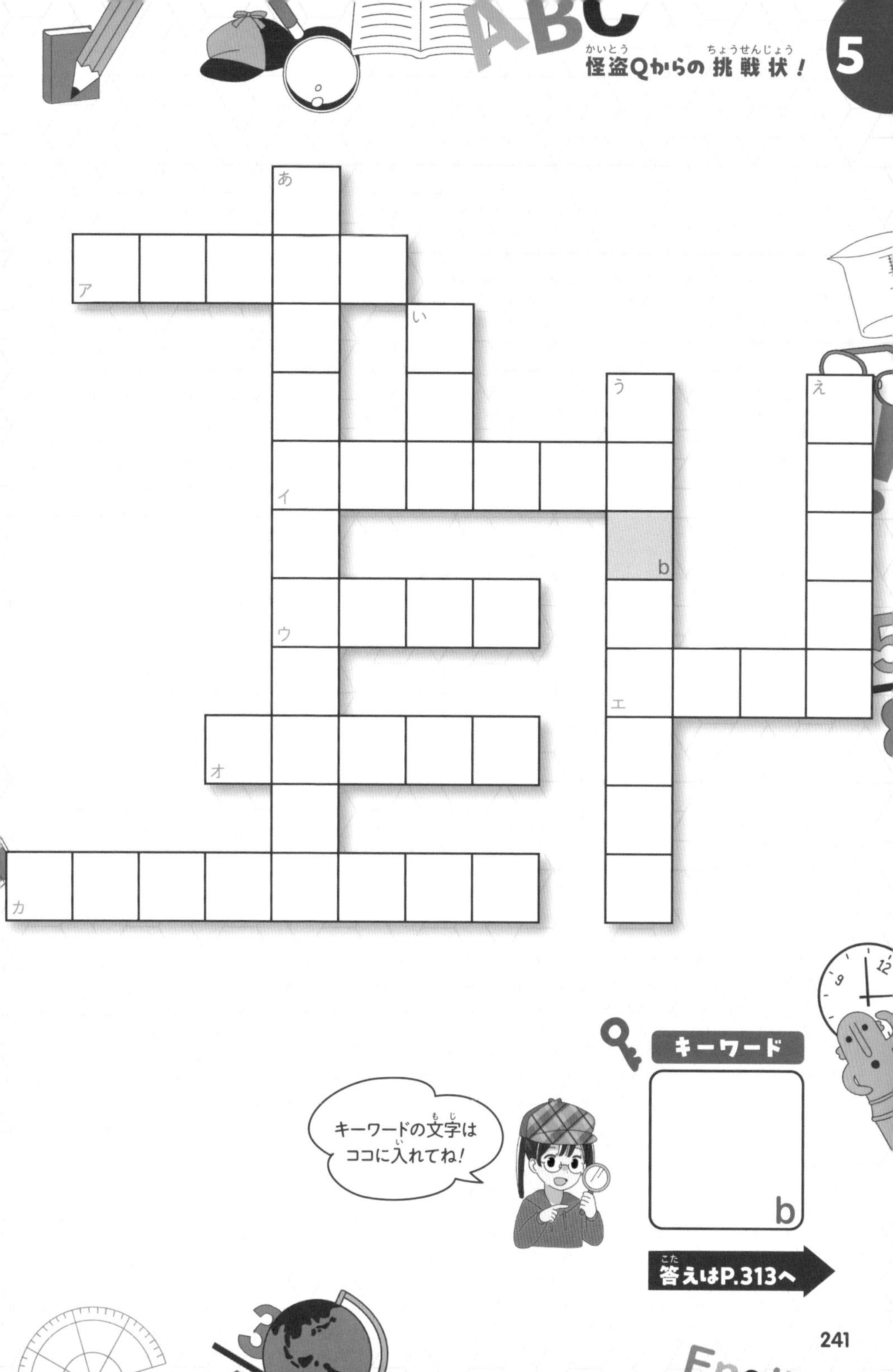
あ
ア
い
う
え
イ
b
ウ
エ
オ
カ
キーワード
b
キーワードの文字はココに入れてね！

答えはP.313へ

Question 116

社会

地方自治

縦のヒントと横のヒントを読んで、クロスワードを埋めてみよう！

縦のヒント

あ 1つの選挙エリアを複数の選挙区に分け、その中での1人の当選者を決める選挙の仕組みを何と言うかな？

い 各都道府県の代表として、各都道府県の統括する役職は何かな？

う 商品の販売やサービスの提供に対して、幅広く公平に課される税を○○○○税と言います。

え 各地方公共団体に置かれ、住民が直接選挙で選んだ代表たちによって構成される議会を何と言うかな？

横のヒント

ア 地方自治体の住民が持つ権利の1つで、解職請求、条例の制定や監査の要求などを通じて政治に直接関与できる権利を何と言うかな？

イ 内閣を組織し、政権を担うことができる政党を何と言うかな？

ウ 選挙の投票日当日に仕事などがあり投票できない人に向けた制度で、選挙当日よりも前の日に投票を行うことを何と言うかな？

エ 国が発行する債券のことを何と言うかな？

オ 選挙区ごとに有権者の数が違うため、投票権の一票の重みが違ってしまうことを、一票の○○○と言います。

カ 地方自治体法令の範囲内で定め、その区域内で適用されるルールのことを何と言うかな？

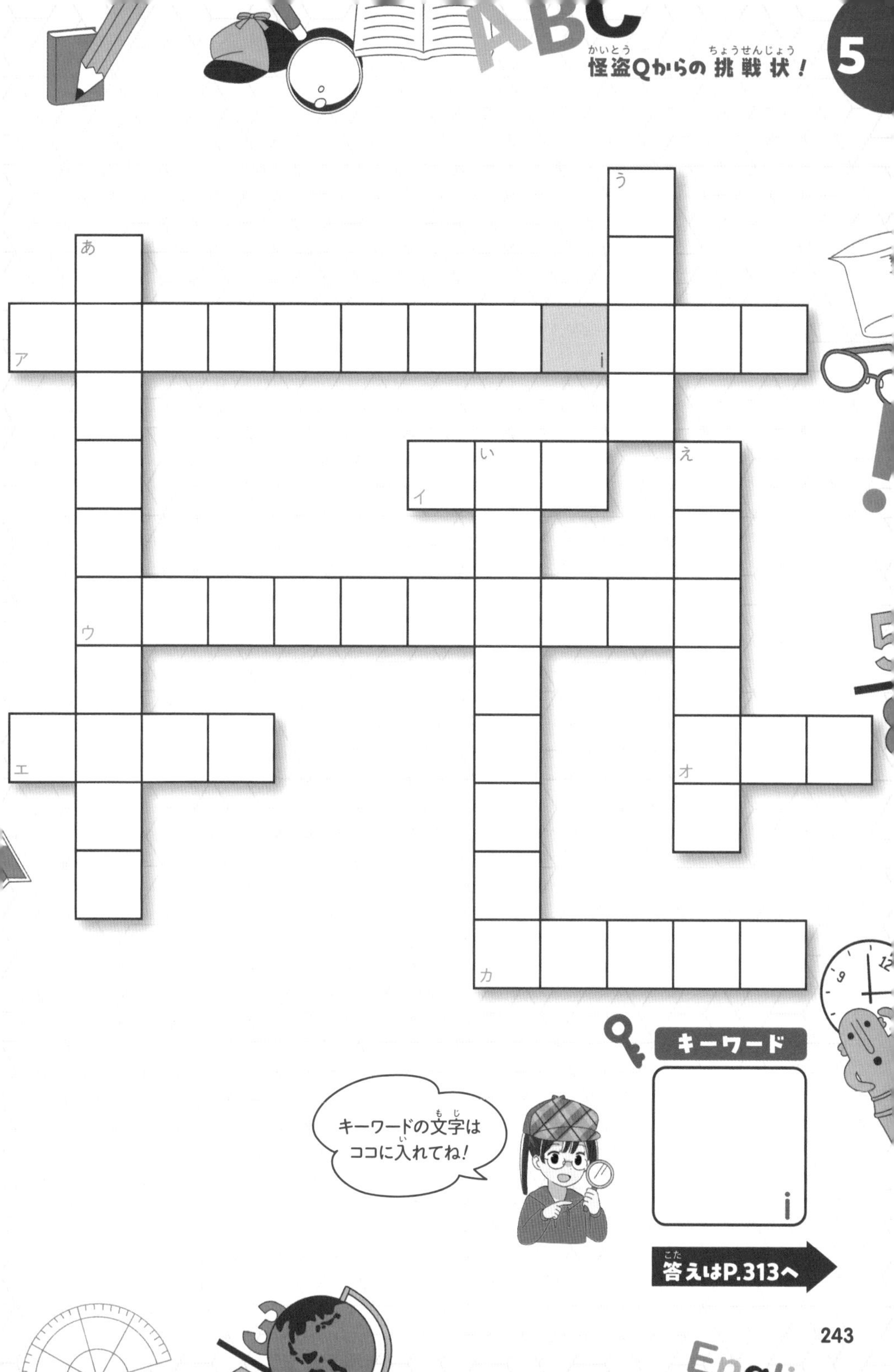
あ
う
ア
i
イ
い
え
ウ
エ
オ
カ
キーワード
i
キーワードの文字はココに入れてね！

答えはP.313へ

Question
117

国語

副詞③

縦のヒントと横のヒントの「○○○」に入る副詞を入れてみよう！

縦のヒント

- あ　勝負に敗れて○○○○とその場を去った。
- い　○○○○彼は旅行中だと思ったら、家にいた。
- う　雨が○○○○降り出して、走って家に帰った。
- え　長蛇の列に並んで○○○○している。
- お　ジェットコースターに乗って○○○○する。

横のヒント

- ア　彼女は友人からの依頼を○○○○断った。
- イ　彼の提案は○○○○受け入れられた。
- ウ　新しい自転車で急な坂道も○○○○上がれる。
- エ　教室から○○○○と笑い声が聞こえる。
- オ　彼は優柔不断で○○○○としている。

東大生に聞いた

子ども時代の勉強法

小学生の頃のドッジボールでは、絶対にボールに当たりたくなかったので、よけることに全力投球していました。ドッジボールのドッジは英単語"dodge"から来ています。その意味は「よける」「かわす」ですから、確かにゲームのルールに忠実だったのかもしれません。

キーワードの文字はココに入れてね！

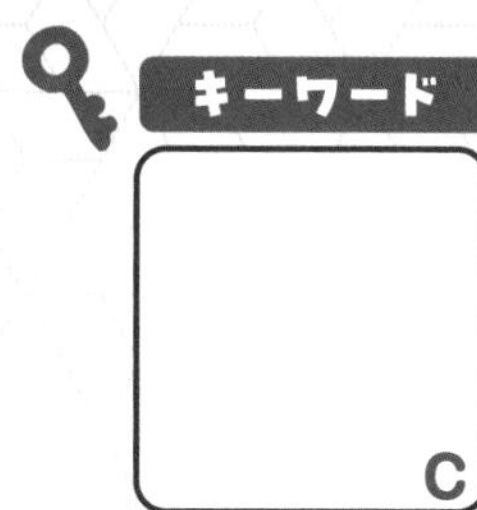

答えはP.314へ

器具（きぐ）の使（つか）い方（かた）

縦（たて）のヒントと横（よこ）のヒントを読（よ）んで、クロスワードを埋（う）めてみよう！

縦（たて）のヒント

あ 液体（えきたい）を混（ま）ぜたり加熱（かねつ）するときに使（つか）い、ふくらんだ胴部（どうぶ）をもつ器具（きぐ）のことを何（なん）と言（い）うかな？

い 液体（えきたい）を混（ま）ぜる棒（ぼう）のことを○○○○○と言（い）います。

う 液体（えきたい）を調整（ちょうせい）したり、混（ま）ぜたりするときに使（つか）う円柱状（えんちゅうじょう）の器具（きぐ）は何（なに）かな？

え ある液体（えきたい）を染（し）み込（こ）ませた紐（ひも）に火（ひ）を点（つ）けて使（つか）う、ものを加熱（かねつ）するための器具（きぐ）を何（なん）と言（い）うかな？

お てんびんに乗（の）せるための重（おも）りのことだよ。

か 実験（じっけん）で使（つか）う、細長（ほそなが）いガラス管（かん）のことを○○○○○と言（い）うよ。

横（よこ）のヒント

ア 液体（えきたい）の体積（たいせき）を計（はか）る器具（きぐ）のことを○○○○○○○と言（い）うよ。

イ 実験室（じっけんしつ）で、ものを燃（も）やすときに使（つか）う実験器具（じっけんきぐ）は○○○○○○だね。

ウ 2つのてんびんを使（つか）って重（おも）さを計（はか）る器具（きぐ）は何（なん）だろう？

エ みんなはこれを吸（す）ったりはいたりして生（い）きているね。実（じつ）は色（いろ）んな気体（きたい）が混（ま）ざり合（あ）っているんだよ！

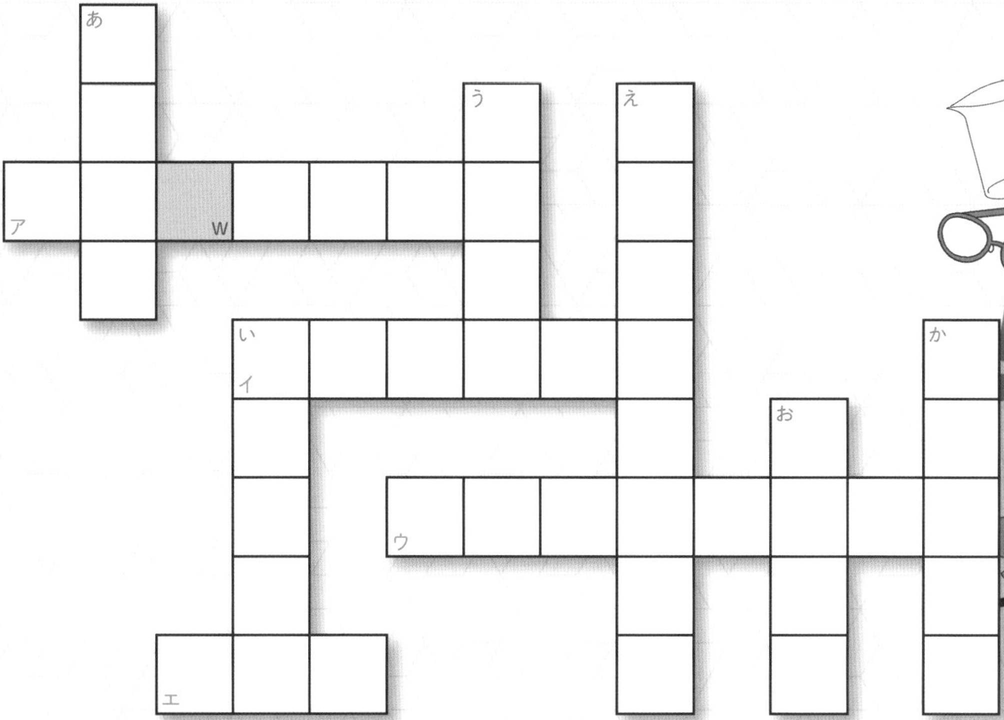

あ　う　え　ア　W　い　イ　か　お　ウ　エ

東大生に聞いた

子ども時代の勉強法

キーボード学習でおすすめなのは「特打ち」というソフト。西部劇のガンマンになりきって、荒くれものたちを相手にタイピング早打ち勝負を挑みます。昔からある伝統的なソフトですが、私はこれのおかげで小学生ながら大人顔負けのブラインドタッチができるようになりました。

答えはP.314へ

Question 119

社会

国際連合

縦のヒントと横のヒントを読んで、クロスワードを埋めてみよう！

縦のヒント

あ 国際連合の本部は、アメリカの〇〇〇〇〇〇州にあるよ。

い 常任理事国5か国と非常任理事国10か国によって構成されている、国連の意思決定機関は安全保障〇〇〇〇だね。

う 常任理事国の5か国が持つ権利。5か国のうち1か国でも反対があった場合には決議が成立しないという権利だよ。

え 世界各国の紛争を解決するための活動を国連 PKO と言うけど、このPKOって何の略かな？

お 国際連合を一般に省略して〇〇〇〇と言うよ。

横のヒント

ア 正式名称を国際連合教育科学文化機関といい、世界各国の教育、科学、文化の発展と推進を目的とした機関は何かな？

イ 5か国の常任理事国と10か国の非常任理事国が国際平和を決議する機関を〇〇〇〇保障理事会と言うよ。

ウ 国連加盟国のそれぞれが1国1投票権を持って参加する会議で、国連の主たる審議機関として定められているものを何と言うかな？

エ 正式名称を国際連合児童基金といい、世界各国の子どもたちの権利を守り、健やかに育てる社会を実現するための国連の機関を何と言うかな？

オ 国連の基本的な精神や目的と、任務の方針や組織を定めている文章を何と言うかな？

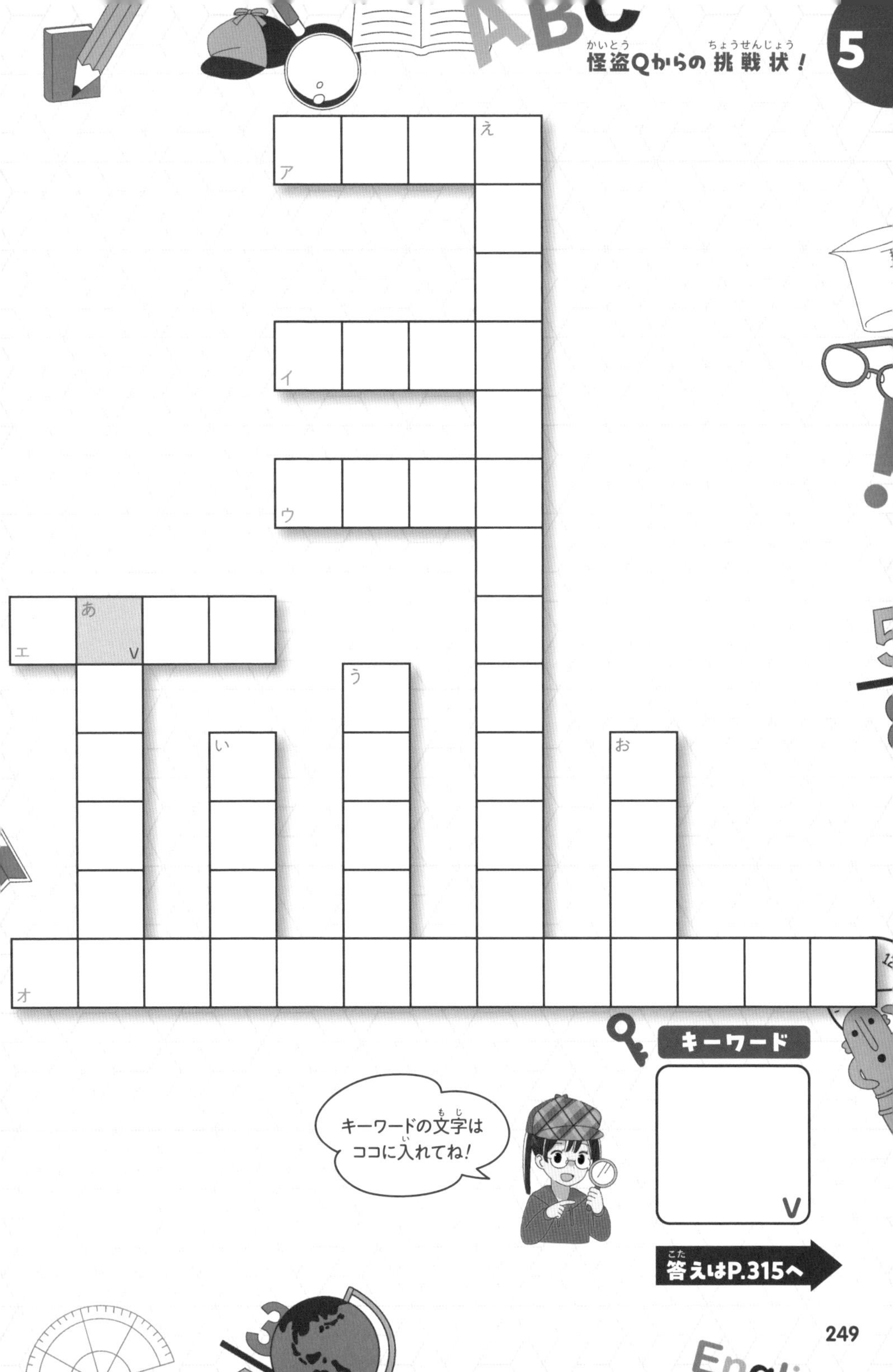
ア
イ
ウ
エ
オ
あ
い
う
え
お
V
キーワード
キーワードの文字はココに入れてね！
V

答えはP.315へ

国際問題（こくさいもんだい）

縦（たて）のヒントと横（よこ）のヒントを読（よ）んで、クロスワードを埋（う）めてみよう！

縦（たて）のヒント

あ 水鳥（みずどり）の生息地（せいそくち）として重要（じゅうよう）な湿地（しっち）などの保護（ほご）を規定（きてい）した条約（じょうやく）は○○○○○条約（じょうやく）だね！

い 核兵器（かくへいき）を「持（も）たない、つくらない、持（も）ち込（こ）ませない」の三原則（さんげんそく）を何（なん）と言（い）うかな？

う 日本（にほん）の独立（どくりつ）を守（まも）るという使命（しめい）の下（もと）、組織（そしき）されている部隊（ぶたい）のことを何（なん）と言（い）うかな？

え 正式（せいしき）には「世界（せかい）の文化遺産及（ぶんかいさんおよ）び自然遺産（しぜんいさん）の保護（ほご）に関（かん）する条約（じょうやく）」といい、文化遺産（ぶんかいさん）や自然遺産（しぜんいさん）を人類全体（じんるいぜんたい）のための遺産（いさん）として保存（ほぞん）するための条約（じょうやく）を○○○○○○条約（じょうやく）と言（い）います。

お 1997年（ねん）、先進国（せんしんこく）の各国（かっこく）が二酸化炭素（にさんかたんそ）などの削減目標（さくげんもくひょう）を定（さだ）めた日本（にほん）の都市（とし）はどこだろう？

横（よこ）のヒント

ア NGOの正式名称（せいしきめいしょう）は？

イ もともと草木（くさき）で覆（おお）われていた土地（とち）が、不毛地（ふもうち）になっていく現象（げんしょう）のことを何（なん）と言（い）うかな？

ウ 地上（ちじょう）から放射（ほうしゃ）された赤外線（せきがいせん）の一部（いちぶ）を吸収（きゅうしゅう）し、地球全体（ちきゅうぜんたい）が暖（あたた）かくする原因（げんいん）となる気体（きたい）のことを何（なん）と言（い）うかな？

エ この争（あらそ）いの一環（いっかん）として、キューバ危機（きき）やベトナム戦争（せんそう）などが起（お）きたよ。最終的（さいしゅうてき）にはベルリンの壁（かべ）の崩壊（ほうかい）によって終（お）わりを迎（むか）えたんだ。

オ 成層圏（せいそうけん）に存在（そんざい）し、太陽（たいよう）からの紫外線（しがいせん）などを吸収（きゅうしゅう）して地球上（ちきゅうじょう）の生物（せいぶつ）を守（まも）っている気体（きたい）の層（そう）を何（なん）と言（い）うかな？

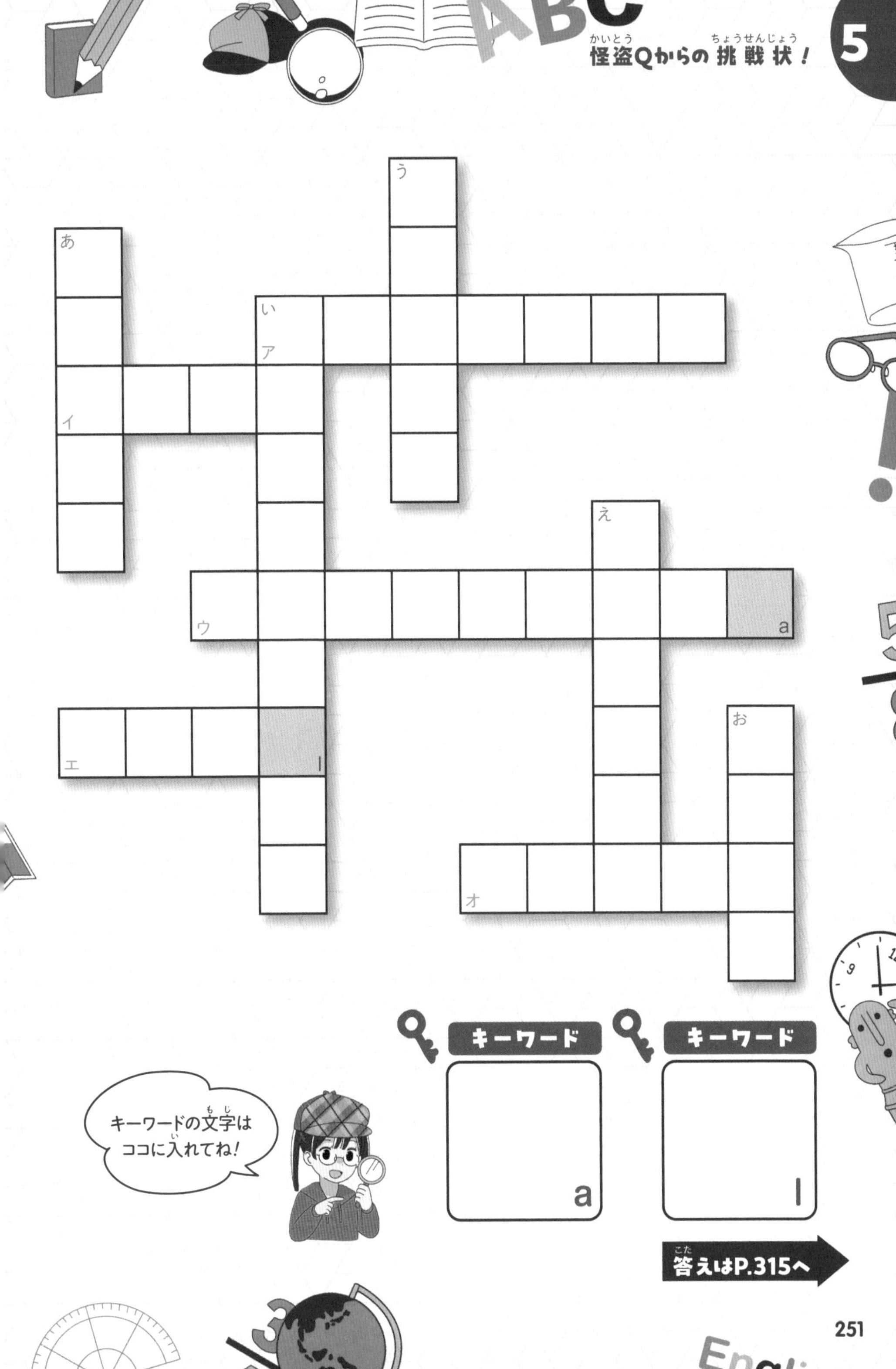
あ
い
う
え
お
ア
イ
ウ
エ
オ
a
l
キーワード
キーワード
a
l
キーワードの文字はココに入れてね！

答えはP.315へ

事件の謎を解くキーワード

クロスワードを解いて見えてきたキーワードを入れてみよう！

キーワード

P.251_a	P.241_b	P.245_c	P.211_d	P.225_e	P.233_f
	P.235_g	P.229_h	P.243_i	P.209_j	P.215_k
を					
P.251_l	P.239_m	P.231_n	P.223_o	P.215_p	P.213_q
P.217_r	P.219_s	P.227_t	P.237_u	P.249_v	P.247_w
P.221_x					

海斗から送られてきたメッセージを読んでみよう！

ほつれひよこちこひぶせりねなむと

答え

答えはP.318へ

「はぁ、はぁ……ようやく見つけたわ！ 観念しなさい怪盗Q！ いや、海斗!!」

「ふーん……やるじゃないか。ここにいるのがわかったのか」

「にくいじゃない。2人の約束の場所。むかし、よくこの公園で遊んでたわよね」

「……そうさ。鬼ごっこにかくれんぼ。いろいろ遊んだね。お互い負けず嫌いだから、勝負の前には必ず指切りをして約束した……」

「この勝負に勝ったら、ジュース奢る〜とかね。なつかしいわ……」

「明日香ちゃん。最後にした約束を覚えてる？」

「最後に？」

「あの頃は頭脳で明日香ちゃんに勝つことはできなかった。だから、いつかぼくが強くなったら、また勝負を挑む。その時にぼくが勝ったら、ずっと一緒にいようって約束したんだ」

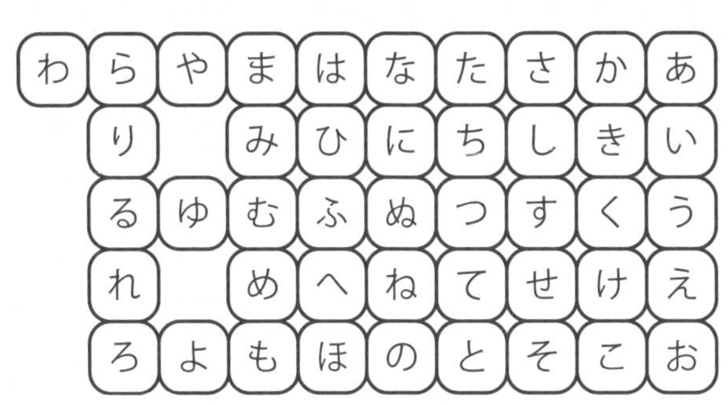

メッセージを解読するのに使ってね！

「あっ……」

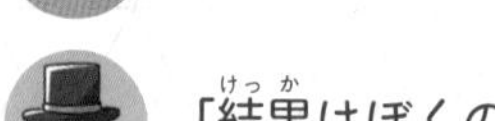

「結果はぼくの負けだったけどね……いい線いってたんだけどなぁ」

「じゃあ、海斗、今回の騒ぎは全部私のために……」

「そう。全部明日香ちゃんのためさ」

「……そうだったの。ところで、今回の勝負は私の勝ちでいいのよね？」

「うん。もう降参するよ。町の人にもちゃんと謝るつもり」

「いいえ、それだけじゃダメよ。これだけの騒ぎを起こした張本人ですもの」

「うう……じゃあどうすればいいのさ」

「あなたは私が直々に監視する必要がありそうだわ。あなたはこれからずっと私の助手を務めるのよ」

「えっ……明日香ちゃん、それって……」

「はい、決まりね！ 敗者は勝者の言うことを聞くものよ。明日からもよろしくね、助手くん!」

「……うん、よろしく！ 明日香ちゃん!」

終わり

英語を好きになるには？

みなさんはなぜ英語の勉強をしているのでしょうか。

日本語のように普段話すのに使うわけでもないし、算数のように何かを買うときに使うわけでもありません。それでも**英語を勉強しているのは、より多くの人とコミュニケーションを取るため**です。

世界の多くの人は英語を話すことができます。しかし、その人たちの中で日本語を話せる人はそう多くありません。みなさんが英語を習得すれば、そういった人たちとも会話を楽しむことができるようになるのです。このような目的があるとわかれば、英語の勉強が少し、魅力的なものに見えてきたのではないでしょうか。

では、みなさんがさらに英語を好きになるための方法をお話しします。勉強って机に向かって問題集を解いていくことだと思っていませんか？　そう考えてしまうと、どうしても窮屈に思えたり、退屈で仕方がなくなったりします。

でも、そうではありません。英語ははじめにも書いた通り、**話すために学んでいるものですから、その勉強も「話す」ことから始まる**のです。みなさんが英語の授業で習った単語や文章を、ネイティブの発音を真似して、英語が話せる人に成り切って音読する。これだけで英語というのはどんどんできるようになっていきます。

これなら自分が英語を話すことができるようになった気分で楽しそうですよね。きっとみなさんも英語が好きになります。

小学生のうちから英語を好きになっておけば、中学生、高校生と大人になっていく中で、さらにたくさん勉強して、英語が話せるようになっているはずです。その素敵な未来を想像して、音読してみてください。

Answer 001 国語　漢字の読み①

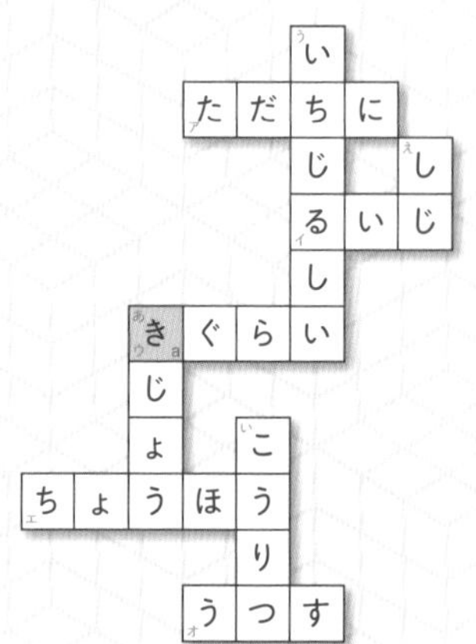

解説

二字熟語の漢字は、賛否・有無のように意味が反対の漢字が並んでいたり、逆に同じ意味の漢字が並んでいたりして構成が決まっているよ。

Answer 002 国語　漢字の読み②

解説

漢字は読むだけでなく、書けるようにもなろう。「乱れる」のような語は、送り仮名も注意して覚えよう。

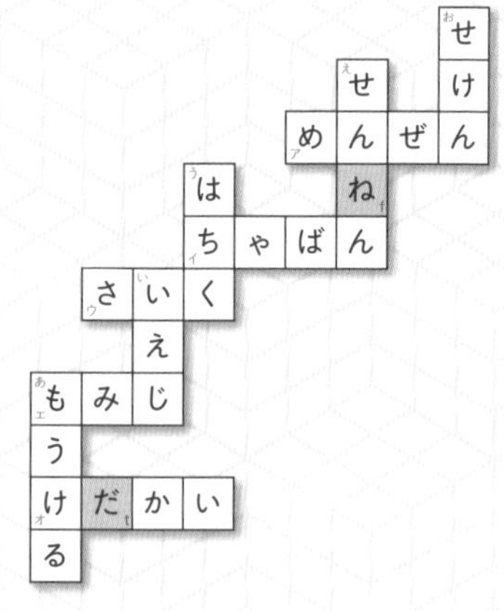

Answer 003 理科 昆虫の作り

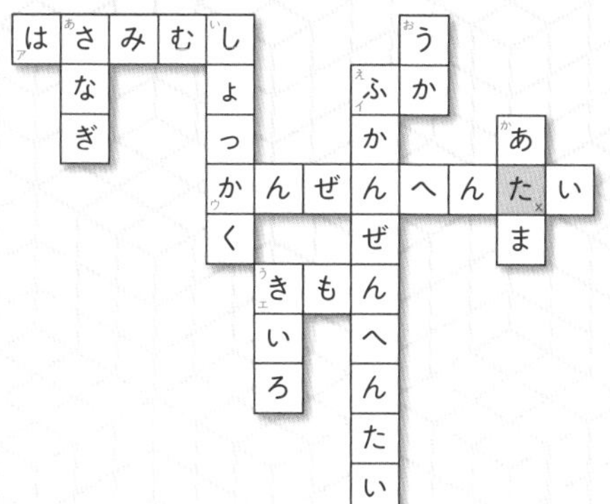

解説

昆虫は頭、胸、腹の3部位に分かれるよ。それぞれの部分に、どんなパーツがついているのか確かめておこう。

Answer 004 社会 日本の地球での位置

解説

日本の標準時子午線は兵庫県の明石市を通っているよ。また0度の子午線はイギリスのグリニッジ天文台やフランス、ガーナなどを通っているよ。

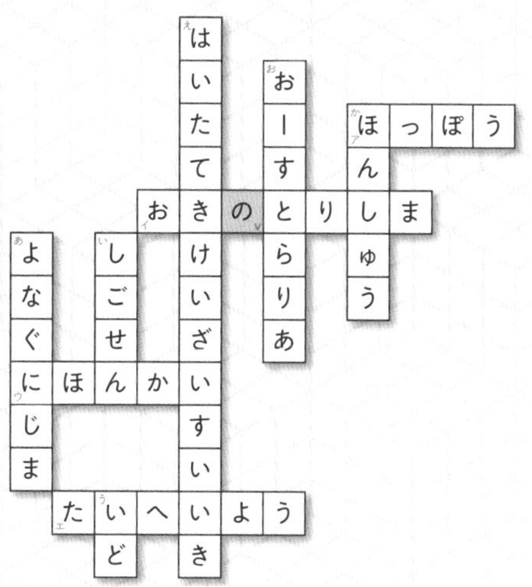

Answer 005 国語 漢字の読み③

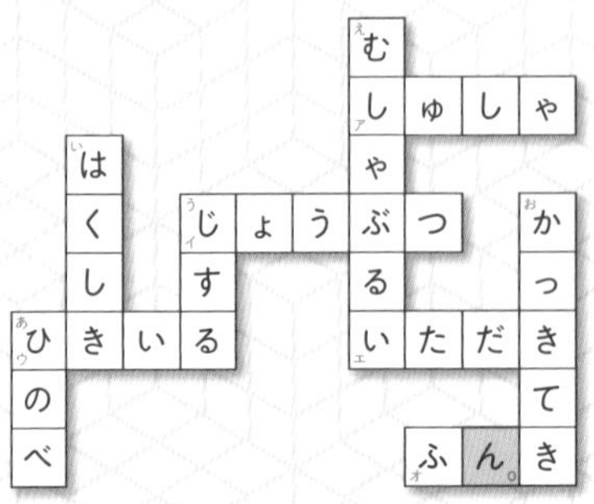

解説

「ひのべ」は難しいから、読めたらすごい！　大人でもなかなか読める人はいないよ。しっかり覚えておこう！

Answer 006 理科 植物の作り①

解説

植物は動物と違って、光合成をして自分で栄養を作り出せるよ。どのような条件で何が作られるのか確かめておこう！

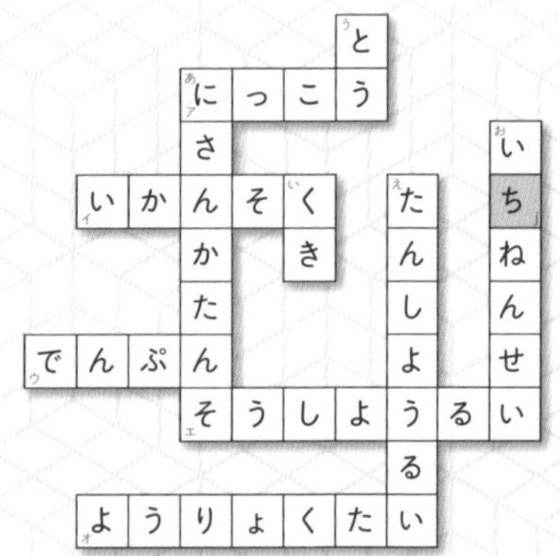

Answer 007 英語 あてはまるセリフは？①

I have to go
home soon,
my daughter
is waiting.

日本語訳
（娘が待っているから、
すぐに帰らなきゃ。）

3
I'm glad to
see you.

答え

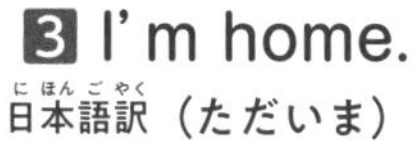
3 I'm home.
日本語訳（ただいま）

（会いたかったよ～）

解説

have to で、「～しなければならない」という意味だよ。「～しなければならない」だけでなく、「～に違いない」といった意味もあるので、例文といっしょに確認しよう！使い方や発音に注意しながら覚えるといいよ！

Answer 008 算数 ピタゴラスからの挑戦状①

7	+	8	=	3	x	5

解説

まず、選択肢の「+」がどこに入るかを先に考えよう！ 数式にはルールがあって、「+」「−」「×」「÷」「=」などの記号が続けて入ることはないんだ。「+×2」「=÷3」なんて、見たことないもんね。そうすると、「+」が入る場所は実は左から2番目のマスしかないんだ。ここに「+」を入れると、「=」の左側は足し算、右側はかけ算の計算式になるよ！

Answer 009 理科 植物の作り②

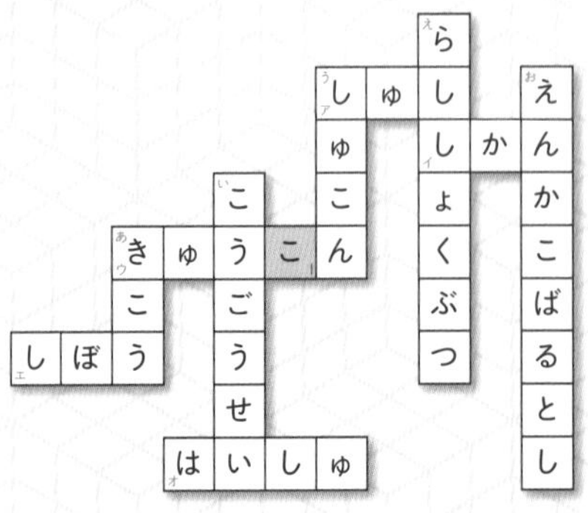

解説

植物はいろんな部位に名前がついているよ。全ての部位が植物に大事だから、名前だけでなく役割も一緒に理解しよう！

Answer 010 社会 都道府県と市町村①

解説

ちなみに、海に面していない県を内陸県といい、栃木県、群馬県、埼玉県、山梨県、長野県、岐阜県、滋賀県、奈良県の８県があるよ！

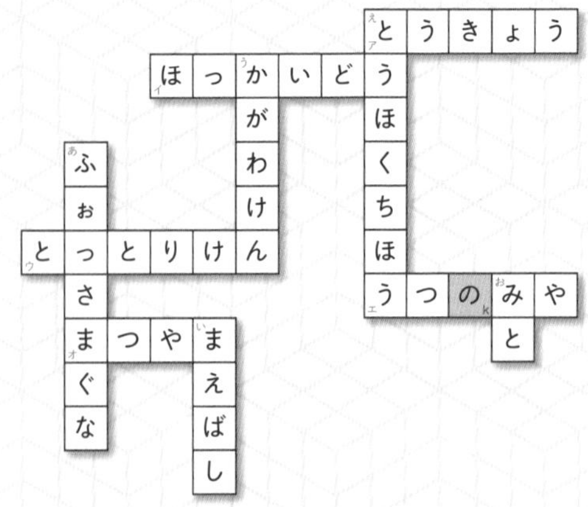

Answer 011 社会 都道府県と市町村②

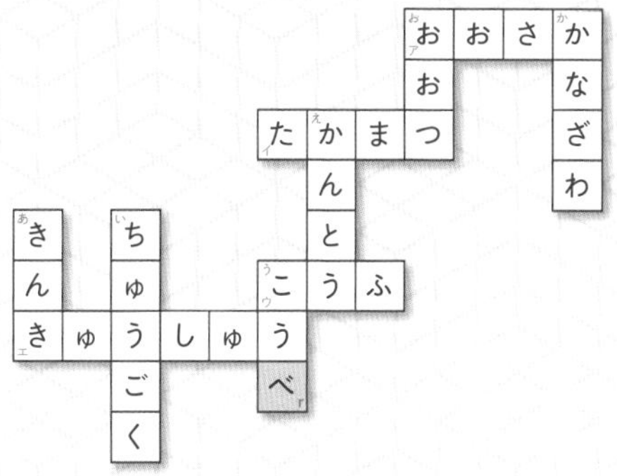

解説

人口50万人以上の都市を政令指定都市というんだね。日本を8つの地方に区分したとき、四国地方だけ政令指定都市がないよ！

Answer 012 国語 漢字の読み④

解説

分別（ぶんべつ・ふんべつ）のように、同じ漢字でも読み方で意味が変わるものがあるよ。確認しておこう！

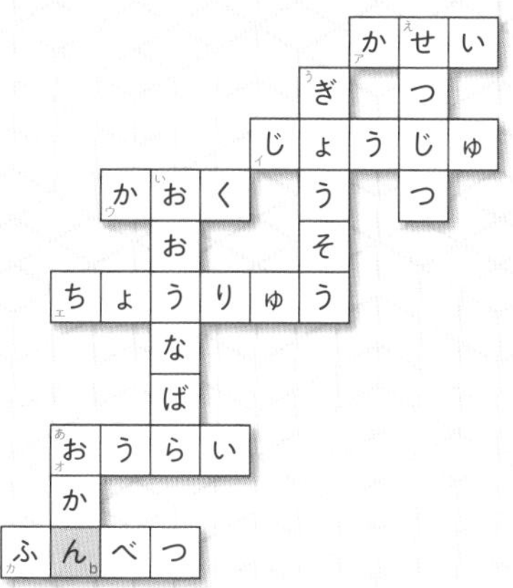

Answer 013 理科 動植物と季節

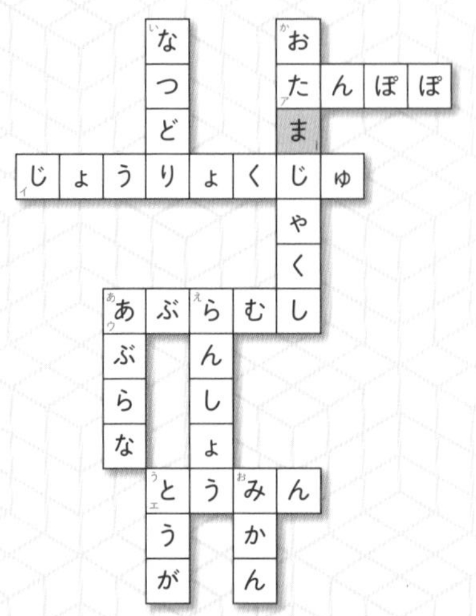

解説

モンシロチョウの幼虫がアオムシと呼ばれるように、動物や植物には成長するにつれて名前が変わるものがあるよ。

Answer 014 社会 日本の地形と海①

解説

三陸海岸沖ではプランクトンがたくさん集まるので好漁場となっているよ！ 黒潮と親潮がぶつかる潮目があるからだね！

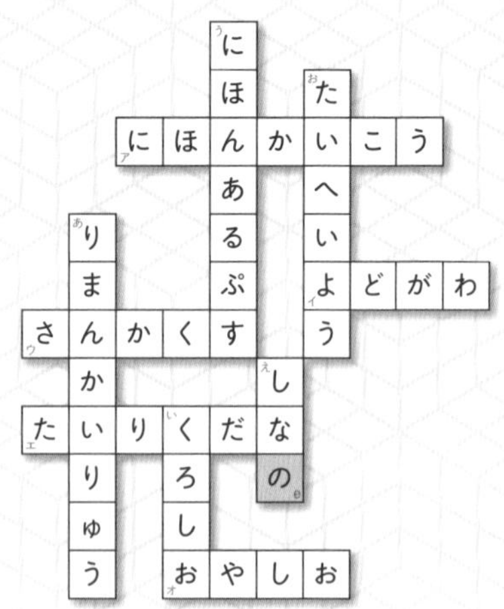

Answer 015 英語　あてはまるセリフは？②

Today's lunch is curry!
I love curry.I'm happy!

1

However, I like not curry but rice.

日本語訳
（今日のお昼はカレー！
カレー大好きなんだよね、
やったね！）

答え

1 Me too!
日本語訳（ぼくも！）

日本語訳
（でも、カレーじゃなくて
ごはんが好きなんだけどね。）

解説

単語や文法を覚えるときは、使うシーンを想像しながら覚えるといいよ！

Answer 016 算数　ピタゴラスからの挑戦状②

3	+	6	=	1	2	−	3

解説

選択肢にある数字は「1」と「3」だけだから、「=」の左側の足し算は「1+6」で「7」か、「3+6」で「9」かの2択になる。ということは、右側の計算の結果も1けたの数字になる必要があるね！

Answer 017 社会 日本の地形と海②

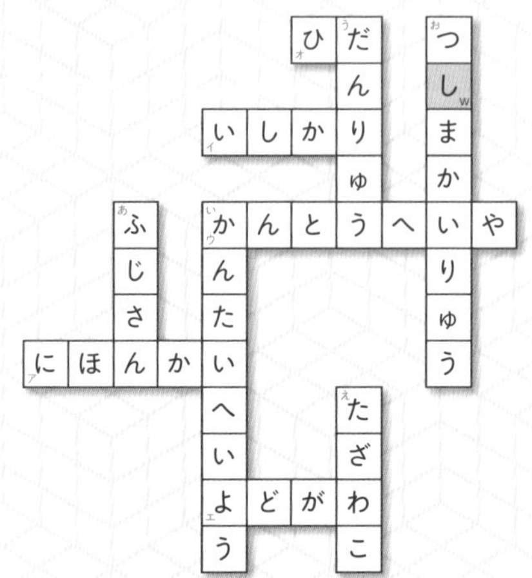

解説

信濃川（日本で一番長い川）は、実は長野県内では千曲川と呼ばれているんだよ！　日本で一番流域面積が大きい川は利根川だね！

Answer 018 理科 発芽と成長

解説

植物の発芽には空気・水・適切な温度が必要だよ。それを調べるための対照実験について理解しておこう！

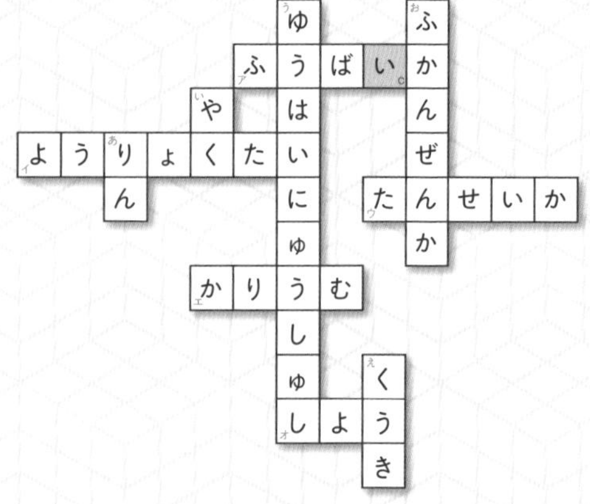

Answer 019 社会 地図

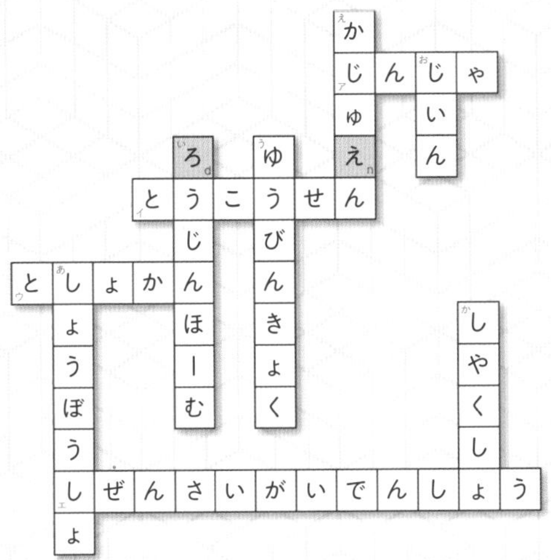

解説

地図記号の由来を覚えよう！ たとえば、交番の地図記号「X」は警察官の警棒が交差しているデザインになっているよ！

Answer 020 社会 日本の気候と自然災害・人口

解説

大都市では人口が集中して過密化が進み、地方では人口が減少する過疎化が進んでいるといわれているよ。

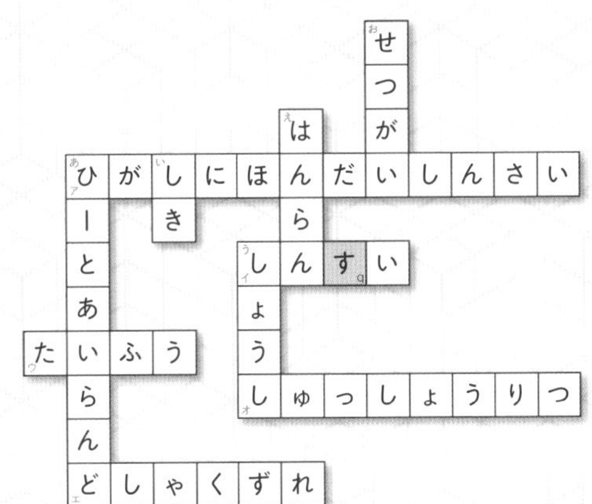

Answer 021 国語　漢字の読み⑤

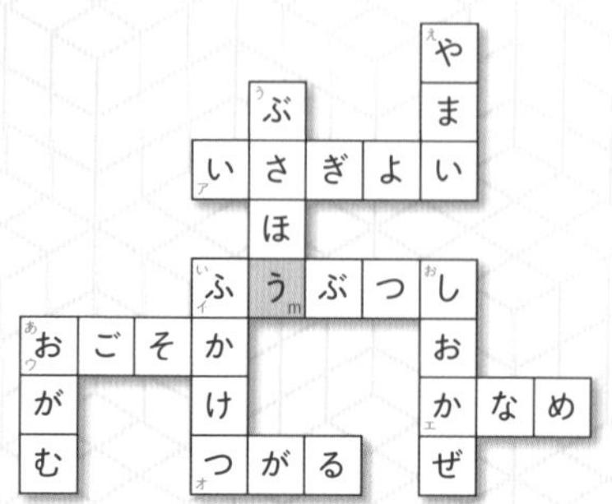

解説

「拝む」のつくりは横棒が４本あるよ。書き間違いに気をつけよう！

Answer 022 理科　メダカ

解説

メダカの産卵には25℃が適した温度だよ。これよりも水温が低いと、産卵から孵化までの期間が長くなってしまうよ。

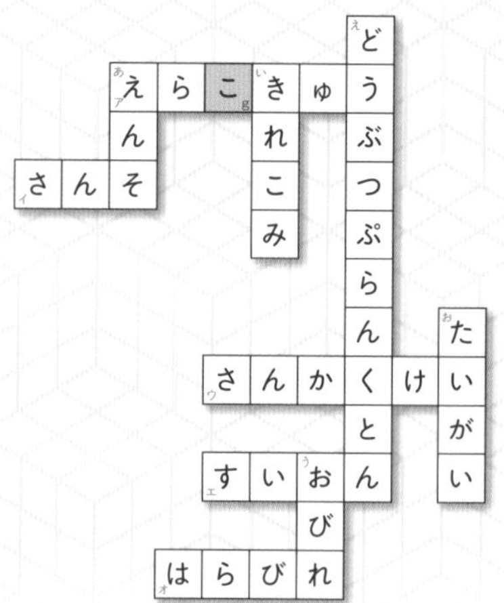

Answer 023 社会 農林畜産業①

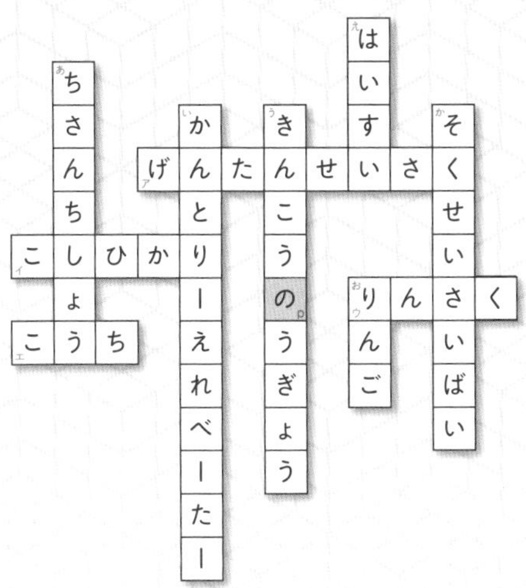

解説

コシヒカリの中でも、新潟県の魚沼地方で栽培されているものは「ブランド米」として有名だね！

Answer 024 社会 農林畜産業②

解説

みかんの生産量は、和歌山県・愛媛県についで静岡県が多いね！ 静岡県は「茶」の栽培もさかんだね！

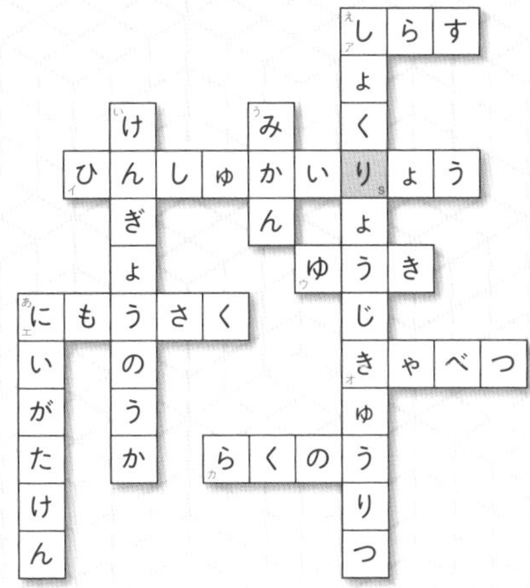

Answer 025　国語(こくご)　漢字(かんじ)の読(よ)み⑥

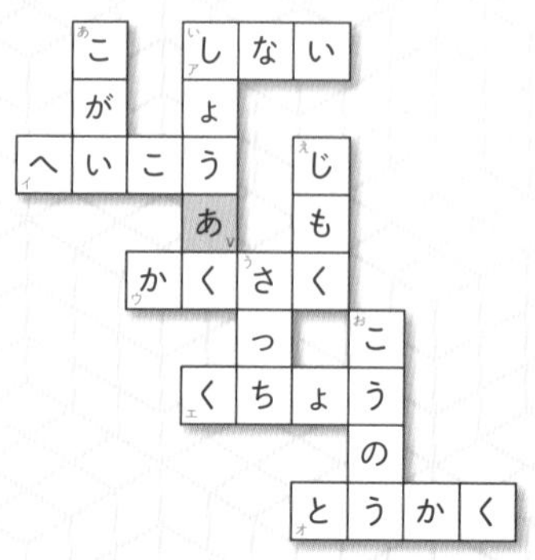

解説(かいせつ)

目(め)・耳(みみ)・口(くち)・頭(あたま)など、体(からだ)の一部(いちぶ)の漢字(かんじ)が入(はい)った熟語(じゅくご)がたくさんあるね。ほかにもないか探(さが)してみよう！

Answer 026　理科(りか)　微生物(びせいぶつ)

解説(かいせつ)

プランクトンは海(うみ)の生物(せいぶつ)の食(た)べ物(もの)として、生態系(せいたいけい)で重要(じゅうよう)な役割(やくわり)を果(は)たすよ。形(かたち)をみて名前(なまえ)がわかるようになろう！

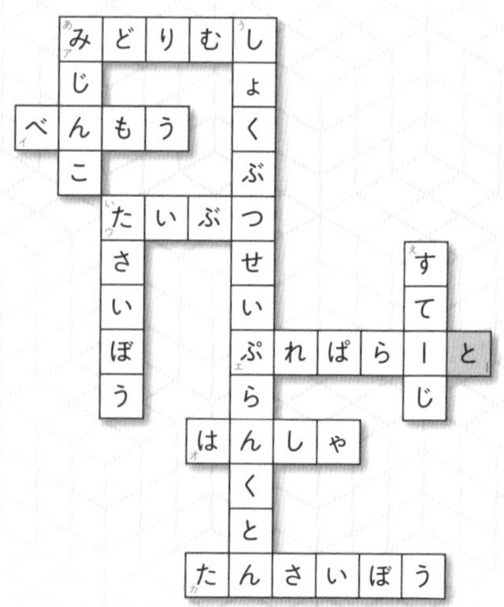

Answer 027 理科 人の誕生

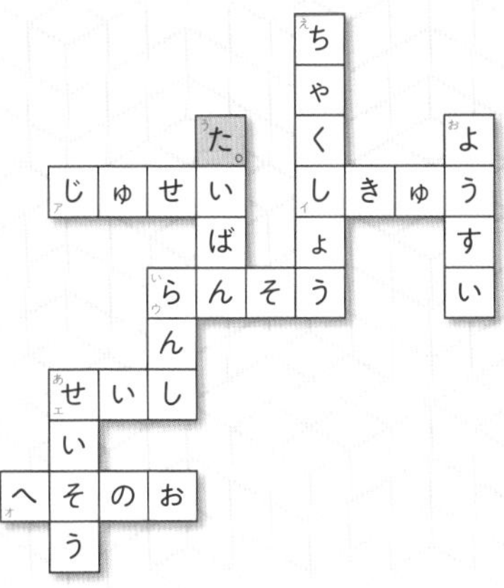

解説

へその緒を通じて、母親から酸素と栄養分が、胎児からは二酸化炭素と不用物が送られるよ。役割も含めて覚えておこう！

Answer 028 社会 漁業

解説

沿岸漁業、沖合漁業、遠洋漁業の違いと、養殖漁業と栽培漁業の違いはしっかり理解しておこう！

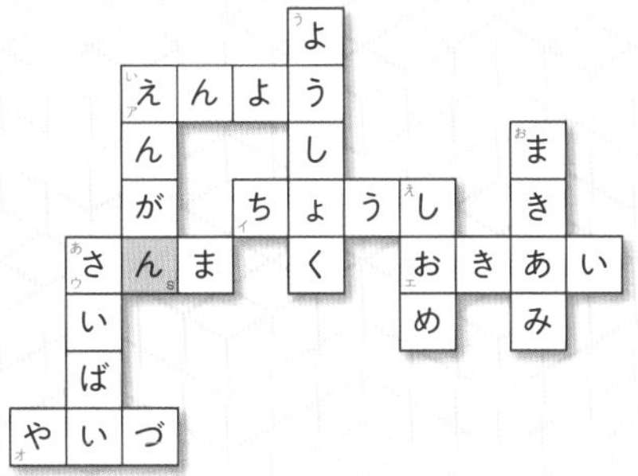

Answer 029 国語 ことわざ①

			み								け	
			み		と	き	は	か	ね	な	り	
	う	ま	が	あ	う		な		こ		を	
			い		だ		を		に		つ	
	め	が	た	か	い		あ		こ		け	
			い		も		か		ば		る	
					と		す		ん			
					く							
は	り	こ	の	と	ら							
					し	ら	は	の	や	が	た	つ

解説

「馬が合う」は動物の馬が出てくることわざだね。これは乗馬で、馬と乗り手の相性が合っていることが由来だと言われているよ。

Answer 030 理科 人体①

解説

心臓から血液が送り出される血管を動脈、心臓に流れ込む血管を静脈というよ。動脈と静脈の違いを確認しておこう。

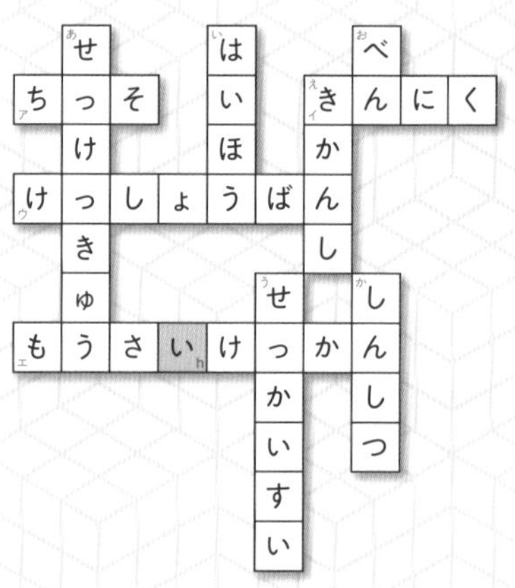

Answer 031 英語　あてはまるセリフは？③

日本語訳
（私、ハンバーガーが食べたいな）

答え

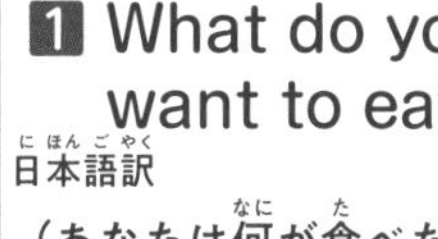

1 What do you want to eat ?

日本語訳
（あなたは何が食べたい？）

I want to eat pizza.

日本語訳
（ぼくはピザが食べたいな。）

解説

wantのあとはV ingではなく、to Vだよ! want 名詞「～を欲する」、want to V「Vしたい」、want O to V「OにVしてほしい」は基本的な型を覚えよう!

Answer 032 算数　ピタゴラスからの挑戦状③

2	×	9	＝	4	×	4	＋	2

解説

1番左のマスに入る数字から考えよう！ 選択肢にある数字は「2」と「4」になるけど、「4」を入れると「＝」の左側のかけ算の結果が「4×9＝36」になるよ。ここで、「じゃあ右側の計算で36という大きな数字を作れるのかな…？」と考えてみることが、クロスワードを解くカギだよ！

Answer 033 社会 工業①

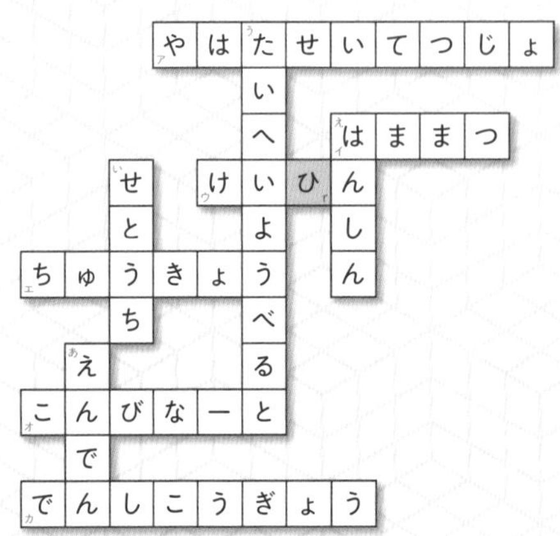

解説

日本の近代工業の発展に貢献した官営工業の代表例として、八幡製鉄所のほかに、1872年に開業した群馬県の「富岡製糸場」が挙げられるね。

Answer 034 社会 工業②

解説

印刷業は、情報の中心地である東京都や大阪府など大都市が多い地域で発達しているよ！

					み	ず	し	ま			
							ゆ		じ		
				く	う	ど	う		ゆ		
	と		い				せ		う		ほ
	う		ん			せ	き	ゆ	か	が	く
	か		さ			ん			が		り
せ	い	み	つ	き	か	い			く		く

Answer 035 国語 ことわざ②

						ぶ	た	に	し	ん	じ	ゅ
		た						か				
		か			で			い		か		つ
		を		さ	る	も	き	か	ら	お	ち	る
		く			く			ら		が		の
め	も	く	れ	な	い			め		う		ひ
		る			は			ぐ		れ		と
					う			す		る		こ
		さ			た			り				え
		ば			れ							
さ	じ	を	な	げ	る							
		よ										
		む										

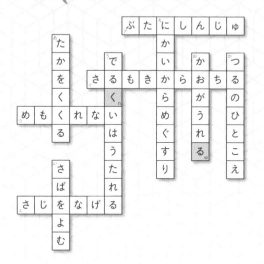

解説

猿も木から落ちる・河童の川流れ・弘法にも筆の誤りは全て同じ意味だね。ほかにも似た意味のことわざの組み合わせを見つけてみよう。

Answer 036 理科 人体②

解説

人間はでんぷん・タンパク質・脂肪など様々な栄養を必要とし、それぞれ消化される場所や消化酵素が異なるよ。

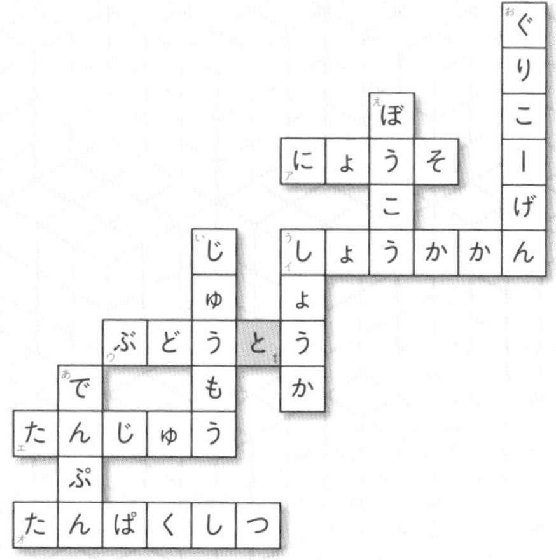

Answer 037 理科　人体③

解説

虹彩は目に入る光の量を調整してくれて、毛様体の筋肉は遠くを見るときは水晶体がうすくなるよう調整してくれているよ。

Answer 038 社会　資源・環境問題

解説

水俣病、新潟水俣病、イタイイタイ病、四日市ぜんそくの4つを四大公害病というよ。

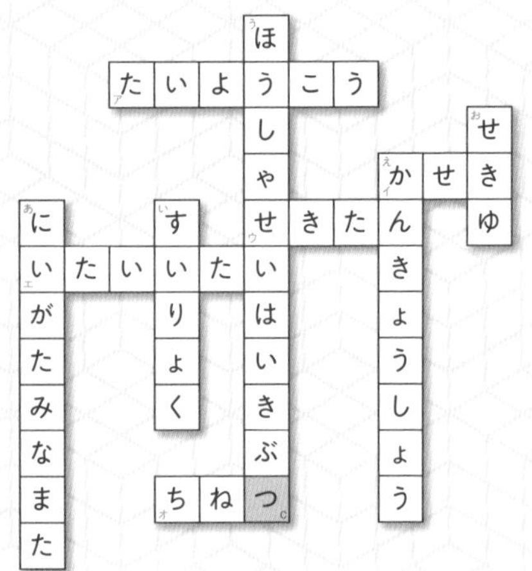

Answer 039 英語 あてはまるセリフは？④

日本語訳

（どこに行きたいの？）

（中国に行きたいな。）

答え

3 Why

日本語訳

（どうして中国に行きたいの？）

日本語訳

（万里の長城が見たいんだよね。）

解説

what,why,when,howは比較的簡単な疑問詞だよ！ 最初は疑問文をスラスラつくるのは難しいけど身の回りのことで疑問文をつくる練習をして覚えよう！

Answer 040 算数 ピタゴラスからの挑戦状④

解説

まずは、選択肢の記号をどのように入れるかを考えよう！ 縦のマスには「=」があるけど、横のマスには「=」がないから、横の左から2番目のマスに「=」が入ることがわかる。そして、計算式の一番最初のマス、もしくは最後のマスには「×」は入らないから、縦の上から2番目のマスに「×」が入ることがわかるよ。

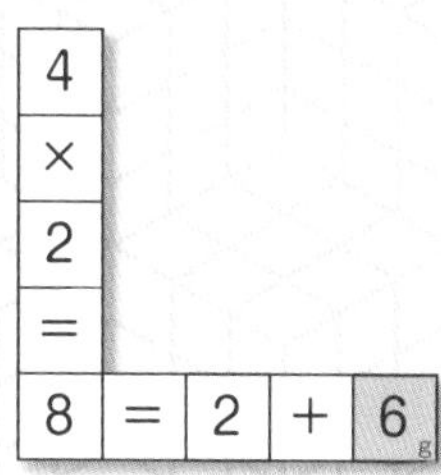

Answer 041

国語　ことわざ③

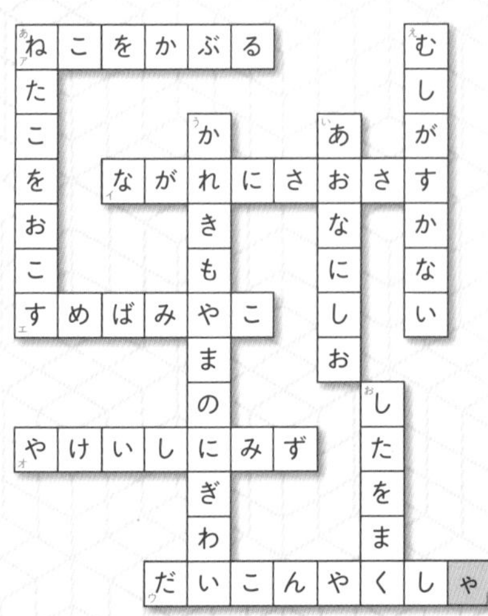

解説

「流れに棹さす」の棹は船を漕ぐための棒のことで、棹さすは船を漕ぐことだよ。意味が間違われやすいことわざだから注意しよう！

Answer 042

理科　食物連鎖と環境問題

解説

地球温暖化や砂漠化のほかに、フロンガスによるオゾン層の破壊や、プランクトンが異常発生する赤潮など、様々な環境問題があるよ。

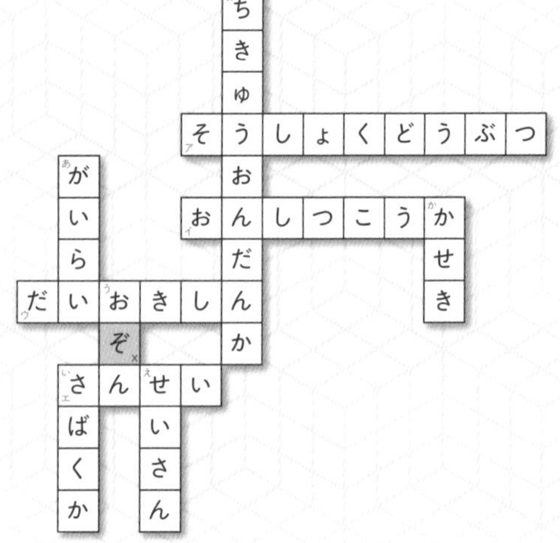

Answer 043 社会 貿易

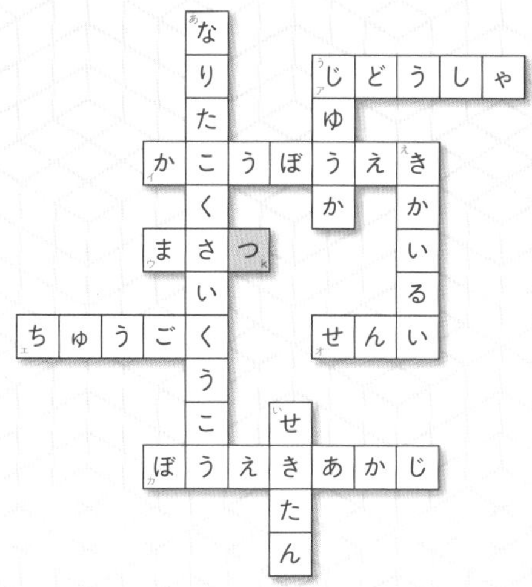

解説

日本とアメリカ合衆国やヨーロッパ諸国との間に貿易摩擦が起きたとき、日本は輸出量を減らすなどの対策を行ったよ。

Answer 044 社会 インフラ

解説

地方では、過疎化の影響で公共交通機関が廃止されてしまい、生活に大きな影響が出ている地域もあるよ。

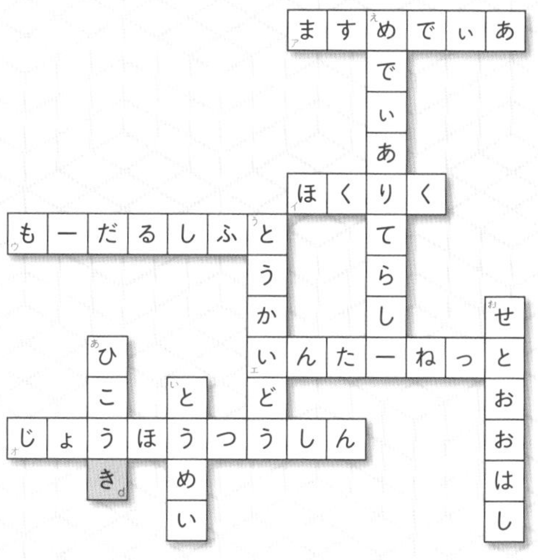

Answer 045　国語（こくご）　ことわざ④

解説（かいせつ）

「泣（な）きっ面（つら）に蜂（はち）」と同（おな）じ意味（いみ）のことわざに「弱（よわ）り目（め）にたたり目（め）」や「傷口（きずぐち）に塩（しお）」というものがあるよ！　不幸（ふこう）な上（うえ）にさらに不運（ふうん）が重（かさ）なることをいうんだね。

Answer 046　理科（りか）　動物（どうぶつ）の分類（ぶんるい）

解説（かいせつ）

動物（どうぶつ）はセキツイ動物（どうぶつ）と無（む）セキツイ動物（どうぶつ）に分（わ）けられるけど、そのなかでもホニュウ類（るい）やクモ類（るい）、頭足類（とうそくるい）など、さらに細（こま）かく分類（ぶんるい）されるよ。

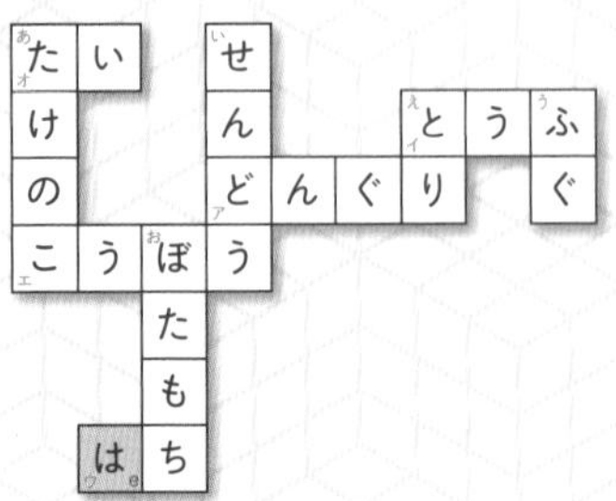

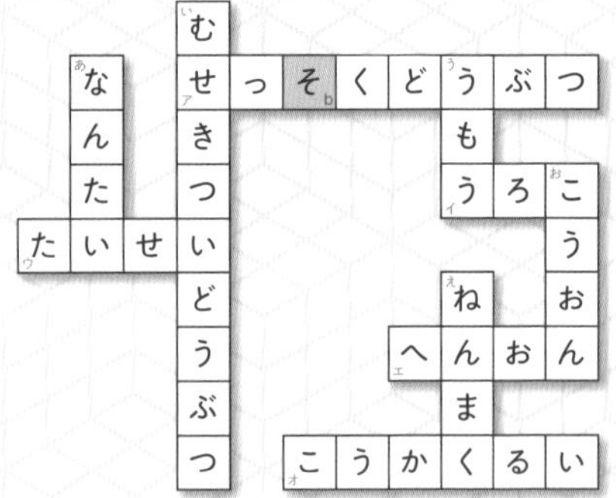

Answer 047 社会　九州地方

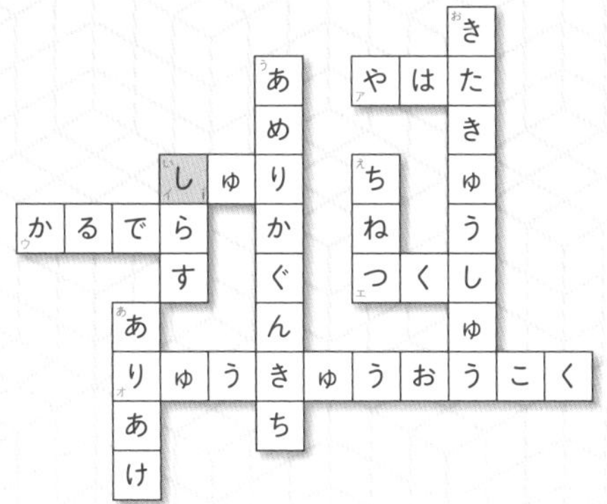

解説

熊本県ではたたみの原料のい草、沖縄県ではさとうきびなど、他ではあまり育てられていないものが九州地方では育てられてるよ。

Answer 048 社会　中国四国地方

解説

高知平野では、夏の露地栽培のほかに、ビニールハウスを使った促成栽培が行われているよ。保冷トラックを使って東京などに運ばれるんだ。

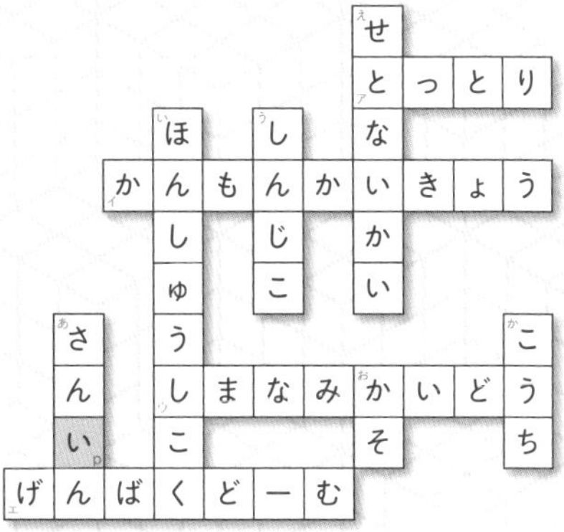

Answer 049　国語（こくご）　四字熟語（よじじゅくご）①

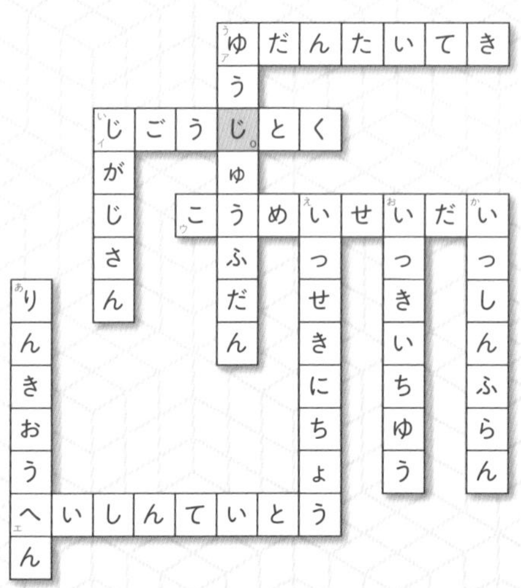

解説（かいせつ）

四字熟語（よじじゅくご）には漢数字（かんすうじ）を使（つか）っているものが多（おお）いね！　ほかにはどんな漢数字（かんすうじ）をつかった四字熟語（よじじゅくご）があるか調（しら）べてみよう！

Answer 050　国語（こくご）　四字熟語（よじじゅくご）②

解説（かいせつ）

入試（にゅうし）でよく出（で）る四字熟語（よじじゅくご）ばかりだね！意味（いみ）や漢字（かんじ）の読（よ）み方（かた）にまで注意（ちゅうい）してみよう！「七転八倒」は「しちてんばっとう」と読（よ）むよ！

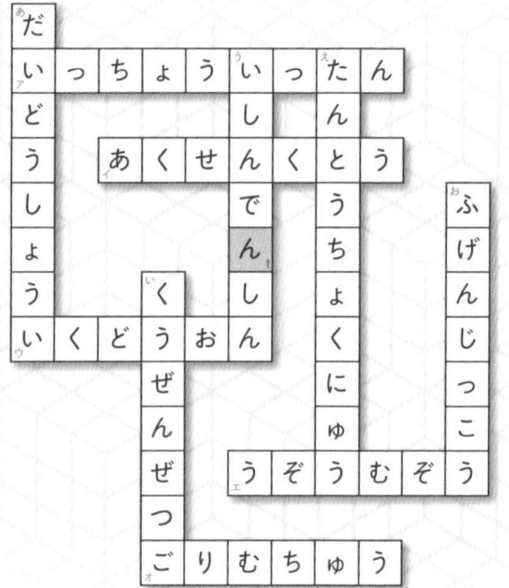

Answer 051 理科 月と星①

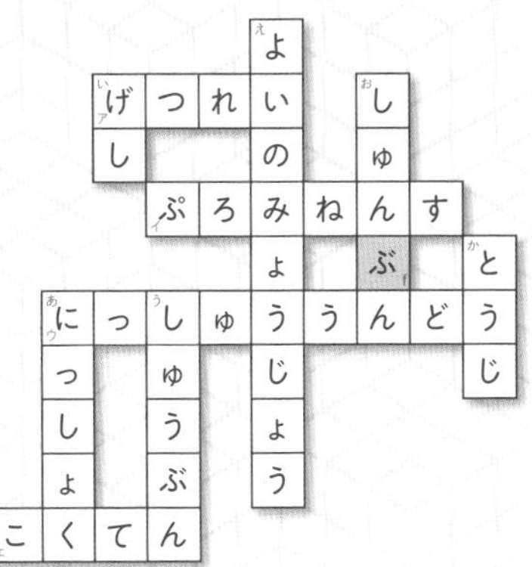

解説

日食には皆既日食・金環日食・部分日食があるけど、月食には皆既月食と部分月食しかないよ。違いを理解しておこう！

Answer 052 理科 月と星②

解説

同じ月でも形によって色んな名前になったりするんだね。スーパームーンやブラッドムーンなんて名前が付く月もあるよ！調べてみてね。

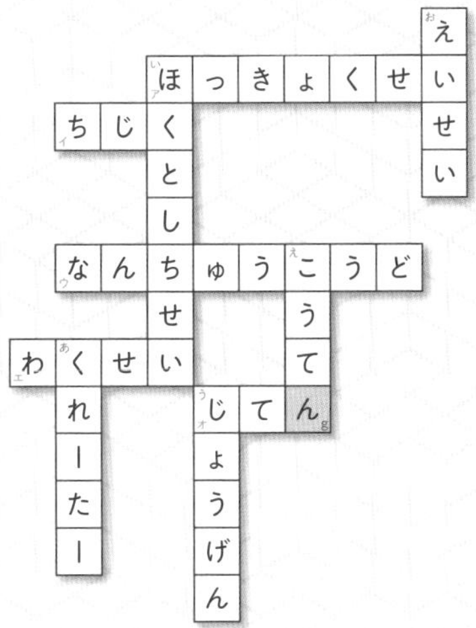

Answer 053 国語 四字熟語③

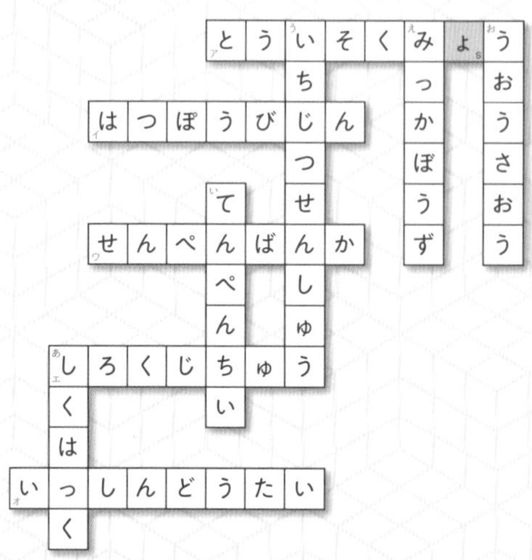

解説

「意味深長」も良く出る四字熟語だよ。「意味深」というのは、「意味深長」を略した言葉だね。

Answer 054 理科 星座

解説

地球から見た太陽の通り道のことを黄道と言うよ。そして、この黄道の上に乗っているように見える12個の星座のことを黄道十二星座と言うんだよ。

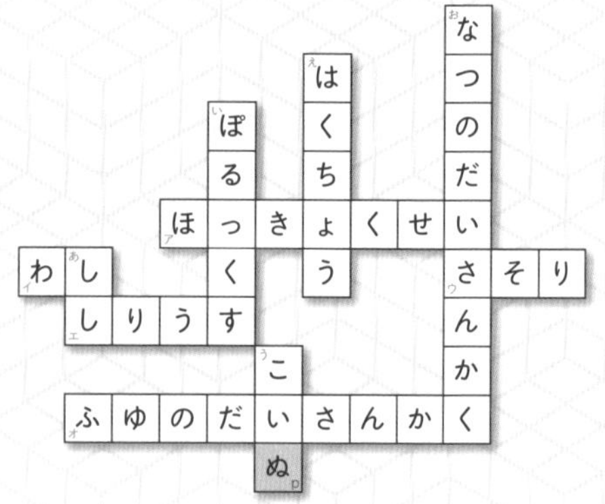

Answer 055 英語 アルファベットのサイコロ①

解説

raceには、「競争」という名詞の意味と、「競争する」という動詞の意味の両方があるよ。

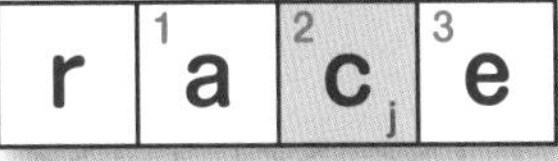

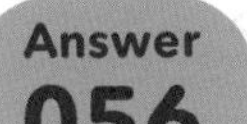

算数 ピタゴラスからの挑戦状⑤

解説

今回のカギは、横のマスにどのような数字や記号が埋まるかだよ！ 横のマスは合計7マスあるけど、「=」の位置が少し変なんだ。「=」の右側は2マスしかないから、ここには2けたの数字が入るよ。

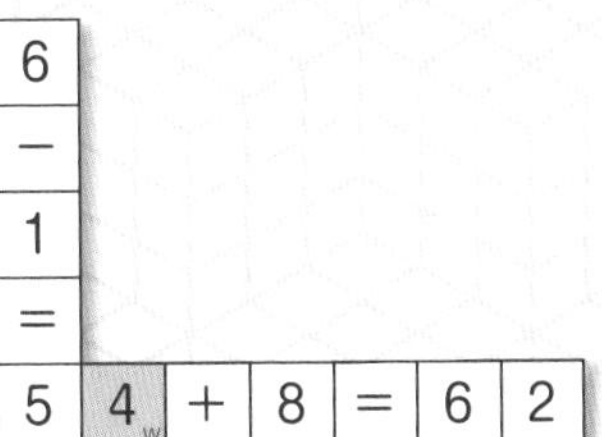

Answer 057 社会(しゃかい) 近畿地方(きんきちほう)

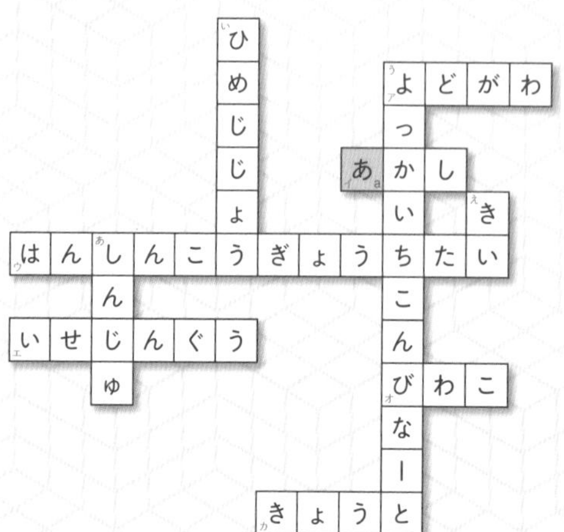

解説(かいせつ)

関西(かんさい)には、海(うみ)に面(めん)さない内陸県(ないりくけん)が滋賀県(しがけん)と奈良県(ならけん)の2つあるよ。ほかに6つある内陸県(ないりくけん)はどこだったかな？　思(おも)い出(だ)してみよう！

Answer 058 社会(しゃかい) 中部地方(ちゅうぶちほう)

解説(かいせつ)

北陸地方(ほくりくちほう)は世界的(せかいてき)に有名(ゆうめい)な豪雪(ごうせつ)地帯(ちたい)なのに対(たい)し、東海地方(とうかいちほう)は暖(だん)流(りゅう)の影響(えいきょう)で冬(ふゆ)も暖(あたた)かく晴(は)れる日(ひ)が多(おお)いよ。

えちごへいや
ちゅうきょうこうぎょう
やいづ
わじゅう
じどうしゃ
ぶどう
あかいし
のうびへいや
さどしま
がっしょう

Answer 059 国語 四字熟語④

解説

漢字の読み方に要注意！「千変万化」は「せんぺんばんか」と読むよ。「千差万別」も「万」を「ばん」と読むね！

ア いきとうごう
イ じもんじとう
ウ とうほんせいそう
エ がでんいんすい
オ りろせいぜん
あ じきゅうじそく
い せんさばんべつ
う じゅうにんといろ
え いっとうりょうだん
お しゅびいっかん

Answer 060 理科 流水の働き

解説

侵食や堆積の効果は一瞬一瞬で見ると小さいものだけど、今この時もずっと起きていて、それが積み重なることで地形が変わるほどになるんだよ。

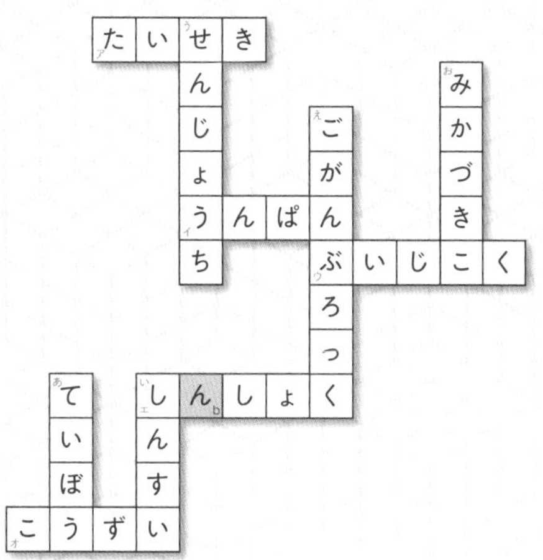

Answer 061 社会 関東地方

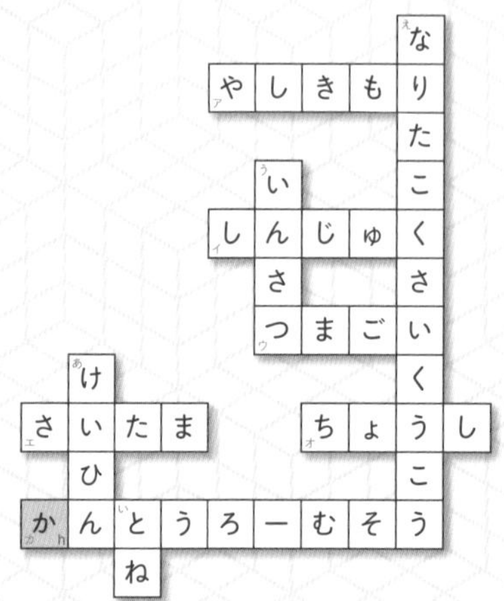

解説

東京などの都心部は、緑地が減り建物が密集しているため、周りよりも気温が高くなるヒートアイランド現象が見られるよ。

Answer 062 社会 東北地方

解説

リアス式海岸になっている三陸海岸の沖合は、寒流の親潮と暖流の黒潮が出会う潮目で、よく魚が取れるよ。

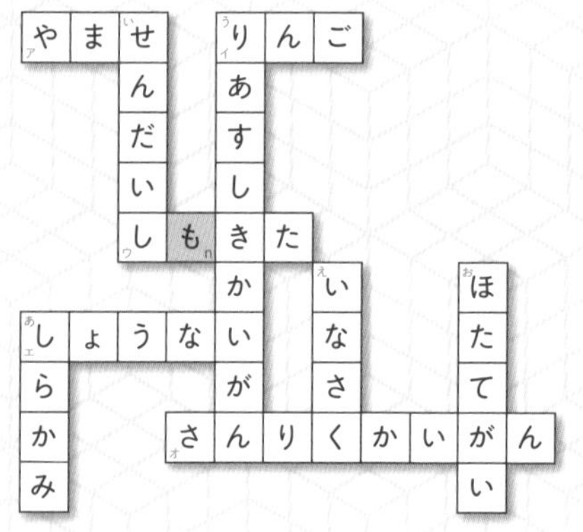

Answer 063 英語 アルファベットのサイコロ②

解説

名前や国名など、固有名詞は1文字目を大文字で書くよ。ほかにも、文章の1文字目や月・曜日も大文字で書くね。

M	E	X	I	C	O

Answer 064 算数 ピタゴラスからの挑戦状⑥

解説

「T字型」のクロスワードだね！縦の上から4番目のマスは「−」になるから、まずはそこを埋めよう。その上で、横の計算式を見ていくよ。色んな組み合わせがあるから、等式が成立するかを一つ一つ試してみるといいよ！

5	3	+	1	=	5	4
			=			
			2			
			−			
			1			

Answer 065 国語 カタカナ語①

解説

リテラシーとは「読み書きの能力」を意味し、メディアリテラシーで組み合わせると「情報を正確に読み解く能力」のことをいうよ！

Answer 066 理科 天気①

解説

地球上の空気について研究する学問を地球流体力学を言うよ。この学問を突き詰めていくと、実は海洋の循環などもつながったりするんだよ。

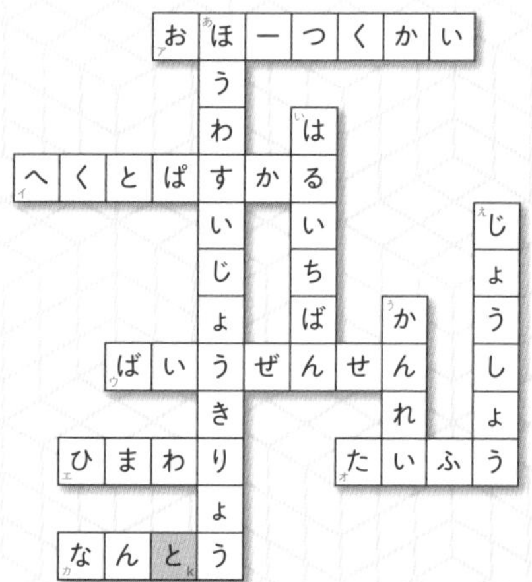

Answer 067 社会 北海道地方

解説

北海道の十勝平野では、小麦・大豆・てんさい・じゃがいも・小豆など畑作がさかんだよ。夏も涼しいことを生かして酪農も行われているね。

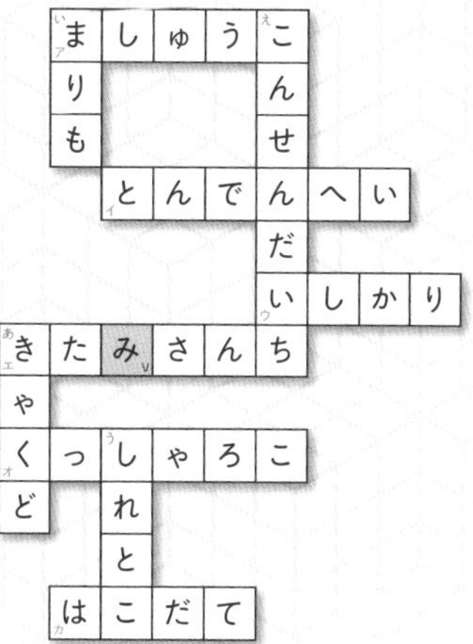

Answer 068 社会 世界地理

解説

世界には最も大きいユーラシア大陸など6つの大陸や太平洋・大西洋・インド洋の3つの大洋があるよ。

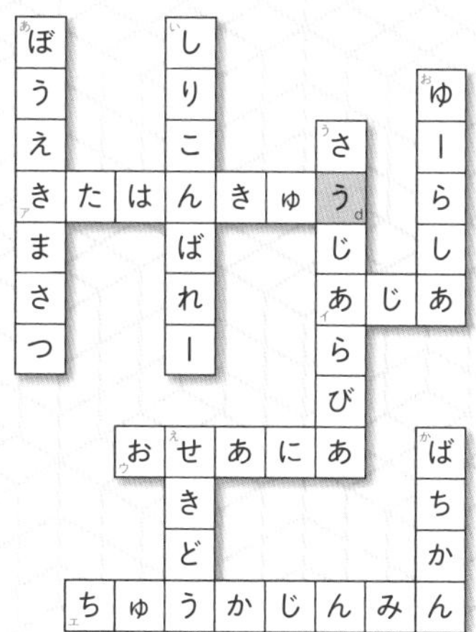

Answer 069 国語　カタカナ語②

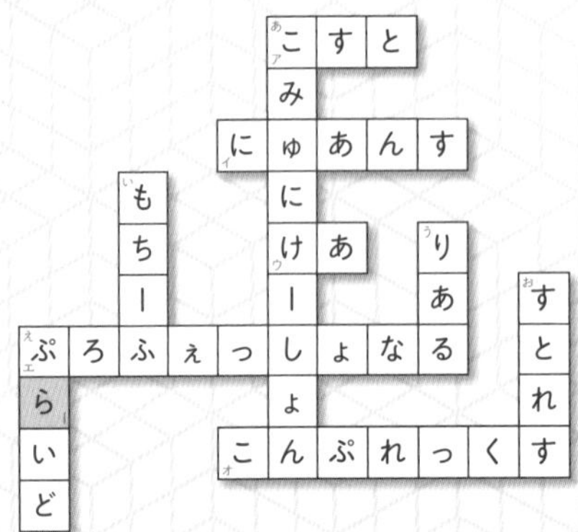

解説

プライドの意味である自尊心もよく出題される単語だね。自尊心の意味も確認しておこう！

Answer 070 理科　天気②

解説

気圧の状態や前線の位置から季節がわかるよ。天気図を見て、季節とそのときどんな天気か覚えておこう。

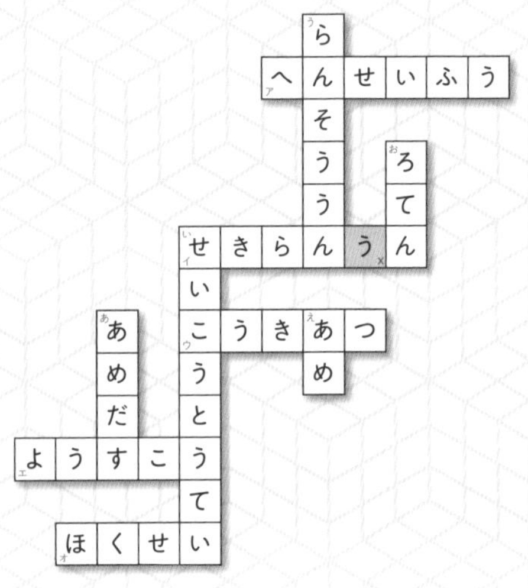

Answer 071 社会 旧石器から古墳時代

解説

国内で初めて見つかった旧石器時代の遺跡を知っているかな？岩宿遺跡がどこにあるのかまで確かめておこう。

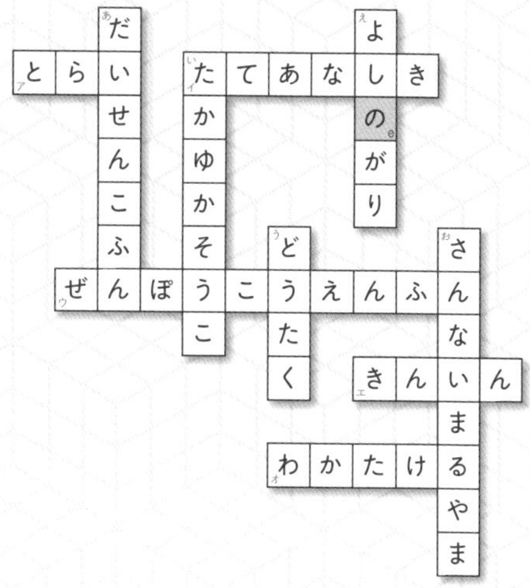

Answer 072 社会 飛鳥・奈良時代

解説

聖徳太子を立てた蘇我氏は仏教派だったけど、対立する物部氏は神道を推していたよ。仏教の浸透する様子を確認しておこう。

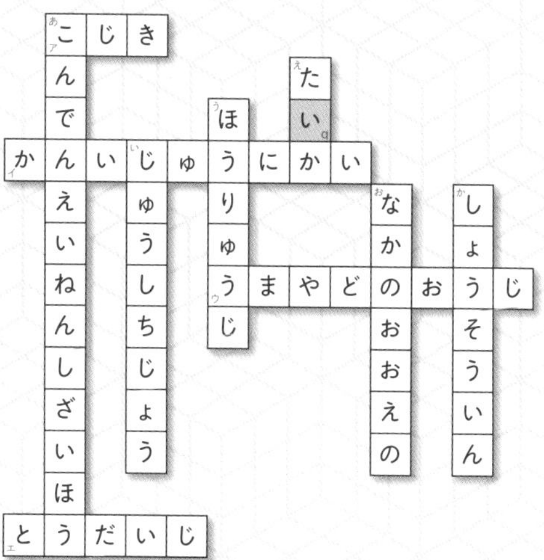

Answer 073 国語　カタカナ語③

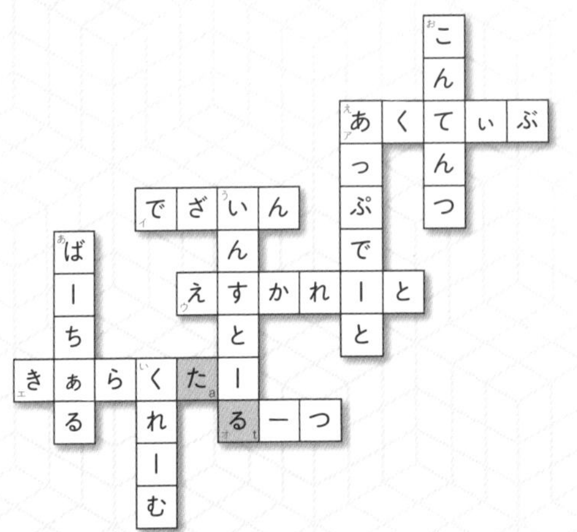

解説

キャラクターはゲームなどでは登場人物という意味で使われるけど、性格や特徴といった意味でも使われるよ。

Answer 074 社会　平安時代

解説

貴族政治から武士政治へと移り変わっていくのがこの時代だよ。天皇、貴族、武士の誰が政治の実権を握っているのか、常に確かめておこう。

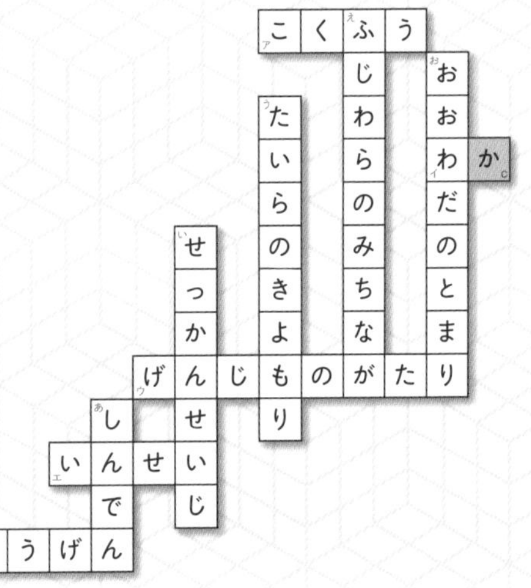

Answer 075 理科 地層・化石①

解説

色んな化石があって面白いね！化石は、どの年代に生きたか、が大事だから、しっかり覚えよう。

				か	せ	き			ち
か	ざ	ん	ば	い					ん
ん				が					こ
と			さ	ん	よ	う	ち	ゅ	う
う				だ			そ		
ろ				ん			う		
ー				き		び		れ	
む		し	じ	ゅ	ん	か	せ	き	
そ				う		り			
う						あ			

Answer 076 理科 地層・化石②

解説

正断層と逆断層は間違えやすいね……。斜めの断層に対して、引っ張る向きに力がかかると正断層になり、押す向きに力がかかると逆断層になるよ。

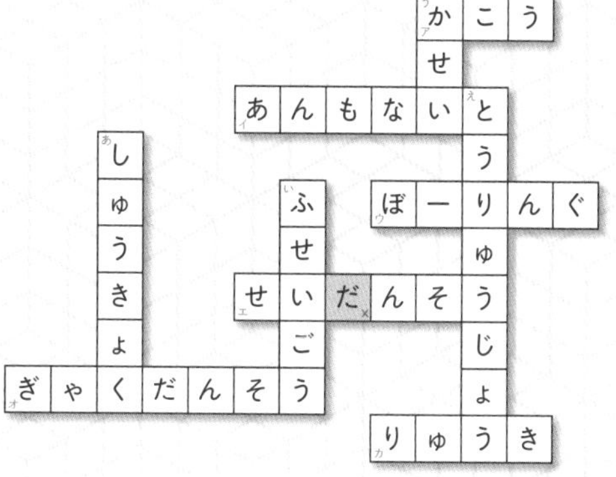

Answer 077 国語 カタカナ語④

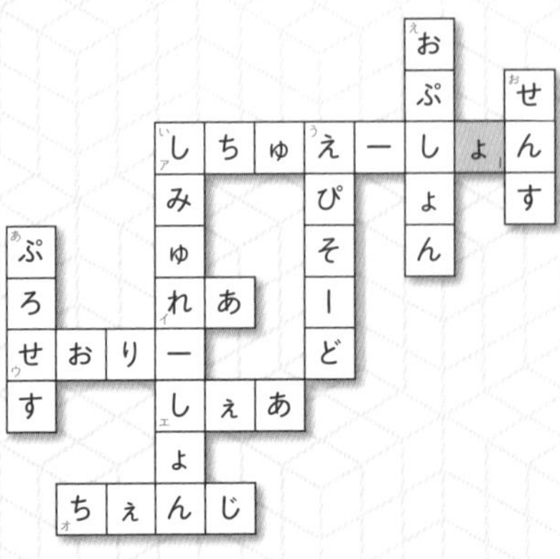

解説

ウは「セオリー」。ドラマなどで「セオリー通りに」といった表現を耳にしたことはあるかもしれない。セオリーは定石、理論と言った意味だよ。日常会話で使ってる言葉の意味を改めて覚えることも重要だよ。

Answer 078 理科 地震・火山①

解説

地球は十数枚のプレートで覆われているんだよ！ すごいよね。このプレートが押したり引いたりすることで、海溝ができたりするんだね。

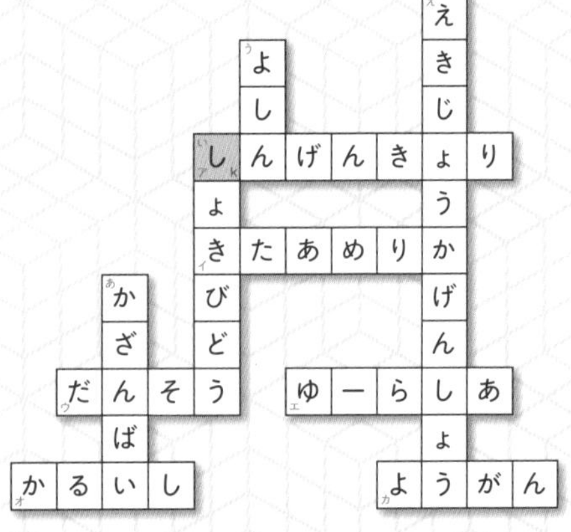

Answer 079 英語 アルファベットのサイコロ③

解説

鉛筆はみんなもよく使う道具だよね。ほかにも身の回りのものを英語でなんというか調べてみよう！

答え

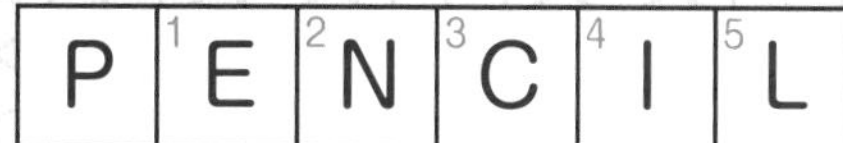

P E N C I L

Answer 080 算数 ピタゴラスからの挑戦状⑦

解説

クロスワードが大きくなってくると、どこから手をつけるべきかがカギになるよね。今回であれば、上側の横向きの計算式から埋めていくと良いよ！ 十の位が「1」であるものを何倍かしたら、十の位が「6」である数字になる、という組み合わせは限られているので、そこを一つ一つ試してみよう。レベルが上がってくると「ここはこの数字が入るかな…？」と「仮定」しながら進めていくことが重要になるよ！

		3				
1	2	×	5	=	6	0
		6				
		−				
		4				
		=				
		1				
		4	+	3	=	7

Answer 081 理科 地震・火山②

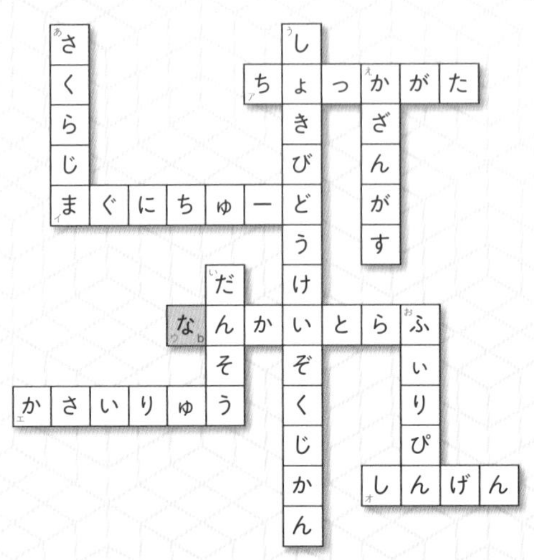

解説

実は、富士山も活火山なので、いつ噴火してもおかしくないんだよ。富士山が噴火すると、東京まで火山灰が届くと予想されているよ。

Answer 082 社会 鎌倉時代

解説

鎌倉幕府を立てた源頼朝や、その弟の源義経など、数々の武将についてはしっかり関係性を整理しておこう。

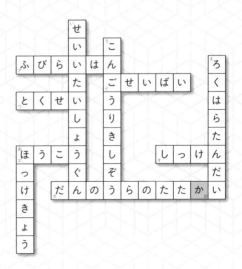

い せいいたいしょうぐん
う こんごうりきしぞう
ア ふびらいはん
え ろくはらたんだい
イ ごせいばい
ウ とくせい
あ ほっけきょう
エ ほうこう
オ しっけん
カ だんのうらのたたかい

Answer 083 国語 カタカナ語⑤

	ぱ	ふ	ぉ	ー	ま	ん	す	
	ら						た	
	ど				じ	れ	ん	ま
み	っ	く	す		ぇ		す	
	く				ね			
	す				れ	っ	て	る
		し			ー			
で	ぃ	す	か	っ	し	ょ	ん	
		て			ょ			
		む		め	ん	た	る	

解説

あ「パラドックス」は難しい言葉だよ。大学生や大人でもしっかりと説明することは難しいかもしれない。『「鈴木くんは嘘つきだ」と鈴木くんが言った』と言ったように矛盾していることもパラドックスと言うよ。

Answer 084 理科 水の状態変化

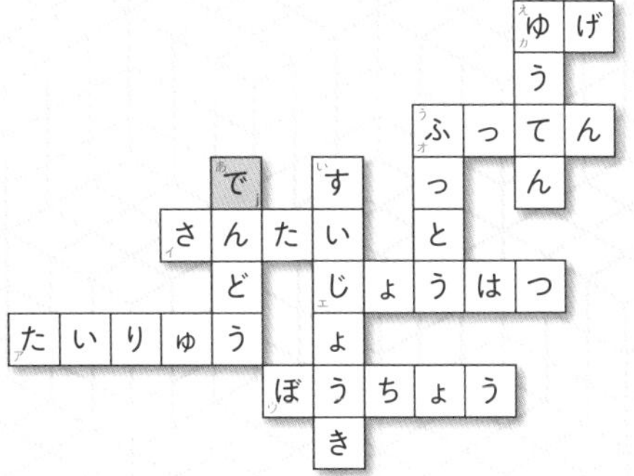

解説

蒸発と沸騰は混同されやすいけど、違う現象だよ！ 水が沸騰するためには、沸点まで温度を上げないといけないけど、蒸発は低い温度でも起こるよ。

Answer 085 社会　室町時代

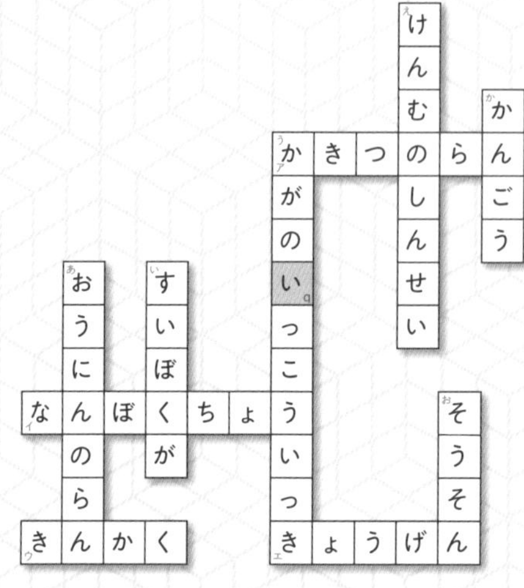

解説

一揆が多発したのがこの時代。正長の土一揆や、加賀の一向一揆など、有名なところはおさえておこう。

Answer 086 社会　戦国・安土桃山時代

解説

戦国時代は、意外と文化も聞かれるよ。千利休のお茶や、狩野永徳の屏風絵など、確認しておこう。

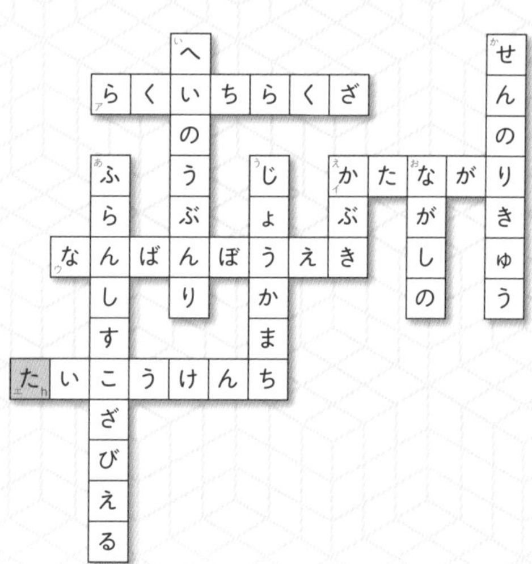

Answer 087 英語 アルファベットの足し算・引き算①

答え

frog

解説

dogは犬、frogはカエルという意味だね！ ちなみに、動物＝animal、動物園＝zooだね！ 一緒におぼえよう！

答え

peach

Answer 088 算数 ピタゴラスからの挑戦状⑧

解説

今回のカギは、選択肢に「＋」と「－」がないこと！ それを利用すると、一番右側の縦のマスの計算式はかけ算では成立しないので、「÷」を使って「7÷7=1」になる。さらに、一番左側の縦のマスの計算式は「32=8×4」と決まる。残ったもう一つの縦のマスの計算式は、この時点で記号が「÷」しか残っていないから、「6÷1=6」と決定できるよ。

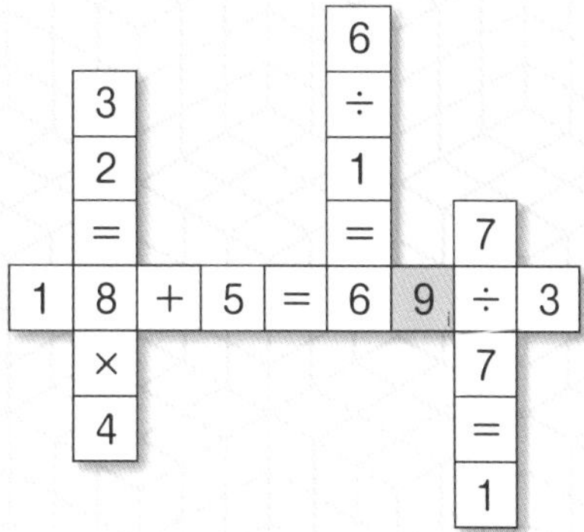

Answer 089 国語（こくご） 類義語・対義語①（るいぎご・たいぎご）

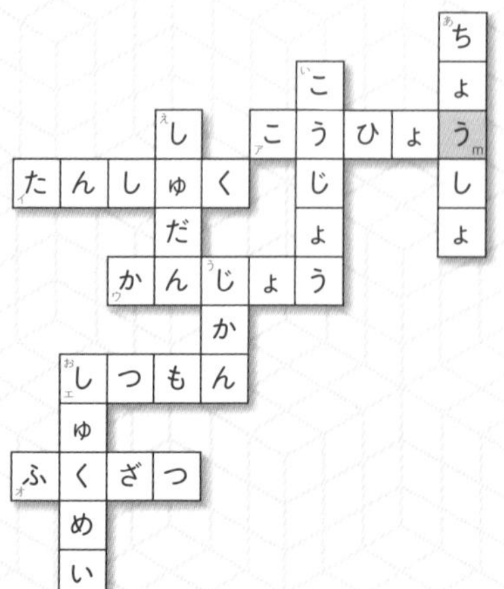

解説（かいせつ）

「美点（びてん）」のような日常会話（にちじょうかいわ）で使（つか）わない言葉（ことば）はテストで聞（き）かれた時（とき）にとっさに出（で）てこないから、しっかりと覚（おぼ）えよう。

Answer 090 理科（りか） 水溶液と濃度（すいようえきとのうど）

解説（かいせつ）

塩化（えんか）ナトリウムはナトリウム(Na)と塩素（えんそ）(Cl)がくっついてできた物質（ぶっしつ）だよ。

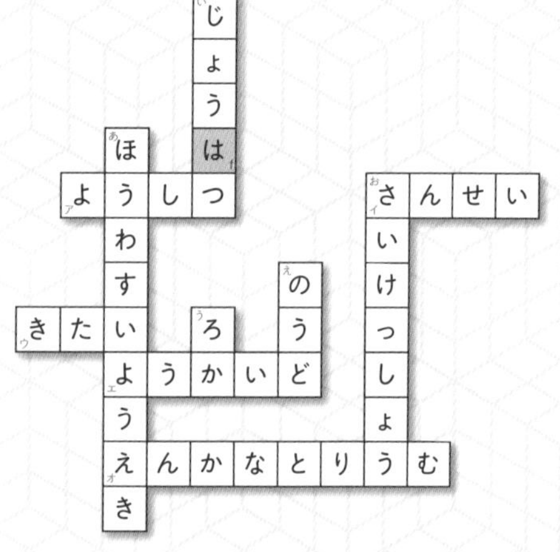

Answer 091 社会 江戸時代①

解説

徳川幕府がどのように成立したのか。鎖国に至るまでどんな流れがあったのか見てみよう。

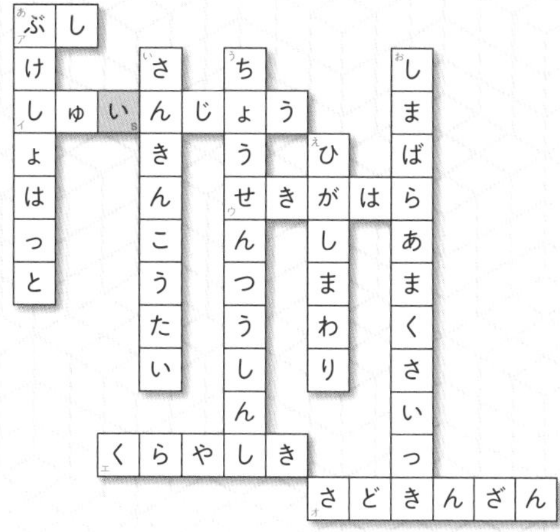

Answer 092 社会 江戸時代②

解説

生類憐みの令を出した五代将軍徳川綱吉や、享保の改革を実行した八代将軍徳川吉宗など、徳川の将軍については特徴を覚えておこう。

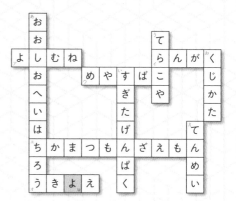

	お										
	お							て			
よ	し	む	ね					ら	ん	が	く
	お			め	や	す	ば	こ			じ
	へ					ぎ		や			か
	い					た					た
	は					げ				て	
	ち	か	ま	つ	も	ん	ざ	え	も	ん	
	ろ					ぱ				め	
	う	き	よ	え		く				い	

Answer 093 国語（こくご） 類義語・対義語②（るいぎご・たいぎご）

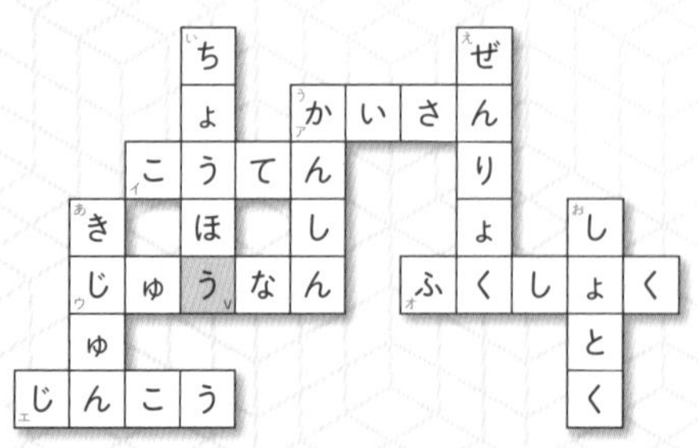

解説（かいせつ）

ウの柔軟（じゅうなん）の対義語（たいぎご）は「強硬（きょうこう）」だよ。強硬（きょうこう）とは、自分（じぶん）の意見（いけん）を強（つよ）く押（お）し通（とお）そうとする様子（ようす）のことだよ。やわらかいの反対（はんたい）は？という所（ところ）から考（かんが）えてみよう。

Answer 094 理科（りか） 燃焼（ねんしょう）

解説（かいせつ）

燃焼（ねんしょう）には、燃（も）えるもの・酸素（さんそ）・十分（じゅうぶん）な温度（おんど）が必要（ひつよう）だよ。火（ひ）がつく温度（おんど）のことを発火点（はっかてん）というよ。

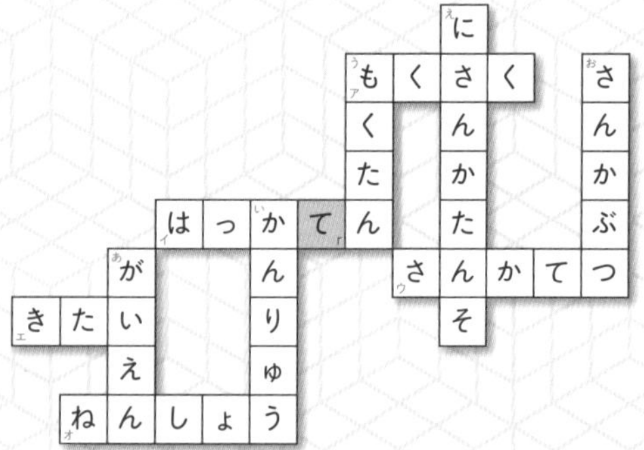

Answer 095 社会 江戸時代③

解説

薩摩と長州は、薩長同盟としてチームを組んで江戸幕府に対抗する。西郷隆盛と坂本龍馬らによるものだね。やがて江戸幕府は政治の権限を朝廷に返し、王政復古の大号令が発布されるよ。また、同時に進行していく日本の開国の順番についても、どの港がいつ開港したのかは抑えよう。

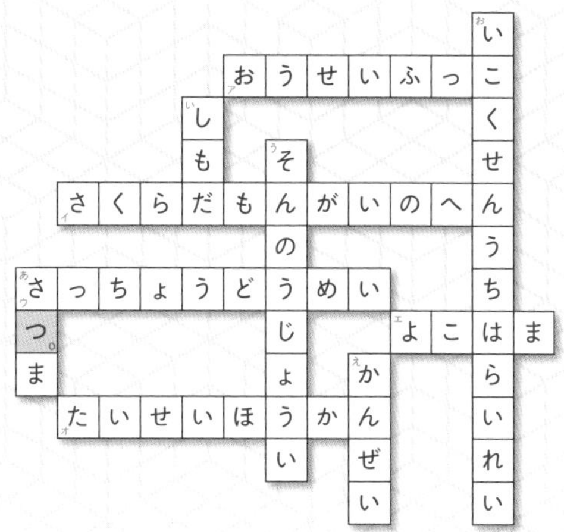

Answer 096 社会 明治維新と文明開化

解説

大政奉還によって成し遂げられた明治維新。その陰には伊藤博文のような功労者たちがいたよ。明治政府は武士たちに負けず、版籍奉還や廃藩置県などの政策を推し進めていく。それに不満を持った士族は様々な事件を起こすよ。動乱の時代を追っていこう。

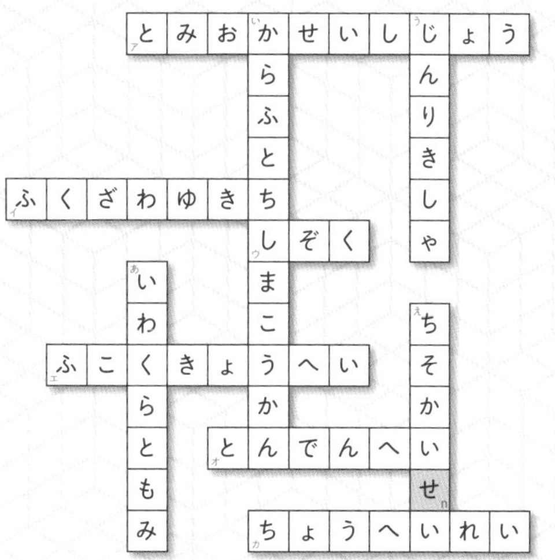

Answer 097　国語　類義語・対義語③

解説

オの「緯度」「経度」は社会でもやったね。横緯経縦で覚えてみよう！

Answer 098　社会　自由民権運動・日清日露戦争

解説

明治時代の人々が国会を開くまでに努力した過程は良くテストで問われるよ！大隈重信や、板垣退助などの活躍もしっかり見ておこう！日清戦争、日露戦争は、日本がヨーロッパの国々に認められるきっかけになった戦争だよ。東アジアの小さな国が、なぜ日英同盟を結ぶことができたのか？それらの理由を考えながら学んでいこう。

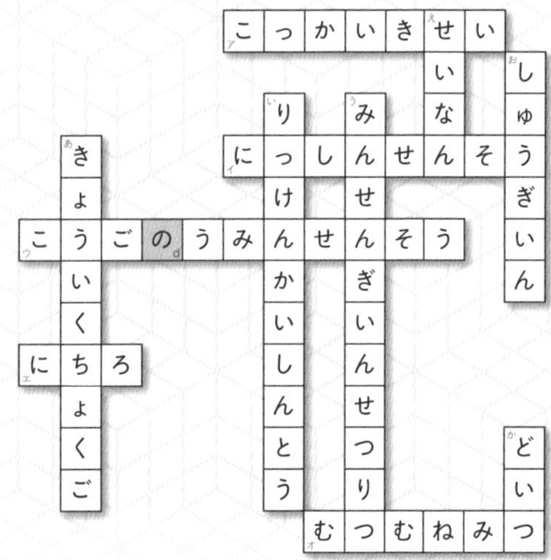

Answer 099 理科(りか) 気体(きたい)

解説(かいせつ)

気体(きたい)を発生(はっせい)させる実験(じっけん)には、ふたまた試験管(しけんかん)など様々(さまざま)な道具(どうぐ)が出(で)てくるよ。注意点(ちゅういてん)を理解(りかい)して正(ただ)しい使(つか)い方(かた)を覚(おぼ)えよう。

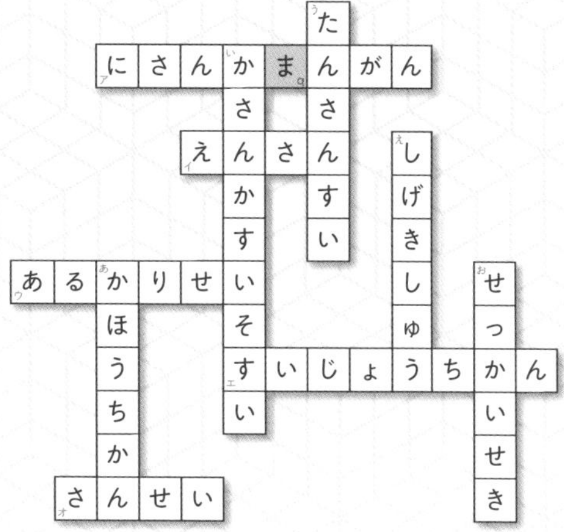

Answer 100 理科(りか) 音(おと)と光(ひかり)

解説(かいせつ)

物体(ぶったい)とレンズの距離(きょり)・レンズと像(ぞう)の距離(きょり)・焦点距離(しょうてんきょり)の間(あいだ)に成(な)り立(た)つ関係式(かんけいしき)があるよ。像(ぞう)がどこにできるか求(もと)められるようにしよう。

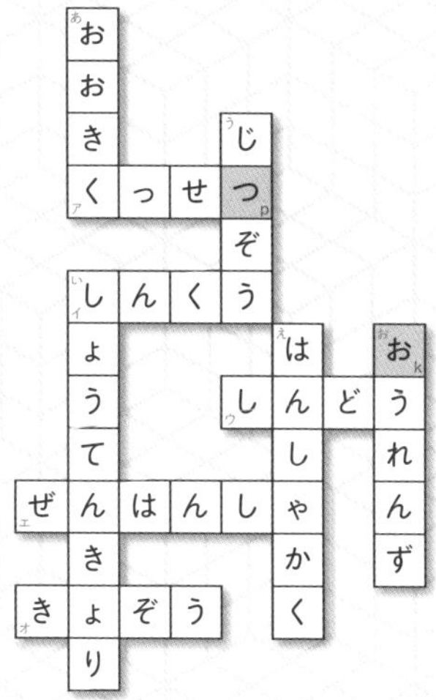

Answer 101　国語　類義語・対義語④

け	ん	り		え			た
い				い	っ	ぱ	ん
け	い	し		き			し
ん		ょ		ゅ			ょ
	ご	う	ほ	う			
		そ			ど		
	ふ	く	ぎ	ょ	う		
					い		

解説

イ「重視」「軽視」は重いと軽いの漢字一字がそれぞれ対立している対義語のパターンだね。

Answer 102　理科　ばねと振り子と滑車とてこ

解説

てこを考えるときは、重さ×支点からの距離で求まるモーメントが大事になるよ。棒の重さがあるときは、重心の位置も気をつけよう！

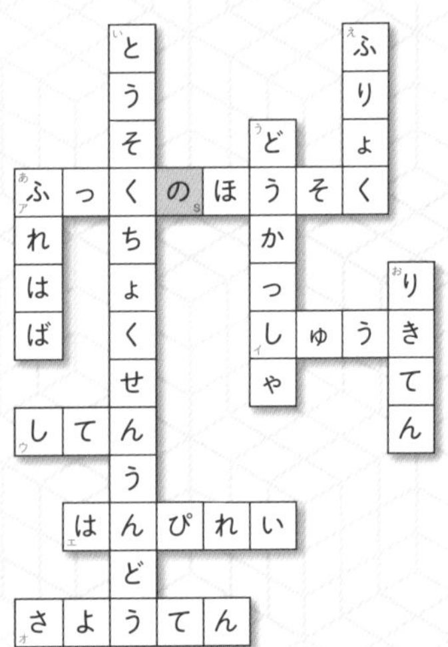

Answer 103 英語 アルファベットの足し算・引き算②

答え

share

答え

use

解説

shadowは影、museumは博物館だね！ 美術館＝art museum、図書館＝libraryというよ！ 一緒に覚えておこう！

Answer 104 算数 ピタゴラスからの挑戦状⑨

解説

まずは、縦の計算式を1つずつ埋めていこう！選択肢に「+」「−」がないから、全てかけ算と割り算の式になるよ。一番左側の縦の計算式は、「4×4」としてしまうと答えが2けたになってしまうから、「4÷4=1」だと決定することができるよ。そして、真ん中の縦の計算式は一見何も埋められないように見えるけど、「1をかけても1で割っても元の数字から変わらない」ということを踏まえると答えがわかるね。

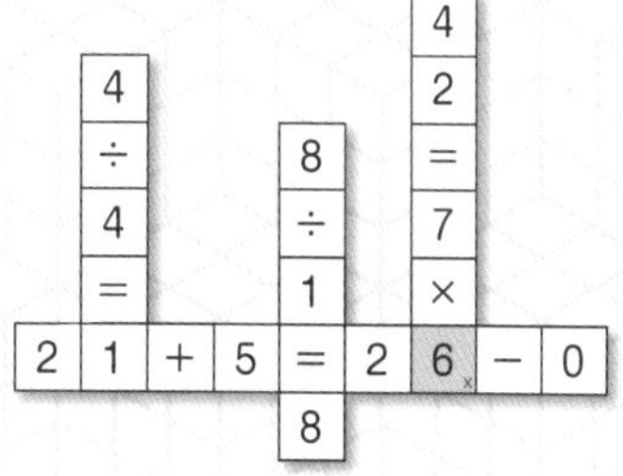

Answer 105 社会 近代文化と産業

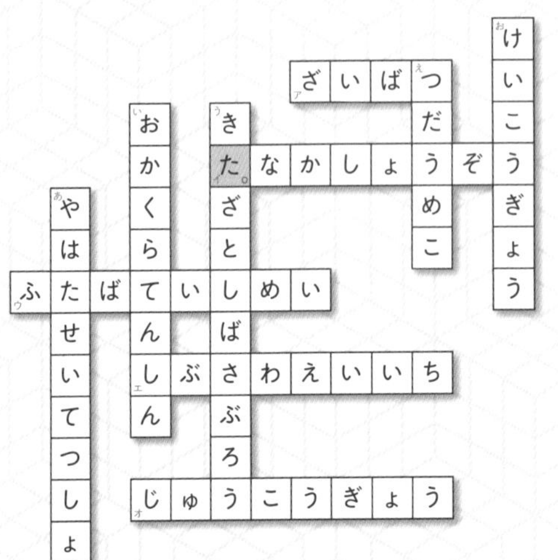

解説

日本は軽工業がさかんで、特に繊維工業が強かったよ。機械紡績による綿工業が主力で、先進国向けに繊維製品を輸出していたんだ。また、日本の文化もよく問われるよ。画家の黒田清輝や、作家の夏目漱石。そのほか、黄熱病の研究を行った野口英世なども押さえておこう。

Answer 106 社会 第一次世界大戦

解説

第一次世界大戦で結ばれた三国協商と三国同盟がごちゃ混ぜにならないように気をつけよう！1920年代から日本は豊かになろうとしていたけれど、関東大震災や世界恐慌によってそれが難しくなってしまった。この時代はお金の流れを中心に追っていこう！

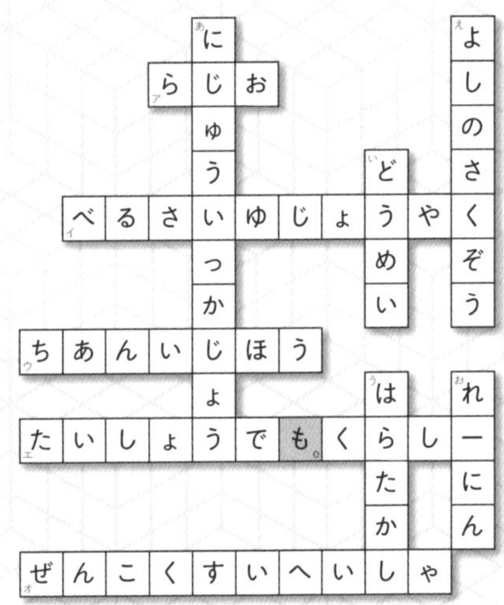

Answer 107 国語 副詞①

解説

副詞とは、主に動作や様子を表す言葉をくわしくする言葉のことだよ。

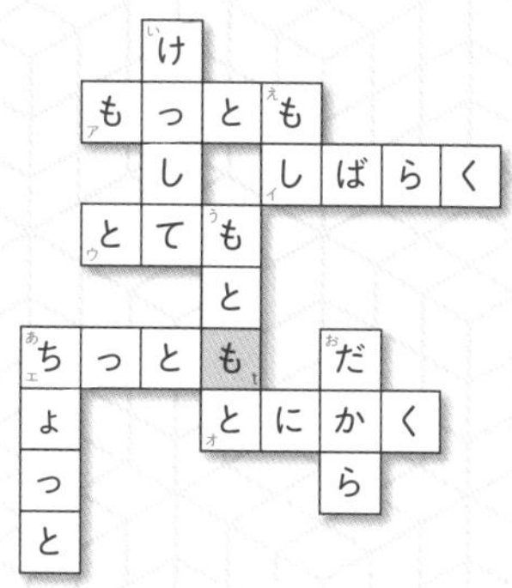

Answer 108 理科 電流と磁石

解説

モーターを使った発電機は、電磁誘導という現象を使って発電しているよ。「右ネジの法則」や「フレミング左手の法則」など、電流と磁力の関係を覚えよう。

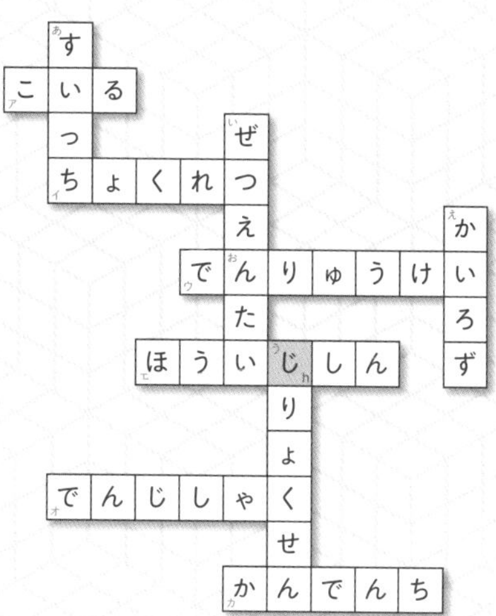

Answer 109 社会 第二次世界大戦と民主化

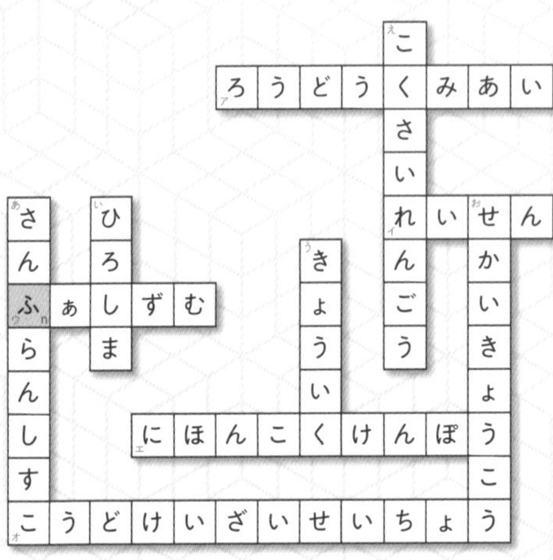

解説

世界恐慌以後、なぜ日本は戦争へと走り始めたのか。原因のひとつに経済がずっと下向きだったことがあるよ。五・一五事件や二・二六事件がなぜ起きたのか。なぜ軍部が力を握っていったのか。これを忘れずに学んでいこう。戦後は、日本がどのように復興し、朝鮮戦争やベトナム戦争など世界をめぐる戦争とともに成長していくのか、様子を見ていこう。

Answer 110 社会 日本国憲法

解説

昔の日本は君主主権で天皇が主権者だったけど、日本国憲法で天皇は象徴だとされているよ。

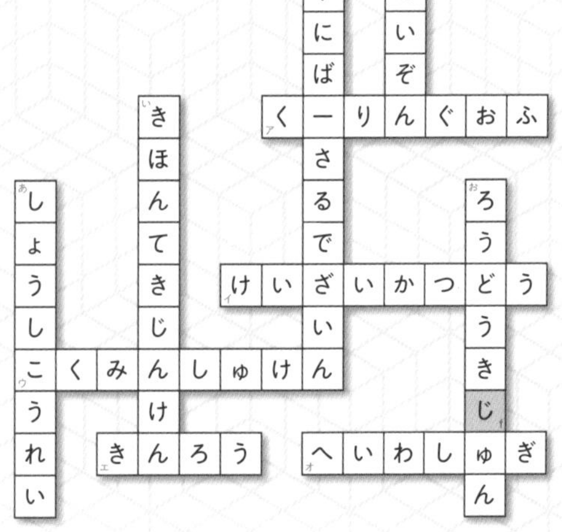

Answer 111 英語 背の順並べ

答え

ruler

解説

定規は英語でrulerというね！ちょっと難しいけど三角定規は「set square」というよ。そのほかにもsquareは正方形という意味もあるけど、「直角の」という意味もあるんだね！

Answer 112 算数 ピタゴラスからの挑戦状⑩

解説

まずは短い計算式のマスから何が入るかを考えてみよう！たとえば、一番上の横のマスを見ると、選択肢に「+」と「÷」しかなく、「÷」を入れると1けたの計算では成立できないから、消去法で「+」が入ることがわかるね。つまり、この計算式は「5+4=9」となるよ！ほかにも、一番左の縦のマスも、一番右の縦のマスも「+」しか入れられないため、それぞれ「4+7=11」「6+2=8」となるんだ。ここまででかなり選択肢の数字や記号は少なくなっているから、残っているものをもう一度整理して入れられる組み合わせを考えてみよう！

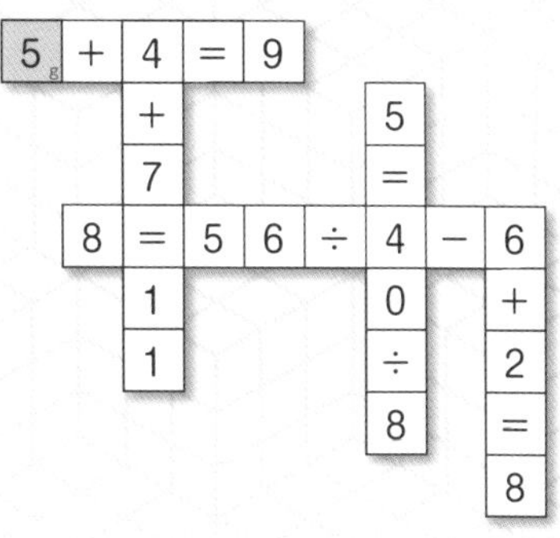

Answer 113 国語(こくご)　副詞(ふくし)②

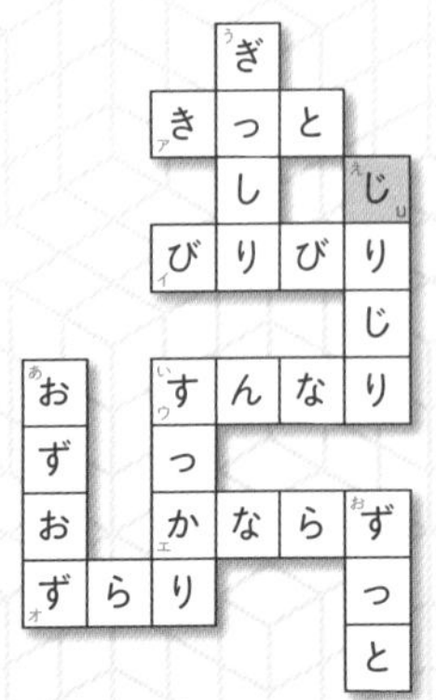

解説(かいせつ)

副詞(ふくし)は述語(じゅつご)をくわしくする修飾(しゅうしょく)語(ご)であることが多(おお)いよ。どの言(こと)葉(ば)をくわしくしているかに注意(ちゅうい)しよう。

Answer 114 理科(りか)　電気(でんき)の利用(りよう)

解説(かいせつ)

電熱線(でんねつせん)・光電池(こうでんち)・ダイオードなど、回路(かいろ)に出(で)てくる道具(どうぐ)はたくさんあるよ。それぞれどんな使(つか)い方(かた)がされているか覚(おぼ)えておこう。

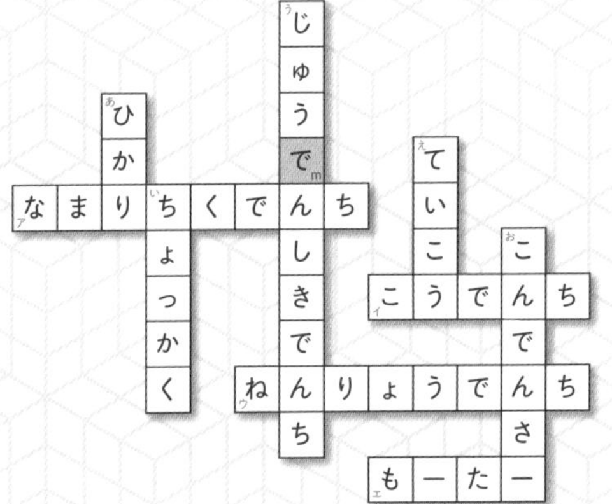

Answer 115　社会　三権分立

解説

立法権・行政権・司法権をそれぞれ国会・内閣・裁判所に分けて権力の集中をさけることを三権分立というよ。それぞれの意味を理解しておこう。

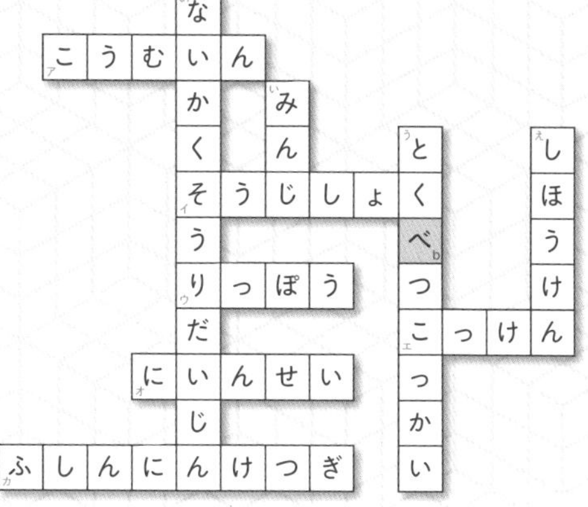

Answer 116　社会　地方自治

解説

都道府県知事や地方議会のように、代表者が政治を行う仕組みを間接民主制と呼ぶよ。

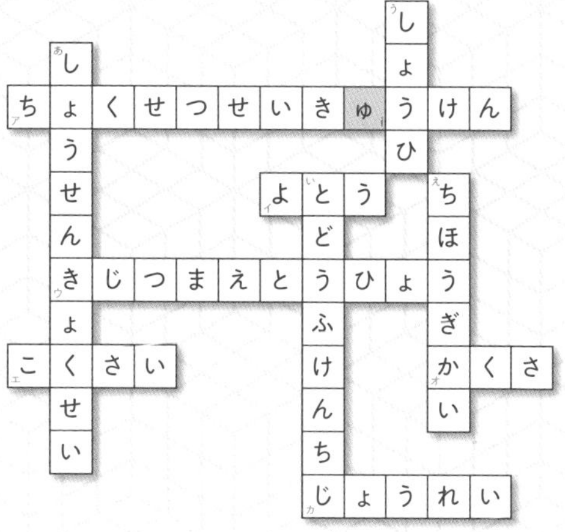

Answer 117 国語　副詞③

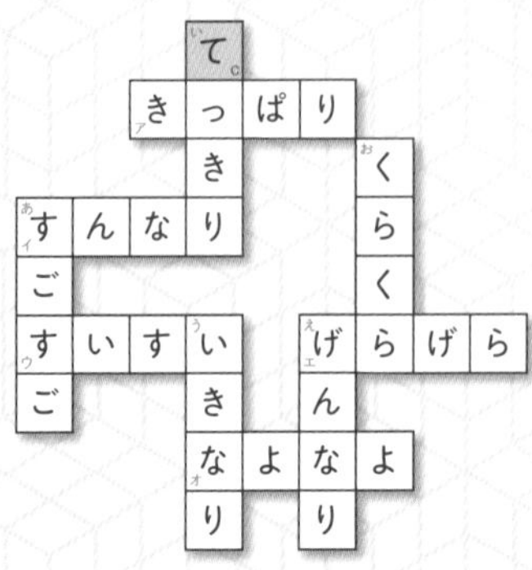

解説

副詞には「ゆっくりと」「おぎゃーと」と「と」を伴うものがあるよ。

Answer 118 理科　器具の使い方

解説

てんびんに使う分銅は、重さが決まっているよ。重さ以外にも、ピンセットでの持ち方や使い方を覚えておこう。

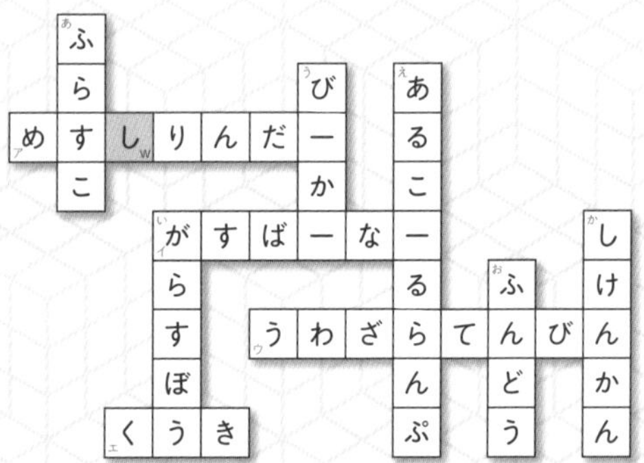

Answer 119 社会 国際連合

解説

常任理事国はアメリカ合衆国・イギリス・フランス・ロシア連邦・中国の５国だよ。日本は非常任理事国だね。

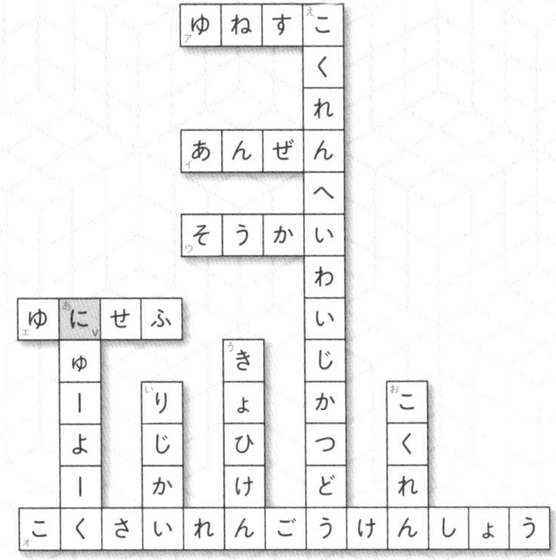

Answer 120 社会 国際問題

解説

難民や地球温暖化など国際問題がたくさんあって、解決のための活動が行われているよ。活動とその目的を対応させて覚えよう。

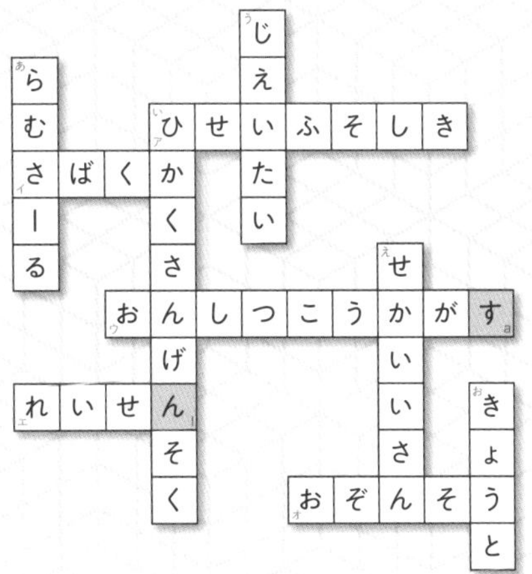

事件簿(じけんぼ) 1 消(き)えた金色(きんいろ)の招(まね)き猫(ねこ)

P.17_a	P.37_b	P.47_c	P.49_d	P.41_e	P.19_f
き	ん	い	ろ	の	ね
P.55_g	**P.29_h**	**P.39_i**	**P.27_j**	**P.33_k**	**P.31_l**
こ	は	ま	ち	の	こ
P.53_m	**P.49_n**	**P.25_o**	**P.57_p**	**P.51_q**	**P.35_r**
う	え	ん	の	す	べ
P.59_s	**P.19_t**	**P.43_u**	**P.23_v**	**P.45_w**	**P.21_x**
り	だ	い	の	し	た

事件簿(じけんぼ) 2 甘(あま)い証拠(しょうこ)の謎(なぞ)

P.81_a	P.103_b	P.89_c	P.99_d	P.101_e	P.87_f
う	そ	つ	き	は	し
P.91_g	**P.75_h**	**P.105_i**	**P.93_j**	**P.97_k**	**P.67_l**
ろ	い	し	ゃ	つ	と
P.73_m	**P.83_n**	**P.69_o**	**P.107_p**	**P.77_q**	**P.79_r**
ね	く	た	い	に	ひ
P.71_s	**P.85_t**	**P.73_u**	**P.65_v**	**P.83_w**	**P.95_x**
ん	と	が	あ	る	ぞ

事件簿(じけんぼ) 3 捕(つか)まえてみろ!

P.127_a	P.133_b	P.139_c	P.147_d	P.153_e	P.117_f	
あ	ん	ご	う	の	ぶ	
P.119_g	P.135_h	P.149_i	P.124_j	P.143_k	P.138_l	
ん	か	ら	C	と	X	
P.129_m	P.137_n	P.113_o		P.123_p	P.155_q	
の	も	じ	を	ぬ	い	
P.141_r	P.121_s	P.115_t	P.131_u	P.145_v	P.125_w	P.151_x
て	よ	ん	で	み	よ	う

答(こた)え

『私(わたし)はいつもすぐそばにいるよ』

事件簿(じけんぼ) 4 行方不明(ゆくえふめい)の秘密(ひみつ)

P.161_a	P.175_b	P.163_c	P.173_d	P.179_e	P.191_f
た	な	か	さ	ん	は
P.165_g	P.185_h	P.187_i	P.181_j	P.171_k	P.169_l
じ	た	く	で	し	ょ
P.189_m	P.203_n	P.201_o		P.177_p	P.183_q
う	せ	つ	を	か	い
P.199_r	P.193_s	P.161_t	P.195_u	P.197_v	P.167_w
て	い	る	よ	う	だ

事件簿(じけんぼ) 5 怪盗(かいとう)Qからの挑戦状(ちょうせんじょう)!

P.251_a	P.241_b	P.245_c	P.211_d	P.225_e	P.233_f	
す	べ	て	の	も	じ	
	P.235_g	P.229_h	P.243_i	P.209_j	P.215_k	
を	ご	じ	ゅ	う	お	
P.251_l	P.239_m	P.231_n	P.223_o	P.215_p	P.213_q	
ん	で	ふ	た	つ	ま	
P.217_r	P.219_s	P.227_t	P.237_u	P.249_v	P.247_w	P.221_x
え	の	も	じ	に	し	ろ

答(こた)え

ふたりの
やくそくの
ばしょにてまつ

監修
西岡壱誠

1996年生まれ。偏差値35から東大を目指すも2浪し、3年目から勉強法を見直して偏差値70、東大模試で全国4位となり東大合格を果たす。東大入学後、『ドラゴン桜2』(講談社) の編集、TBSドラマ日曜劇場「ドラゴン桜」の脚本監修を担当。著書に『東大読書』(東洋経済新報社) シリーズほか、『東大メンタル「ドラゴン桜」に学ぶやりたくないことでも結果を出す技術』(日経BP)、『それでも僕は東大に合格したかった』(新潮社)など著書多数。

著者
東大カルペ・ディエム

2020年6月に西岡壱誠を代表として、株式会社カルペ・ディエムを設立。西岡を中心に、貧困家庭で週3日バイトをしながら合格した東大生や地方公立高校で東大模試1位になった東大生など、多くの「逆転合格」した現役東大生が集い、日々教育業界の革新のために活動している。東大生300人以上を調査して多くの画期的な勉強法を創出した。漫画『ドラゴン桜2』(講談社) の編集などを務めるほか、「リアルドラゴン桜プロジェクト」と題した教育プログラムを中心に全国20校以上でワークショップや講演会を実施。年間1000人以上の学生に勉強法を教えている。

監修　西岡壱誠
執筆　東大カルペ・ディエム
執筆者（順不同）　松岡頼正（東京大学教養学部２年生）、奥村亮太（東京大学教養学部２年生）、布施川天馬（東京大学文学部４年生）、縹 峻介（東京大学理学部４年生）、永田耕作（東京大学教育学部４年生）、碓氷明日香（東京大学教養学部２年生協力）、串橋 岳（東大カルペ・ディエム）

装丁・本文キャラクターイラスト　佐藤おどり
本文イラスト　大原沙弥香
装丁・本文デザイン　大悟法淳一、大山真葵（ごぼうデザイン事務所）
DTP・図版　田端昌良（ゲラーデ舎）
DTP　尾本卓弥（リベラル社）
校正　山下祥子
編集人　安永敏史（リベラル社）
営業　竹本健志（リベラル社）
広報マネジメント　伊藤光恵（リベラル社）
制作・営業コーディネーター　仲野進（リベラル社）

編集部　中村彩・木田秀和
営業部　津村卓・澤順二・津田滋春・廣田修・青木ちはる・持丸孝

謎解きミステリー　東大クロスワード

2024年3月25日　初版発行

著　者　東大カルペ・ディエム
発行者　隅 田 直 樹
発行所　株式会社 リベラル社
〒460-0008　名古屋市中区栄 3-7-9　新鏡栄ビル 8F
TEL 052-261-9101　FAX 052-261-9134　http://liberalsya.com
発　売　株式会社 星雲社（共同出版社・流通責任出版社）
〒112-0005　東京都文京区水道 1-3-30
TEL 03-3868-3275
印刷・製本所　株式会社 シナノパブリッシングプレス

　ISBN978-4-434-33372-9　C6080